Manuali
L'ERMA
3

Carla Fayer

LA VITA FAMILIARE DEI ROMANI ANTICHI

DALLA NASCITA AL MATRIMONIO

«L'ERMA» di BRETSCHNEIDER

La vita familiare dei romani antichi
Carla Fayer

Via Cassiodoro, 11, 00193 Roma
http://www.lerma.it

Progetto grafico
«L'ERMA» di BRETSCHNEIDER

Fayer, Carla

La vita familiare dei romani antichi : Carla Fayer : Roma : «L'ERMA» di BRETSCHNEIDER, 2016. - 156 p. : 60 ill.; 24 cm. - (Manuali L'Erma; 3)

ISBN CARTACEO 978-88-913-1180-1

ISBN DIGITALE 978-88-913-1183-2

CDD 937

1. Roma antica

INDICE

PREMESSA

Il manuale di Carla Fayer, nato dalle dispense di corsi universitari, offre una panoramica, il più possibile esaustiva, della vita dei *pueri et puellae* romani dal giorno della nascita al giorno del matrimonio. Nell'interposto arco di tempo, costituiscono temi di approfondimento le varie tappe della vita umana, dalla prima infanzia alla puerizia, all'adolescenza, alla giovinezza, e di ogni tappa si sono messe in evidenza le principali problematiche, nonché i caratteristici rituali. Una particolare attenzione è rivolta all'istruzione dei fanciulli, dall'insegnamento elementare a quello superiore, ai maestri e professori, che tali insegnamenti impartivano, e agli ambienti, ove essi venivano impartiti. Anche il gioco e i giocattoli rientrano tra gli argomenti trattati, così importanti per i bambini di ogni tempo, da essere, il gioco, la loro stessa essenza. "Il bambino è un essere che gioca" si è detto. Per quanto riguarda la trattazione degli istituti del fidanzamento e del matrimonio, pur non tralasciando gli essenziali aspetti giuridici, si sono privilegiati gli aspetti antiquari, con le numerose cerimonie e ritualità, della maggior parte delle quali, tramandate nel tempo, gli stessi antichi non conoscevano più il significato originale. La causa più comune e frequente di scioglimento del matrimonio, a partire dalla fine dell'epoca repubblicana, era il divorzio, per il quale le fonti tramandano formule e gesti entrati nell'uso per consuetudine.

1 LA FAMIGLIA ROMANA

1. Il *pater familias* e la *familia proprio iure*

La famiglia romana può essere paragonata alla grande famiglia patriarcale contadina, esistente ancora agli inizi del secolo scorso, formata da più nuclei familiari, in quanto i discendenti maschi, pur sposandosi, rimanevano a farne parte, sottoponendosi all'autorità del capo famiglia, che era l'ascendente più anziano.

La definizione legale della famiglia romana, detta *familia proprio iure* 'famiglia in senso proprio o per proprio diritto' è la seguente: "Diciamo famiglia in senso proprio o per proprio diritto l'insieme di più persone che sono sottoposte alla potestà di uno solo o per nascita o per diritto, come il padre di famiglia, la madre di famiglia, il figlio e la figlia di famiglia, come pure i loro successori, come i nipoti e le nipoti e di seguito"[1].

La *familia proprio iure* era quindi costituita da un gruppo di persone soggette *aut natura* (per nascita da *iustae nuptiae* 'nozze secondo il diritto''nozze legittime') *aut iure* (per diritto, ossia per esservi entrate a far parte in seguito ad adozione o a *conventio in manum*[2], negozi giuridici che creavano rapporti fittizi di filiazione) alla potestà che una sola di esse, il *pater familias*, esercitava su tutte le altre.

A capo della *familia proprio iure* c'era il *pater familias*, 'il padre di famiglia', espressione che va intesa non in senso moderno, indicante il genitore, ma il capofamiglia, l'ascendente maschio più anziano – che poteva essere il genitore o il nonno o il bisnonno etc. – alla cui potestà erano soggetti tutti coloro che facevano parte della sua famiglia, i figli e i loro discendenti, sia naturali che adottivi, la moglie e le nuore che avevano compiuto la *conventio in manum* con i rispettivi mariti.

La *familia proprio iure* di ciascun *pater familias* comprendeva anche gli schiavi, le terre, gli animali e le cose.

Il *pater familias*, non avendo ascendenti in linea maschile alla cui potestà fosse sottoposto, era dichiarato *persona sui iuris* 'persona di proprio diritto, indipendente, autonoma' oppure *persona suae potestatis* o *in sua potestate* 'persona soggetta alla potestà di se stessa, appartenente a se medesima', poiché era l'unico ad essere titolare del potere familiare, la *patria potestas*, che esercitava sia su stesso, sia sui sottoposti a tale potere. Celebre è la sua definizione: *pater familias appellatur, qui in domo dominium habet*[3] "Si chiama padre di famiglia colui che ha la signoria nella casa", definizione che sta ad indicare la posizione di supremazia del *pater familias*, signore assoluto nella sua *domus*.

Egli era anche il sacerdote della sua famiglia, colui che prendeva gli auspici per consultare gli dei, che sovrintendeva alle cerimonie sacre, i *sacra privata*, e ai riti per gli antenati defunti; offriva sacrifici ai Lari della famiglia, i *Lares familiares*, dei protettori del focolare domestico e di tutta la casa[4].

Tutte le persone *sui iuris* di sesso maschile titolari di *patria potestas* erano *patres familias*, indipendentemente dal fatto che fossero sposate o meno e qualunque fosse la loro età; la donna invece, anche se *sui iuris*, non era considerata *pater familias*, perché non era titolare di *patria potestas* e quindi non avrebbe potuto avere dei sottoposti; era l'unica componente della propria *familia*, di cui era *caput et finis* 'principio e fine'[5].

Il figlio del *pater familias*, da lui concepito in *iustae nuptiae*, era detto *filius familias*, espressione che indicava anche i nati dal *filius* e i loro discendenti : *filii familias* erano quindi tutti i discendenti maschi del *pater familias*, compreso l'estraneo adottato.

La figlia del *pater familias*, da lui concepita in *iustae nuptiae*, era detta *filia familias*, titolo che spettava anche alle altre discendenti in linea maschile del *pater familias*, nipoti, pronipoti etc., come pure alla di lui moglie e alle mogli dei suoi discendenti che avevano compiuto la *conventio in manum* con i loro mariti, assoggettandosi alla loro *manus* e diventando *uxores in manu mariti*[6].

I *filii* e le *filiae familias* erano detti *personae alieno iuri subiectae* o *alienae potestati subiectae*, 'persone assoggettate alla potestà altrui' o, in forma abbreviata, *alieni iuris*, 'di potestà altrui'; precisamente, se erano figli o nipoti o pronipoti del figlio del *pater familias*, erano soggetti alla *potestas* non del loro genitore, anch'esso *filius familias*, ma del *pater familias*, che era l'ascendente maschio più remoto, il nonno, il bisnonno etc.; il *filius familias*, anche marito e padre e non solo maggiore di età, ma anche di età avanzata, era sempre soggetto alla potestà del *pater familias*.

Stemma della ipotetica *familia proprio iure* di Gaius, il *pater familias*:

- Gaius
  - Aulus
    - Marcus
      - Numasius
        - Gnaeus
    - Caia
  - Pubius
    - Titus
      - Lucius
        - Spurius
      - Servius
    - Decima
  - Prima
    - Tiberius
      - Sextus
        - Proculus
    - Numerius
  - Rutilia
    - Caesellia
      - Quintus
    - Maniusrius

La *familia proprio iure* di Gaius è costituita dai figli Aulus e Primus e dai loro discendenti e dalle figlie Prima e Rutilia prima delle loro nozze o anche dopo, qualora non avessero compiuto la *conventio in manum* con i rispettivi mariti. I discendenti di Prima e Rutilia non sono membri della famiglia di Gaius, perché appartengono alle famiglie dei rispettivi padri. Aulus e Primus hanno ciascuno dei discendenti: Marcus e Gaia, Numasius e Gnaeus sono rispettivamente figli, nipote e pronipote di Aulus; Titus e Decima, Lucius e Servius, Spurius sono rispettivamente figli, nipoti e pronipote di Primus; tutti costoro non sono sottoposti alla potestà dei loro genitori, anch'essi *filii familias*, pur se a loro volta padri e maggiori di età, ma alla potestà di Gaius, che si esercita su tutti i suoi discendenti.

Chiaro a questo proposito è il passo di Ulpiano (*Digesto* 1, 6, 4): "Infatti dei cittadini romani alcuni sono padri di famiglia, altri figli di famiglia...padri di famiglia coloro che sono soggetti alla potestà di se stessi...figli di famiglia coloro che sono in potestà altrui. Infatti, colui che nasce da me (*pater familias*) e da mia moglie è in mia potestà; allo stesso modo colui che nasce da mio figlio e da sua moglie, cioè mio nipote e mia nipote, sono ugualmente in mia potestà e così il pronipote e la pronipote e di seguito tutti gli altri".

I cittadini romani, rispetto al diritto privato, erano quindi o *sui iuris* o *alieni iuris* a seconda del loro *status familiae*, la posizione giuridica che occupavano in seno alla propria famiglia, e punto di riferimento di questa distinzione era la *patria potestas*, di cui la titolarità spettava ai soli *patres familias*.

Che esistessero a Roma famiglie composte da più nuclei familiari che vivevano insieme lo si deduce dai pochissimi esempi che le fonti antiche ci offrono. Cicerone (*Catone Maggiore. La vecchiaia*, 37), così descrive la *familia proprio iure* di Appio Claudio Cieco, nel III sec.a.C.: "Quattro figli in pieno vigore, cinque figlie, una così grande famiglia, una così numerosa clientela dirigeva Appio Claudio, sebbene cieco e vecchio... egli esercitava non solo l'autorità, ma anche un assoluto comando (*imperium*) sui suoi sottoposti; lo temevano gli schiavi, lo rispettavano i discendenti, a tutti era caro; in quella casa regnavano il costume e la disciplina degli avi".

Cicerone dice che Appio Claudio era vecchio, quindi i suoi figli in 'pieno vigore' dovevano essere sicuramente sposati e con prole; forse lo erano anche le figlie, le quali, facendo ancora parte della famiglia del padre, evidentemente non avevano compiuto la *conventio in manum* con i rispettivi mariti. Cicerone ci ha lasciato pertanto la raffigurazione di una reale *familia proprio iure*, dominata dal *pater familias* secondo il costume degli antenati.

Catone il Censore, vissuto nel II sec. a.C., ebbe un figlio dalla prima moglie, il quale, sposatosi, continuò a vivere con la sposa nella piccola casa del padre[7].

Marco Crasso fu allevato con due fratelli in una modesta casa; i fratelli si sposarono mentre erano ancora in vita i genitori, ma tutti mangiavano alla medesima tavola[8]; quest'ultimo esempio ci attesta l'esistenza, ancora nell'ultimo secolo della repubblica, di una *familia proprio iure*, costituita dal *pater familias*, da sua moglie, dal figlio celibe (Marco) e dai figli sposati con probabile prole, che vivevano tutti insieme.

Sicuramente nei primi secoli di Roma i casi di famiglie con la convivenza di più nuclei familiari sotto la potestà del *pater familias* dovevano essere abbastanza frequenti; poi sul finire della repubblica e nel primo impero venne meno l'abitudine che i figli adulti vivessero con il padre.

Ma il fatto che il *filius familias* adulto, celibe o sposato e forse padre, non vivesse generalmente nella casa paterna, non lo esonerava dall'essere soggetto al proprio *pater familias*, che aveva poteri assoluti non solo su di lui, ma anche sui suoi discendenti.

2. La *patria potestas*

Il potere che il *pater familias* esercitava sulle persone *in potestate* e *in manu* appartenenti alla sua *familia proprio iure* era denominato, in epoca storica, *patria potestas* 'potere o potestà del padre' ed era un potere, per forza e contenuto, proprio ed esclusivo del popolo romano, che faceva del *pater familias*, che ne era il solo detentore, il signore supremo ed unico della sua *familia proprio iure*.

La *patria potestas* non aveva limiti di durata: finché era in vita il *pater familias* che l'esercitava, tutti i suoi *filii familias* ne erano soggetti, indipendentemente dall'età e dalla posizione sociale; se infatti dinanzi alla *civitas* - la comunità cittadina, l'insieme dei cittadini muniti della cittadinanza romana, i *cives Romani* - i *patres familias* e i *filii familias* erano tutti cittadini di pieno diritto ed occupavano la stessa posizione nei riguardi del servizio militare, del diritto di voto, del rivestimento delle magistrature e degli incarichi pubblici e dell'assunzione al senato, nell'interno della famiglia la soggezione dei *filii familias* alla potestà del capofamiglia era assoluta.

La *patria potestas*, oltre a non avere limiti di durata, aveva un'estensione tale da conferire al *pater familias* il *ius exponendi* (il diritto di allevare o esporre 'abbandonare' la prole), il *ius vendendi* (il diritto di vendere i suoi soggetti), il *ius noxae dandi* (il diritto di consegnare alla persona offesa il *filius* che aveva arrecato l'offesa) per esimersi da qualsiasi forma di responsabilità, ed il *ius vitae ac necis* (il diritto di vita e di morte), che comportava il diritto di punire addirittura con la morte coloro che erano a lui sottoposti e che costituiva la componente più caratteristica, dura e sconcertante della *patria potestas*.

2.1. *Ius vitae ac necis*

Il *pater familias* poteva uccidere il *filius* e la *filia* solo quando la colpa da questi commessa effettivamente meritava di essere punita con la morte; non ci doveva essere sproporzione fra colpa e punizione.

Due *leges regiae*, attribuite una a Romolo (e a Tito Tazio), l'altra a Servio Tullio[9], contemplavano la sacertà del figlio che avesse percosso il *pater familias*, e della nuora, che avesse percosso il suocero, da intendersi anch'esso *pater familias*.

Esser ritenuto *sacer* 'sacro' significava essere consacrato ad una divinità; la *consecratio* 'consacrazione' era una vera e propria consegna dell'offensore come *piaculum*, ossia come sacrificio espiatorio, alla divinità offesa, consegna che serviva a placare la divinità e a liberare la comunità o la famiglia dalla impurità che gravava su di esse, come conseguenza dell'offesa arrecata.

Per i Romani ebbe sempre enorme importanza conservare la *pax deorum*, cioè quella situazione per cui gli dei erano *in amicitia* con gli uomini, ai quali concedevano i benefici che essi si aspettavano da loro.

Il Romano compiva i suoi doveri verso gli dei, mediante la preghiera e il sacrificio, cioè mediante le cerimonie sacre, perché gli dei fossero pronti a concedergli i favori che egli chiedeva loro, per cui il rapporto fra il Romano e la divinità era ben preciso e rigoroso e possiamo ben dire interessato; il Romano dava al nume per ricevere: *do ut des* "ti do, perché tu dia", in altre parole il Romano onorava la divinità per riceverne i favori.

La *pax deorum*, la situazione ideale per questo dare e ricevere, poteva essere compromessa da uno solo, che si fosse macchiato di un grave crimine; in questo caso doveva essere tutta la comunità a ristabilire la *pax deorum*, altrimenti gli dei avrebbero mandato danni che colpivano tutti. Il colpevole poteva espiare la sua colpa mediante un *piaculum*, un sacrificio espiatorio, dopodiché la comunità, che era in difetto con gli dei, ritornava in pace con essi. Ma a volte il *piaculum* non era sufficiente a lavare le colpe del reo, ed allora il reo stesso doveva essere offerto dalla comunità come *piaculum* alla divinità offesa, ad essa consacrato; espulso dalla comunità, chiunque poteva ucciderlo a titolo di sacrificio, senza incorrere nella pena di omicidio[10].

Nel caso particolare del figlio e della nuora, gli dei che i colpevoli avevano offeso, percuotendo la persona del *pater familias*, erano le divinità venerate dalla famiglia per cui spettava al *pater* che, in quanto sacerdote della sua comunità familiare, aveva il compito di mantenere la *pax* con gli dei della famiglia, punire i colpevoli con la morte; e il timore che l'ira degli dei si abbattesse sulla sua famiglia, nel caso che la colpa non fosse espiata, faceva sì che il *pater* riuscisse a far tacere l'amore paterno e ad eseguire la punizione, assistito e coadiuvato probabilmente da un consiglio di parenti e vicini.

Un'altra *lex regia*, attribuita a Romolo[11], permetteva al marito *pater familias* insieme con i *cognati*, parenti di sangue, di punire con la morte la donna che avesse commesso adulterio o che avesse bevuto vino. La colpevole poteva essere la moglie – da considerarsi *uxor in manu mariti*, poiché nei tempi più antichi al matrimonio si accompagnava di regola la *conventio in manum* – sia del capofamiglia che di un figlio di famiglia, comunque spettava sempre al *pater familias* emettere la sentenza dopo aver accertato e valutato la colpa.

Che la donna scoperta ubriaca fosse realmente uccisa lo attestano diversi esempi tramandatici dalle fonti antiche; il più famoso è l'episodio, accaduto al tempo di Romolo, di Egnatius Mecenius o Maetennius che, avendo scoperto la moglie a bere vino, la uccise a frustate e la sua condotta non fu punita da Romolo, anzi, l'uxoricida non fu neanche biasimato, giacché ciascuno ritenne che la donna era stata punita in modo esemplare per aver violato la regola della sobrietà[12].

Il commettere adulterio e il bere vino da parte della donna erano quindi considerate colpe così gravi da essere punite, nei tempi più antichi, con la morte, poi, più tardi, meno severamente con il ripudio[13], e quando in epoca classica il divieto di bere vino per le donne era caduto in disuso, solo l'adulterio rimase colpa grave.

Gli antichi spiegano il perché alle donne fosse vietato bere vino e il perché la trasgressione a tale divieto fu a lungo considerata, insieme con l'adulterio, la più grave delle colpe commessa da una donna: la donna, facendo abuso di vino, poteva perdere il controllo su se stessa e lo stato di ubriachezza l'eccitava alla lussuria e, se sposata, all'adulterio; infatti, piccolissimo era il passo fra l'ubriachezza e gli illeciti amori e la donna, che faceva uso smodato di vino, chiudeva la porta a tutte le virtù e l'apriva ai vizi[14]. Avendo rapporti con un uomo diverso dal marito, la donna insudiciava e corrompeva la purezza del sangue familiare, di cui era considerata depositaria e custode, e veniva meno a quella che era considerata la sua funzione principale: dare dei figli legittimi al marito o al di lui *pater familias*. Commettendo adulterio la donna, oltre alla eventualità di introdurre elementi estranei nel gruppo familiare, provocava la *turbatio*, la *commixtio sanguinis* la 'contaminazione', la 'mescolanza del sangue familiare', ritenuto sede della vita[15], e rendeva impuri i figli legittimi che avrebbe generato dopo l'adulterio. In queste conseguenze funeste per tutta la famiglia stava, per i Romani, la gravità dell'adulterio commesso dalla donna sposata, che ne giustifica la severità della repressione. E giustifica anche il fatto che il bere vino fosse considerato colpa grave come l'adulterio, poiché il bere vino induceva all'adulterio.

Ma non era solo l'immoralità della donna sposata ad essere punita; anche l'atto impudico commesso da una *filia familias* nubile era considerato colpa così grave da meritare come punizione addirittura la morte, come attesta l'episodio di Ponzio Aufidiano[16] che, venuto a conoscenza che la figlia era stata sedotta dal pedagogo, non si accontentò di uccidere lo schiavo, ma uccise anche la figlia.

Le fonti letterarie ci hanno tramandato diversi altri esempi che attestano l'esercizio di vita e di morte da parte del *pater familias* sui sottoposti alla sua patria potestà

Il più antico, anche se di dubbio valore storico, è l'episodio di Spurio Cassio Vecellino, condannato a morte nel 486 a.C. per aver aspirato alla tirannide e ucciso, all'interno della famiglia, mediante fustigazione[17]. Anche se la versione della punizione paterna non fosse vera, essa comunque rispecchia un esempio di 'giustificato' esercizio del *ius vitae ac necis*.

Noto è l'episodio di Virginia[18], figlia di Lucio Virginio, vergine plebea di straordinaria bellezza, di cui si invaghì follemente il decemviro Appio Claudio; costui, in un primo momento, cercò di sedurre la fanciulla con doni e promesse, poi, quando si rese conto che la virtù e il pudore di lei erano incorruttibili, ordinò al suo cliente Marco Claudio di dichiarare che Virginia era sua schiava in quanto figlia di una sua schiava, sottrattagli furtivamente e portata in casa di

Virginio e qui fatta passare per sua figlia. Quando LucioVirginio si avvide che Appio Claudio, forte della sua autorità, aveva raggiunto il suo scopo, con un coltello trafisse il petto della fanciulla, ritenendo questo l'unico modo per conservarle la libertà, e preferendo essere l'uccisore della figlia ancora casta, piuttosto che il padre di una disonorata. Anche se l'infelice Virginia non aveva altra colpa se non quella di essere *forma excellens* 'di straordinaria bellezza', l'episodio che la vide protagonista, pur ammesso che non fosse vero, è un altro esempio di 'giustificato' esercizio del *ius vitae ac necis*.

Nel 63 a.C. il senatore Aulo Fulvio fece uccidere il figlio che aveva abbracciato il partito di Catilina e stava per raggiungere il suo campo, affermando che l'aveva generato non perché combattesse con Catilina contro la patria, ma perché combattesse contro Catilina per la patria[19].

Ancor prima di lui Lucio Bruto aveva mandato a morte i suoi figli colpevoli di congiura contro la neonata repubblica, per aver tentato di far tornare i Tarquini a Roma[20], anche se in questo caso Lucio Bruto aveva agito come console.

In realtà gli esempi di applicazione del *ius vitae ac necis* tramandatici sono pochi, per cui è lecito ritenere che la componente più dura e sconcertante della *patria potestas* fosse esercitata, di fatto, assai raramente e in casi di estrema necessità. Al termine dell'età classica il *ius vitae ac necis* può considerarsi scomparso quasi inavvertitamente, in seguito a continue limitazioni dovute agli interventi imperiali che l'avevano svuotato di ogni contenuto, e alle mutate esigenze sociali che non ne tolleravano più l'esercizio.

2.2. *Ius exponendi*

L'*expositio* l''esposizione', l''abbandono' dei neonati era una pratica usuale presso i Romani, come presso i Greci ed altri popoli dell'antichità; essa era un mezzo che permetteva all'avente potestà di regolare a suo piacimento la formazione della sua famiglia.

Secondo un' antica usanza romana, il nato da *iustae nuptiae*, appena uscito dal grembo materno e ancora imbrattato di sangue, veniva deposto sulla nuda terra ai piedi del *pater familias*, che poteva essere il padre naturale o un ascendente più anziano, il nonno o il bisnonno etc. Costui, se voleva accogliere il neonato in seno alla sua famiglia, lo raccoglieva da terra, prendendolo fra le braccia, onde l'espressione *tollere/suscipere liberum* 'alzare, prendere da terra il nuovo nato' per indicare che il *pater familias* intendeva farlo allevare.

Diverse sono le testimonianze che attestano che il neonato veniva deposto sulla nuda terra subito dopo la nascita[21], e da Svetonio (*Nerone*, 6, 1) apprendiamo che l'imperatore Nerone nacque al sorgere del sole e che fu toccato dai suoi raggi prima che dalla terra.

Se per qualsiasi motivo, o anche senza motivo, il *pater familias* non voleva accogliere il neonato nel suo gruppo familiare, lo lasciava in terra e ciò significava che doveva essere esposto, se non addirittura ucciso. Decisivo era quindi per la sorte del neonato l'atto del *tollere liberum*, tramite il quale il *pater familias* manifestava la sua volontà di riconoscerlo, di accoglierlo nella sua famiglia e sottoporlo alla sua *patria potestas*.

Vari potevano essere i motivi che spingevano il *pater familias* a non sollevare da terra il neonato, decretandone l'esposizione, come l'aver dubbi sulla legittimità della nascita. Augusto, per esempio, non permise alla nipote Giulia di riconoscere e di allevare il figlio nato dopo il suo esilio, di cui dubbia era la legittimità, dato il comportamento licenzioso della madre[22]. Pure l'imperatore Claudio fece esporre la figlioletta Claudia, quando ebbe fondati sospetti sulla legittimità della sua nascita[23].

Anche la malformazione fisica o la debole costituzione del neonato erano motivi di esposizione; Dionigi di Alicarnasso (*Antichità romane*, II, 15, 2) ricorda una legge di Romolo, che permetteva l'esposizione dei nati mutili o malformati, dopo averli mostrati ai vicini, che dovevano convenire sulla necessità dell'esposizione; ritroviamo la disposizione di Romolo come legge nelle XII Tavole, che ordinava l'immediata uccisione del neonato deforme[24].

Fra i motivi più attestati che determinavano l'esposizione, il più rilevante era senz'altro la miseria, tanto è vero che nei periodo di carestia e di crisi economica aumentava il numero delle esposizioni e a liberarsi della prole erano i più poveri, che non poteva allevarla; i ricchi invece limitavano con l'aborto il numero dei nati per non dividere il loro patrimonio fra più figli[25].

Accanto alla miseria, un motivo determinante la maggior parte delle esposizioni era il sesso: è noto infatti che le neonate erano soggette più frequentemente dei maschi a questo inumano provvedimento. Dalla Grecia ci provengono due agghiaccianti testimonianze; in una, del III sec.a.C., si legge: "Ognuno allevi il figlio, anche se per sventura si è poveri. La figlia invece si espone, anche se si è ricchi"[26]; nell'altra, una lettera scritta da un capitano greco partito per le armi alla moglie incinta, si legge: "Se è un maschio allevalo; se è una femmina, gettala"[27].

Più tassativo e crudele è l'ordine che si legge in Ovidio (*Metamorfosi*, IX, 670-679), che narra che un tale Ligdo, plebeo d'oscura famiglia, ma libero, alla moglie incinta e ormai vicino al parto, rivolse questo ammonimento: "Mi auguro due cose: che tu partorisca soffrendo il meno possibile e metta al mondo un maschio. In caso contrario sarebbe un guaio, perché non abbiamo mezzi: perciò, se per malasorte, tu partorissi una femmina (e spero non avvenga), benché mi ripugni, impongo (il cielo mi perdoni) che venga uccisa". Anche Apuleio (*Metamorfosi*, X, 23, 3) narra di un tale che, partendo per un viaggio all'estero, alla moglie incinta ordinò di mettere senz'altro a morte il nascituro se fosse di sesso debole.

Il neonato non raccolto dal *pater familias* poteva anche essere ucciso, tenendolo in casa e negandogli il nutrimento, oppure gettandolo in acqua (mare, fiume) o soffocandolo o strangolandolo[28].

L'esposizione era poi la sorte inevitabile che attendeva i nati illegittimi; la donna rimasta incinta in seguito ad una violenza subìta, occultava il proprio disonore, facendo esporre il neonato[29].

Ben misero era il destino che attendeva i neonati esposti: essi potevano morire per il freddo e la fame, o sbranati dai cani e dalle fiere o lacerati dagli uccelli, e che l'esposizione comportasse nella maggior parte dei casi la morte dell'innocente vittima è ben attestato dalle fonti[30].

Ma non sempre si infieriva così crudelmente sul neonato escluso dalla famiglia; a volte gli si concedeva la possibilità di sopravvivere, usando delle precauzioni nell'attuarne l'esposizione, nella speranza che qualcuno lo raccogliesse; così si aspettava l'alba[31], perché il neonato sarebbe sicuramente morto per assideramento, se avesse dovuto trascorrere l'intera notte all'addiaccio; si sceglievano luoghi frequentati o la *Columna lactaria* nel Foro Olitorio 'il mercato delle erbe' a Roma, così detta perché lì portavano "gli infanti da nutrire con il latte"[32], se si volevano sottrarre a sicura morte.

Giovenale (*Satire*, VI, 592-605), nella sua feroce critica della società del suo tempo (II sec. d.C.) e, in particolare, della condotta delle donne, mette a confronto le popolane, che ancora si sottoponevano al rischio del parto e sopportavano i disagi dell'allattamento, e le ricche, che evitavano le gravidanze, ricorrendo a pozioni varie che procuravano sterilità e aborti e che, per appagare il desiderio di prole dei mariti, raccoglievano gli esposti *ad spurgos lacus*, espressione interpretata "presso gli immondi letamai"[33].

A volte si appendeva al collo del neonato esposto una catenella nella quale erano infilati piccoli oggetti, a mo' di ciondoli, oppure questi oggetti venivano rinchiusi in una cassettina (*cistella*), posta accanto al neonato; si tratta di ninnoli, detti *crepundia* da *crepare* 'crepitare, scoppiettare, fare rumore', che dovevano servire come segni di riconoscimento per un eventuale ritrovamento dell'esposto da parte dei genitori[34].

Se il neonato veniva raccolto, il suo destino dipendeva dallo scopo per cui si raccoglieva. I più fortunati erano allevati come figli da persone caritatevoli o che non ne avevano di propri; ma questo non doveva essere il caso più frequente. Molto più spesso il destino che attendeva gli esposti, soprattutto di sesso femminile, erano la schiavitù e la prostituzione[35].

Ma schiavitù e prostituzione potevano anche non essere i mali peggiori cui andavano incontro gli esposti sottratti alla morte; esistevano individui abbietti e senza umanità che storpiavano i neonati che raccoglievano, perché accecati, mutilati negli arti, infiacchiti andassero a chiedere l'elemosina[36].

Nonostante si cercasse di far cessare l'inumana pratica dell'*expositio* con divieti e severe sanzioni, questa non fu mai debellata durante l'impero, complice soprattutto la miseria.

2.3. *Ius vendendi*

Con il *ius vendendi*, che ebbe grande peso nell'età più antica, si riconosceva al *pater familias* la facoltà di vendere i figli e i loro discendenti al pari degli schiavi, degli animali e dei beni.

Sfruttavano tale potere soprattutto i *patres* delle famiglie plebee più prolifere e bisognose e per poter comprendere questa pratica bisogna rifarsi alla situazione socio-economica del tempo, in cui l'economia era a base prevalentemente agricola e pastorale e lo sfruttamento della terra era concentrato nelle mani delle più potenti famiglie patrizie, mentre la massa della plebe più povera aveva solo forze lavorative rappresentate dai figli; vendendo i figli ai grandi possessori di terre ed anche ai piccoli industriali, si cercava un vantaggio economico.

Una legge attribuita a Romolo, e accolta nelle XII Tavole[37], avrebbe limitato il *ius ven-*

dendi del *pater familias*, stabilendo che, se il *pater* avesse venduto per tre volte il figlio, avrebbe perduto la patria potestà su di esso, che così si liberava dall'essere sottoposto al potere paterno.

A Numa Pompilio viene attribuita la legge che proibiva al *pater* la vendita del figlio che aveva contratto le nozze con il suo consenso[38], poiché non era tollerabile che una donna, liberamente sposata, fosse poi costretta a vivere con uno schiavo[39].

La vendita dei *filii familias* avveniva mediante la *mancipatio* 'mancipazione', un solenne atto del diritto civile romano, che poteva essere compiuto solo dai cittadini romani[40]. Con il tempo la pratica di vendere per tre volte successive, in genere ad una persona di fiducia, il *filius familias* divenne un mezzo con cui il *pater familias* rinunciava volontariamente alla sua potestà sul *filius* che, emancipato, cioè liberato dalla potestà paterna, diventava *sui iuris* e *pater familias*.

Nel diritto classico la vendita dei *filii* e delle *filiae familas* era ammessa solo per dar luogo all'*emancipatio* 'emancipazione'e all'*adoptio* 'adozione'; all'infuori di questi casi il *ius vendendi* del *pater familias* cadde in disuso.

2.4. *Ius noxae dandi*.

Se un membro di una *familia proprio iure*, un *filius familias* o uno schiavo, commetteva un illecito contro terzi, come furto, danno, rapina, ingiuria, la responsabilità dell'atto criminoso ricadeva sul *pater familias* ed esponeva tutto il gruppo familiare alla vendetta dell'offeso.

Nei tempi più antichi il *pater familias* poteva sottrarsi a tale responsabilità e proteggere la sua famiglia dalle conseguenze del danno compiuto, consegnando il colpevole alla famiglia dell'offeso, perché ne disponesse liberamente, ossia compiendo la *noxae deditio* del colpevole, espressione che letteralmente significa 'consegna (del colpevole) alla punizione, al castigo'.

Successivamente, introdotto il sistema della composizione pecuniaria, la legge permise al *pater familias* di evitare la consegna del colpevole, pagando alla parte lesa la pena pecuniaria fissata dal giudice secondo il reato commesso. È probabile che in un primo momento il *pater* dovesse effettuare la *noxae deditio* del colpevole alla parte lesa, ma poteva evitarla, pagando la pena pecuniaria prevista per il singolo tipo di reato; in età più avanzata, cui datano le testimonianze più esplicite, il *pater* era obbligato a pagare la pena pecuniaria, ma poteva evitare il pagamento mediante la consegna del colpevole alla parte lesa.

La *noxae deditio* del *filius familias* incomincia a decadere già in epoca classica, per poi scomparire dalla pratica.

3. Processo evolutivo della *patria potestas*

La famiglia romana ci appare come un gruppo di persone unite fra loro non tanto dal vincolo di sangue, sebbene la procreazione fosse il primo e naturale titolo per cui si entrava a farne parte, quanto dalla soggezione allo stesso *pater familias*, autorità suprema ed unica della famiglia stessa, che esercitava la particolare forza della sua signoria su tutti i membri a lui sottoposti.

A differenza della potestà paterna moderna che, basata sull'interesse del figlio, cessa quando non esiste più tale interesse, ossia quando il figlio raggiunge la maggiore età, la *patria potestas* romana non si estingue se non con la morte del suo detentore, che fa sì che i figli diventino a loro volta *sui iuris* ed altrettanti *patres familias* delle rispettive *familae proprio iure*, oppure si estingue se il figlio veniva escluso dalla sua famiglia, come avveniva per il *filius* emancipato o dato in adozione o per la *filia* divenuta *uxor in manum mariti*.

Questa *patria potestas* illimitata e vitalizia non ha riguardi per l'età del *filius*, per la sua condizione sociale e politica: benché il *filius* rivesta le più alte cariche pubbliche e sia politicamente impegnato, nell'ambito familiare rimane sempre un *filius familias*, il cui unico dovere è quello della soggezione al *pater familias*.

Ad impedire che il *pater familias* potesse abusare dell'autorità paterna, intervennero a disciplinare l'esercizio del suo potere sui soggetti liberi della sua famiglia prima le *leges regiae*, attribuite dalla tradizione ai primi re, Romolo e Numa Pompilio, poi le XII Tavole, che resero lecito l'esercizio del *ius vitae ac necis* solo in presenza di una *iusta causa*, proporzionando quindi il castigo alla gravità della colpa; anche il *consilium domesticum* 'il tribunale domestico', costituito di norma da parenti e da amici, esercitava un controllo sull'operato del *pater familias*.

Quando poi, nel 434 a.C., fu creata l'importante magistratura della censura, intervenne la costante sorveglianza da parte dei censori, che avevano il diritto di chiedere conto a tutti i cittadini di ogni loro azione, pubblica o privata. Dinanzi al potere dei censori si spalancavano tutte le porte, perché essi ispezionassero e sorvegliassero ogni cosa che accadeva all'interno della casa, perfino nell'alcova, poiché non ritenevano lecito che il padre fosse troppo rigido o troppo debole nell'educazione dei figli; che il marito fosse ingiusto nei rapporti con la moglie; che i figli fossero disobbedienti nei confronti dei vecchi genitori, e non tolleravano poi, fra l'altro, che si trascurassero i riti religiosi e funerari, ricevuti in retaggio dagli antenati[41].

L'austera e inflessibile figura del *pater familias*, che aveva un'autorità assoluta sui membri della sua famiglia, che era armato del diritto di vita e di morte verso i suoi stessi figli, è la figura tipica dell'età più antica. Negli ultimi tempi della repubblica si fa strada un mutamento nella concezione della *patria potestas* – intesa finora come un vero e proprio potere assoluto sui sottoposti –, quando si incominciano a valorizzare i sentimenti di amore, di comprensione verso i figli.

Un segno di questa nuova e più umana concezione della *patria potestas* si intravede già nel giudizio che Cicerone esprime sul comportamento di Tito Manlio Torquato che, durante la guerra contro i Latini, nel 340 a.C., fece uccidere come disertore il proprio figlio, che aveva disobbedito all'ordine consolare di non combattere fuori dello schieramento[42]; Cicerone, che considerava eccessivamente severa la sentenza del padre – che in questo caso aveva agito in qualità di console e non in qualità di *pater familias* -, commentando l'episodio, scrive che: "quando (T. Manlio) con la scure uccise il figlio, privò anche se stesso, mi sembra, di molte gioie, anteponendo allo stesso sentimento naturale e all'amore paterno il diritto della propria dignità e del suo potere militare"[43]. Cicerone rimprovera quindi a Tito Manlio di aver permesso che in lui la dignità e il potere consolare abbiano avuto il sopravvento sul naturale sentimento di padre. Ora, l'allusione alle gioie che procura l'essere padre, l'appellarsi al sentimento naturale d'amore che un padre dovrebbe mostrare verso il figlio – sentimenti cui nei tempi più antichi non si dava risalto - sono indici di una concezione della figura paterna e della *patria potestas* più umana, meno dura e severa. Lo stesso Cicerone, anticipando i tempi, afferma: "Il vincolo di sangue tiene legati fra loro gli uomini per mezzo della benevolenza e dell'amore"[44].

Ben diversa dall'antica figura di *pater familias* è la figura paterna tratteggiata da Orazio, che è un'esaltazione e nello stesso tempo un vivo ringraziamento al padre, di umili origini – era un liberto, uno schiavo manomesso – e di scarse risorse economiche, ma pieno di affetto e di premure per il figlio che, per assicurargli un avvenire migliore, lo aveva condotto ancora fanciullo a Roma, perché fosse educato ed istruito insieme con i figli dei nobili. Lui stesso aveva saputo offrire al figlio un modello di vita operoso e virtuoso, sì che Orazio si meritò l'amicizia di Mecenate, che lo aveva apprezzato: "tenendo conto non della nascita illustre, ma della purezza di vita e di sentimenti" , doti che Orazio doveva all'umile suo padre[45].

La famiglia romana dei tempi più antichi era una famiglia agnatizia, basata sull'*adgnatio*, un vincolo giuridico che legava tutti i discendenti in linea maschile del *pater familias*[46], soggetti alla sua *patria potestas*, e che era l'unica parentela riconosciuta dal diritto civile nell'epoca antica.

All'*adgnatio*, parentela civile, si contrapponeva la *cognatio*, la parentela naturale, basata sul vincolo di sangue e comprendente quindi anche i parenti in linea femminile.

Gli *adgnati*, essendo legati anche dal vincolo di sangue, erano contemporaneamente fra loro *adgnati* e *cognati*, come i figli d'ambo i sessi di due fratelli; i discendenti invece in linea femminile, come i figli di due sorelle, erano fra loro solo *cognati*.

Con la progressiva decadenza della *patria potestas*, almeno nel rigido significato primitivo di potere pressoché assoluto sui sottoposti, andavano rallentandosi di pari passo i vincoli strettissimi che l'antico costume stabiliva fra gli agnati; ad un dato momento si sentirono più vicini, sia da un punto di vista affettivo che sociale, i parenti più prossimi della madre, come i nonni e gli zii materni, che non i lontani agnati figli di secondi cugini; e così la *cognatio*, la parentela anche per parte di madre, incominciò ad avere la sua importanza e ad affermarsi nel costume e anche nel diritto.

Nell'età del principato procedette la modificazione della struttura originaria della famiglia romana, come conseguenza diretta del rallentarsi dei vincoli dell'agnazione, che avevano tenuto ben salde fra loro le famiglie naturali componenti la *familia proprio iure*; ora, grazie anche alla corrente pratica dell'emancipazione, in base alla quale il *filius familias* emancipato diventava *sui iuris e pater familias* della propria famiglia, la famiglia romana divenne sempre più simile alla famiglia moderna, basata sulla parentela di sangue, e il *pater familias* coincideva sempre più spesso con il padre naturale.

Fu in particolare durante il periodo degli Antonini (II sec.d.C.) che, sotto l'influenza dei principî filosofici di umanità e di equità, la *patria potestas* proseguì la sua evoluzione, già iniziata sullo scorcio dell'epoca repubblicana, e che la trasformerà da potere potestativo in dovere di protezione verso i figli; il padre, custode della *domestica disciplina*, aveva il compito e l'autorità di educare, correggere e punire, anche con la morte, le colpe commesse dai sottoposti alla sua *patria potestas*, ma senza abusare del suo potere, secondo un principio risalente nel tempo.

Le punizioni corporali, come mezzo di correzione, erano lecite, ma senza oltrepassare certi limiti, come fece un certo Tricone, cavaliere romano, che a colpi di frusta aveva ucciso il figlio e che Augusto a stento riuscì a salvare dall'ira popolare[47].

Per i ripetuti maltrattamenti cui sottoponeva il figlio, Traiano costrinse il padre di questo ad emanciparlo e, dopo la morte del figlio emancipato, gli negò il diritto che gli spettava sui beni del figlio, poiché non gli aveva mostrato il dovuto affetto[48].

Anche l'imperatore Adriano intervenne a punire con la deportazione in un isola un tale, che aveva ucciso durante una partita di caccia il proprio figlio che commetteva adulterio con la matrigna, e il motivo della punizione, come riferisce il giurista Marciano (*Digesto* 48, 9, 5), che riporta il noto episodio, fu: "poiché l'aveva ucciso più a guisa di brigante che secondo il diritto paterno". Adriano, quindi, avrebbe punito con la deportazione un *pater* che si era reso responsabile dell'uccisione efferata del figlio.

La *patria potestas*, che aveva subìto limitazioni dell'esercizio dei suoi diritti a partire dalla fine dell'età repubblicana e per tutto il periodo imperiale, nel IV sec.d.C. non era ormai che una *privata animadversio* 'privata correzione', una *domestica emendatio* 'correzione domestica', come si legge nella costituzione di Valentiniano e Valente del 365 d.C.[49], in cui alla durissima potestà paterna si contrappone una moderata e limitata correzione domestica.

In seno all'antica famiglia romana – basata sul vincolo agnatizio, la parentela civile, composta da tutti i soggetti ad un comune vincolo potestativo facente capo al *pater familias*, scardinatasi con il prevalere della *cognatio*, la parentela naturale, – si era venuta formando la nuova famiglia romana, basata sul vincolo di sangue e avente origine dal matrimonio e dalla procreazione dei figli; delle tradizionali caratteristiche della famiglia agnatizia sopravvisse la soggezione dei figli alla potestà del padre loro, potestà che si estingueva solo con la morte del padre e che, pur essendo un potere grande e severo, era diventato 'umano'.

NOTE

* Per gli argomenti trattati in questo capitolo, mi sono valsa di C. FAYER, *La familia romana Aspetti giuridici ed antiquari. Parte Prima*, Roma 1994.

1 La definizione è di ULPIANO, *Digesto* 50,16,195, 2.

2 Sulla *conventio in manum* vedi oltre p. 108 ss.

3 ULPIANO, *Digesto* 50,16,195, 2.

4 CICERONE, *Sulla sua casa*, 109, a proposito della vita religiosa che si svolgeva nella casa di ciascun cittadino, scrive: "Qui ci sono gli altari, qui i Penati (gli dei protettori della casa in generale, spesso confusi con i Lari), qui si compiono i sacrifici, i sacri riti, le pratiche religiose, le cerimonie".

5 ULPIANO, *Digesto* 50, 16, 195, 5.

6 Sulle *uxores in manum mariti* vedi oltre p. 108.

7 PLUTARCO, *Vita di Catone Maggiore*, 24, 2.

8 PLUTARCO, *Vita di Crasso*, 1, 1.

9 Riferite da FESTO, p. 260 ed. Lindsay.

10 FESTO, p. 424 ed. Lindsay; MACROBIO, *Saturnali*, III, 7, 5.

11 Riferita da DIONIGI di ALICARNASSO, *Antichità Romane*, II , 25, 6.

12 VALERIO MASSIMO, *Fatti e detti memorabili*, VI, 3, 9; l'episodio è ricordato anche da PLINIO il VECCHIO, *Storia naturale*, XIV, 89.

13 PLUTARCO, *Vita di Romolo*, 22, 3; vedi oltre p. 120.

14 VALERIO MASSIMO, *Fatti e detti memorabili*, II, 1, 5; VI, 3, 9.

15 SERVIO, *Commento all'Eneide*, III, 67; V, 79; ISIDORO, *Origini o etimologie*, XX, 3, 2.

16 VALERIO MASSIMO, *Fatti e detti memorabili*, VI, 1, 3.

17 LIVIO, *Storia di Roma*, II, 41,10; VALERIO MASSIMO, *ivi*, V, 8, 2.

18 LIVIO, *ivi*, III, 44-48; CICERONE, *I limiti del bene e del male*, II, 66; *La repubblica*, II, 63; DIONIGI di ALICARNASSO, *Antichità Romane*, XI, 28-38; VALERIO MASSIMO, *Fatti e detti memorabili*, VI, 1, 2.

19 VALERIO MASSIMO, *ivi*, V, 8, 5; SALLUSTIO, *La congiura di Catilina*, 39, 6.

20 LIVIO, *Storia di Roma*, II, 3-5; DIONIGI di ALICARNASSO, *Antichità Romane*, V, 8, 2-6; VIII, 79, 2; VALERIO MASSIMO, *Fatti e detti memorabili*, V, 8, 1.

21 VARRONE in NONIO, *La dottrina abbreviata*, p. 848 ed. Lindsay; OVIDIO, *Tristezze*, IV, 3, 46; PLINIO il VECCHIO, *Storia naturale*, VII, 2.

22 SVETONIO, *Augusto*, 65, 4.

23 SVETONIO, *Claudio*, 27, 3.

24 CICERONE, *Le leggi*, III, 19. Da SENECA, *L'ira*,

I, 15, 2, apprendiamo che i nati deformi venivano annegati.

[25] AMBROGIO, *I sei giorni della creazione*, V, 18, 58.

[26] POSIDIPPO riferito da STOBEO, 77, 7.

[27] *Papiri* di *Ossirinco*, IV 744.

[28] PAOLO, *Digesto* 25, 3, 4.

[29] PLAUTO, *La commedia della cassetta*, 156 ss., pone sulla scena una giovane donna di Sicione, che, violentata di notte in strada, fa esporre da un servo il frutto dello stupro.

[30] TERTULLIANO, *Apologetico*, 9, 7; MINUCIO FELICE, *Ottavio*, 30, 2; LATTANZIO, *Istituzioni divine*, VI, 20, 21.

[31] PLAUTO, *Càsina*, 39 s.

[32] Così si legge in PAOLO-FESTO, p. 105 ed. Lindsay.

[33] Anche ai nostri giorni accade che un neonato sia gettato, come immondizia, nei c.d. cassonetti.

[34] Vedi oltre p. 76.

[35] LATTANZIO, *Istituzioni divine*, VI, 20, 22.

[36] SENECA IL RETORE, *Controversie*, X, 4, 5

[37] Secondo la tradizione accolta da DIONIGI di ALICARNASSO, *Antichità Romane*, II, 27, 1.

[38] DIONIGI di ALICARNASSO, *ivi*, II, 27, 4.

[39] PLUTARCO, *Vita di Numa Pompilio*, 17, 5.

[40] La procedura della *mancipatio* c'è fatta conoscere da GAIO, *Istituzioni*, I, 119.

[41] DIONIGI DI ALICARNASSO, *Antichità Romane*, XX, 13, 2-3.

[42] L'episodio è narrato da LIVIO, *Storia di Roma*, VIII, 7; CICERONE, *I doveri*, III, 112; SALLUSTIO, *La congiura di Catilina*, 52, 30; VALERIO MASSIMO, *Fatti e detti memorabili*, II, 7, 6.

[43] CICERONE, *I limiti del bene e del male*, I, 23.

[44] CICERONE, *I doveri*, I, 55.

[45] ORAZIO, *Satire*, I, 6, 64 - 87.

[46] L'*adgnatus* o *agnatus* (termine composto da *ad* e *nascor*, inteso come *iuxta* o *prope nascor*, e che significherebbe "colui che è nato accanto, vicino") era colui che, nascendo dal *pater familias* o da un suo discendente, aumentava la famiglia, si aggiungeva ai membri della famiglia; l'*adgnatio* indicava quindi propriamente l'accrescimento per nascita del gruppo familiare. Erano *adgnati* al loro *pater familias* e tra loro i figli d'ambo i sessi, i nipoti, i pronipoti etc. d'ambo i sessi del *pater familias*, purchè nati in linea maschile – la famiglia romana è patrilinea, nel senso che la discendenza si determina in linea maschile, di padre in figlio –. Erano *adgnatae* anche la moglie del *pater familias* e le nuore che avevano compiuto la *conventio in manum* con i rispettivi mariti. Non erano invece *adgnati* i figli d'ambo i sessi delle figlie, delle nipoti, delle pronipoti del *pater familias*, come i figli nati dalla stessa madre, ma da padri diversi, poiché membri di altre famiglie, sottoposti alla *patria potestas* di altri *patres familias*.

[47] SENECA, *La clemenza*, I, 14,1; 15, 1.

[48] PAPINIANO, *Digesto* 37, 12, 5.

[49] La costituzione di Valentiniano e Valente è riferita in *Codice Teodosiano* 9, 13, 1, e in *Codice Giustiniano* 9, 15, 1.

2 LE ETÀ DELLA VITA

1. I *GRADUS AETATIS*

I Romani erano soliti suddividere l'arco dell'esistenza umana in *gradus aetatis* 'gradi, classi di età', e anche se le testimonianze antiche danno diverse suddivisioni, fra queste sono sempre menzionate, come fondamentali: *pueritia*, *adulescentia*, *iuventus*, *senectus*, 'fanciullezza', 'adolescenza', 'giovinezza', 'vecchiaia'.

Nelle partizioni d'età tramandate dagli antichi, si va da un minimo di tre ad un massimo di sei partizioni. Aulo Gellio (*Notti Attiche*, X, 28, 1-2) riporta la suddivisione sulla base delle esigenze militari, attribuita a Servio Tullio, che comporta una tripartizione della vita tra *pueri* (minori di 17 anni, non ancora adatti al servizio militare), *iuvenes* (da 17 a 46 anni, adatti al servizio militare), *seniores* (da 46 a 60 anni, soldati più anziani, che costituivano la riserva militare).

In due testimonianze, di origine varroniana, la vita umana è divisa in cinque parti, ma non in modo identico; Censorino (*Il giorno della nascita*, XIV, 1-2) dà questa suddivisione : *pueri* (fanciulli), da 0 a 15 anni; *adulescentes* (adolescenti), da 15 a 30 anni; *iuvenes* (giovani), da 30 a 45 anni; *seniores* (anziani), da 45 a 60 anni; *senes* (vecchi), da 60 fino alla morte; Servio, nel suo commento all'*Eneide* V, 295, menziona come classi di età: *infantia*, *pueritia*, *adulescentia*, *iuventa*, *senecta*, senza però precisare la durata di ciascuna. La classe dei *seniores* è stata sacrificata per far posto all'*infantia*, che qui fa la sua apparizione.

Ci sono poi le due tarde testimonianze di Isidoro di Siviglia, che nelle sue suddivisioni fa prevalere il ritmo basato sul numero 7; tali suddivisioni coincidono nel dividere la vita umana in: *infantia* (da 0 a 7 anni), *pueritia* (da 7 a 14 anni), *adolescentia* (da 14 a 28 anni), *iuventus* (da 28 a 50 anni); per quanto riguarda le altre classi d'età c'è discordanza, in quanto si parla di *gravitas* 'maturità' (da 50 a 70 anni) e di *senectus* (vecchiaia) (da 70 anni alla morte)[1], oppure di *senectus* 'maturità' (da 50 a 77 anni) e di *senium* 'vecchiaia' (da 77 alla morte)[2].

Poetica e particolare è la partizione individuata da Ovidio (*Metamorfosi*, XV, 199-213), che paragona le stagioni della vita alle stagioni dell'anno: alla primavera, in cui tutto fiorisce in un tripudio di colori, è paragonata la puerizia; alla calda estate, la forte e feconda giovinezza; all'autunno, l'inizio della vecchiaia, con le tempie cosparse di candidi capelli; all'inverno orrido e spoglio, la vecchiaia inoltrata.

Cicerone (*Catone Maggiore. La vecchiaia*, X, 33) sottolinea le caratteristiche proprie di ogni fondamentale tappa dell'esistenza umana: "La vita dell'uomo ha un suo corso ben determinato e la natura segue una via unica e per di più diritta e ad ogni età è stata assegnata una sua propria prerogativa: così la debolezza dei fanciulli, la baldanza dei giovani, la serietà dell'età matura, la maturità della vecchiaia sono delle disposizioni naturali che vanno esercitate a tempo opportuno".

In altre parole, spiega lo stesso Cicerone, quando c'è un bene bisogna usarlo; quando non c'è più non bisogna rimpiangerlo; gli uomini non devono mai rimpiangere l'età passata: gli adolescenti l'infanzia, gli adulti la giovinezza; nella vita c'è un corso ben stabilito e bisogna vivere seguendo la natura: essere seri dopo esser stati deboli e baldanzosi e prima di essere maturi, come un frutto che la morte coglierà.

2. L'INFANZIA

Il termine *pueritia* indicava il primo periodo della vita, che aveva inizio dalla nascita e si protraeva fino alle soglie dell'*adulescentia*. Per designare i bambini nei primissimi anni, i bebé, i poppanti, i Romani usavano vocaboli come *alumnus* (da *alo*-alĕre 'nutrire') 'colui che è nutrito, curato ed allevato', oppure *lactens/lactans-antis* 'lattante', spesso unito come aggettivo a *puer* o a *parvus/parvulus* a significare un 'bambino lattante', un 'piccolo/piccolino lattante', o anche *pupus/pupa* 'bambini/bambine di pochissimi anni', voci del linguaggio infantile derivanti da *puppa* che deve aver avuto il significato di 'seno', 'poppa'[3].

Come aggettivo di *puer* o di *filius* figura anche *infans*, che poneva l'accento sul fatto che i bambini piccoli non parlano; *infans*, infatti, è il participio presente del verbo arcaico *for-fari* 'parlare' con il prefisso negativo *–in* ed indica *qui fari non potest* 'colui che è incapace di parlare'; esplicito è Varrone (*La lingua latina*, VI, 52), quando scrive: "l'uomo *fatur* (comincia a parlare) appena emette dalla bocca una parola dotata di significato. Per questo i bambini, prima che sappiano fare ciò, sono detti *infantes* 'non parlanti'". L'*infans* articola sì dei suoni, ma finché non pronuncia parole con un significato, non può dirsi che parli.

Verso il I sec.a.C. si ha una lenta evoluzione: *infans* e il suo plurale *infantes*, finora usati come aggettivi nelle espressioni *puer infans/pueri infantes*, iniziano ad essere usati come sostantivi per designare una precisa classe di età, quella degli *infantes*, i bambini nei loro primi anni di vita. Anche il sostantivo *infantia*, da *infans*, che all'inizio indicava la 'difficoltà di parola', l''incapacità di parlare' da parte di chi, pur avendo idee, non sa esprimerle, la 'mancanza di eloquenza'[4], viene usato per indicare la prima età della vita umana, l'*infantia*; ma questo processo semantico non è ancora ben definito all'età di Varrone, dal momento che a lui sono attribuite due partizioni della vita umana, di cui una, riferita da Censorino, non comprende l'*infantia*, mentre nell'altra, riportata da Servio, l'*infantia* è la prima classe d'età menzionata[5].

A partire dall'età imperiale il termine *infantia* indica un preciso periodo della vita, l'infanzia, che, dalla nascita, si protrae fino ai 7 anni. "La prima età del bambino che viene alla luce è l'infanzia, che ha la durata di sette anni", scrive Isidoro di Siviglia (*Origini o etimologie*, XI, 15, 2).

Seneca (*Lettere a Lucilio*, III, 24, 20), esprimendo l'angoscia del tempo che passa, scrive: "Ogni giorno moriamo; ogni giorno infatti ci viene sottratta una parte della vita ed anche quando cresciamo, la vita va diminuendo. Abbiamo perduto l'infanzia, poi la fanciullezza, poi l'adolescenza. Tutto il tempo trascorso fino a ieri, è andato perduto". Anche per Tacito (*Annali*, I, 4) il termine *infantia* indica il primo periodo della vita, quando afferma che Tiberio fu allevato *prima ab infantia* 'dalla prima infanzia' nella casa imperiale.

Nei primi sette anni di vita si solevano distinguere due periodi: prima e dopo i tre anni. Secondo Dionigi di Alicarnasso (*Antichità Romane*, II, 15, 2), Romolo, nel concedere al *pater familias* il diritto di vita e di morte sul figlio, gli avrebbe vietato di uccidere il nato al di sotto dei tre anni, e facilmente si spiega questa disposizione con il fatto che la mortalità infantile, altissima nel primo periodo di vita, operava già una severa selezione.

Numa Pompilio, poi, nel fissare la durata del lutto secondo l'età del defunto, stabilì che per un bambino inferiore ai tre anni non si doveva portare il lutto; per un bambino di età superiore ai tre anni il lutto non doveva superare un mese per ogni anno, fino ad un massimo di dieci mesi[6].

Con la regolamentazione del lutto in base all'età attribuita da Plutarco a Numa Pompilio discorda lievemente la prescrizione attestata da Ulpiano nel III sec.d.C., che recita: "Per un bimbo minore di tre anni non si porta il lutto stretto, ma un lutto attenuato; per un bimbo minore di un anno non si porta il lutto, neppure attenuato"[7]; ossia, per la morte di un bambino da uno a tre anni non si doveva portare un lutto stretto, rispettando tutte le pratiche funebri, non si indossavano quindi le vesti da lutto, le donne non si abbandonavano a gesti plateali di dolore, come strapparsi i capelli e percuotersi il petto e il capo, non si organizzava un corteo funebre costoso e ricercato, non intervenivano le *praeficae*, donne prezzolate che piangevano e recitavano le lodi del defunto, non si offrivano libagioni e non si organizzava il banchetto funebre presso la tomba del defunto; in breve, le leggi e le antiche usanze non permettevano di esternare in maniera esasperata il dolore per la perdita di bambini di tenerissima età[8].

Cicerone (*Discussioni Tusculane*, I, 93) riferisce l'opinione di chi riteneva che, se un bambino moriva in tenera età (*parvus*), ci si doveva rassegnare; se moriva ancora in culla, non ci si doveva neanche lamentare. E di certo questa opinione era come un difendersi contro l'elevatissima mortalità infantile, se non si voleva vivere in perpetuo dolore.

3. La prima infanzia

Il giorno della nascita segnava l'inizio dell'*infantia*, dopo una gestazione la cui durata era oggetto di dissertazioni fra medici e filosofi an-

Fig. 1. Rilievo in terracotta dorata con scena di parto, II sec. a.C. Ostia, L'Isola Sacra, Museo Ostiense (da *Vita quotidiana nell'Italia antica*, II, p. 234).

tichi; l'opinione generale, ritenuta per vera, era che, dal momento del concepimento, il parto avveniva raramente al settimo mese di gestazione, mai all'ottavo, più spesso al nono e più spesso ancora al decimo mese; Aulo Gellio (*Notti Attiche*, III, 16), che riferisce le varie opinioni, annota che la nascita all'ottavo mese o all'undicesimo mese non era ritenuta come innaturale rarità, anche se si riteneva che una donna partoriva secondo natura solo al nono o al decimo mese.

Nel delicato momento del parto era richiesta la presenza dell'*obstetrix* l'ostetrica, la levatrice, che figura già nelle commedie di Plauto e di Terenzio, ove però non gode di una buona reputazione, essendo descritta come un'ubriacona, che non sa quello che fa e che combina guai; nell'*Andria* di Terenzio, ad esempio, con queste nefaste caratteristiche è tratteggiata l'ostetrica Lesbia prima che si presenti in scena, ma poi, nella pratica, essa si comporta come una donna sobria, esperta e responsabile nel proprio mestiere[9].

Nell'opera del medico greco Sorano di Efeso, intitolata *Gynaecia*, sono elencate le qualità richieste per poter diventare *obstetrix* ed è dipinto il ritratto dell''ottima ostetrica', che doveva avere, oltre a precise qualità morali, conoscenze teoriche del mestiere e una solida esperienza pratica[10].

Un rilievo di terracotta applicato sulla facciata del monumento funebre dell'ostetrica Scribonia Attice, ritrovato nella necropoli dell'Isola Sacra ad Ostia[11], Fig.1, rappresenta una scena di parto, con la partoriente assistita da un' ostetrica e da un'altra donna. La gestante nuda è seduta sulla sedia ostetrica, l'*obstetricalis sella sive cathedra*, che ha un dorsale non molto alto, leggermente inclinato, i fianchi di legno pieno e il sedile munito di un'apertura; le mani della gestante si appigliano a due specie di maniglie ricavate sul bordo superiore dei fianchi della sedia, che servivano d'appoggio durante gli sforzi. Dietro la partoriente, una donna, in piedi, la tiene ferma per le spalle, mentre l'ostetrica sta seduta davanti su un basso sgabello, pronta ad accogliere il nascituro; ha la testa voltata a sinistra per non guardare le parti intime della gestante, di certo per non creare imbarazzo in lei e rendere più difficoltoso il parto[12].

Al momento della nascita, l'ostetrica riceveva il neonato[13] in un panno, con cui si era precedentemente coperte le mani, e poi lo deponeva in terra dopo averne indicato il sesso.

"L'uomo è il solo – dice Plinio il Vecchio

Fig. 2. Primo bagno del neonato. Particolare del fregio del monumento funerario dalla Via Portuense. Roma, Museo Nazionale Romano.

(*Storia naturale*, VII, 2) – che la natura getta nudo sulla nuda terra, il giorno della sua nascita, abbandonandolo sin dagli inizi ai vagiti e al pianto"[14].

Se il neonato al contatto della terra vagiva subito con la giusta energia e se, ad un attento esame, la costituzione di tutte le parti del piccolo corpo risultava buona, l'ostetrica dichiarava che il neonato meritava di essere allevato[15]. Ma il suo destino dipendeva dalla volontà del *pater familias*: ai suoi piedi infatti il neonato veniva deposto, in modo che egli potesse compiere l'atto del *tollere / suscipere liberum*, con cui accoglieva il neonato nel suo gruppo familiare[16].

Se il *pater familias* sollevava da terra il neonato, il giorno della sua nascita, il suo *dies natalis*, sanciva due nascite: quella fisica, data dalla natura, e quella decisa dalla volontà del *pater familias* che, compiendo il formale atto del *tollere/suscipere liberum*, lo riconosceva come un suo *filius*. Questo giorno era importante anche perché, se il neonato sopravviveva ad esso e più precisamente alla settima ora, ritenuta cruciale, aveva buone possibilità di sopravvivere[17].

Subito dopo il taglio del cordone ombelicale, il neonato veniva lavato dall'ostetrica con acqua tiepida in un bacino, e poi cosparso delicatamente di sale per eliminare il rivestimento vischioso che ne ricopriva il corpicino subito dopo la nascita; di nuovo poi veniva lavato con acqua calda[18].

Nel fregio di un monumento funerario proveniente dalla Via Portuense a Roma, raffigurante la vita del defunto, Fig. 2, è rappresentata la scena del primo bagno di un neonato: sotto lo sguardo vigile della madre, seduta a sinistra su una *cathedra* posta su un piano rialzato, resa in stato di leggero abbandono, con il braccio destro appoggiato sul bracciolo della sedia e con il sinistro quasi abbandonato fra le braccia di una donna che le sta a fianco, due ancelle compiono il lavaggio del neonato nudo: una, l'ostetrica, lo tiene disteso al di sopra di un grande e profondo bacile biansato, l'altra versa nel recipiente l'acqua calda con una brocca[19].

Secondo una tradizione, era costume proprio della famiglia dei Cesari lavare i neonati del casato in *alvei* 'bacini' fatti di guscio di tartaruga[20].

Al bagno seguiva la fasciatura del neonato, ampliamente descritta da Sorano (*Gynaecia*, II, 14-15). Il neonato veniva avvolto con bende di morbida lana - preferibili a quelle di lino, facili a restringersi sotto l'effetto della traspirazione, - dette in latino *fasciae* o *incunabula* - che dovevano essere di due misure, di 6 e di 8 cm., (di tre e di quattro dita); con le fasce più strette l'ostetrica avvolgeva le braccia del neonato, partendo

Fig. 3. Piccole sculture in marmo ex-voto, raffiguranti neonati in fasce. Beaune, Gallia Romana, Museo Archeologico (da Espérandieu, III, p. 151, 2044, 2-3).

dalle dita fino alla spalla, e poi le gambe singolarmente, compresi i piedi, badando che ogni arto stesse ben teso; successivamente, con le fasce più larghe avvolgeva tutto il piccolo corpo, in modo che le braccia e le gambe rimanessero imprigionate; a volte erano lasciati liberi dalle fasce solo i piedini. La fasciatura serviva ad assicurare uno sviluppo armonioso del corpo, evitando le malformazioni. Il capo del bimbo veniva poi coperto con un tessuto di morbida lana, avvolto intorno, sì da formare un piccolo cappuccio o una specie di cuffietta.

Le fasce potevano essere colorate e di colori anche vivaci, come le piccole fasce rossicce con cui solitamente si avvolgevano i nati della famiglia dei Cesari[21].

"Subito dopo il suo ingresso alla luce – annota con sarcasmo Plinio il Vecchio (*Storia naturale*, VII, 3) – l'uomo è stretto da vincoli e legami, quali non si impongono neppure agli animali domestici; così, lui, felicemente nato, giace mani e piedi legati, piangente, lui destinato a comandare a tutti gli altri animali, e inaugura la sua vita tra i tormenti, per la sola colpa di essere nato".

Nel Museo archeologico di Beaune, Gallia romana, sono conservate delle piccole sculture ex-voto, raffiguranti neonati avvolti in fasce rassomiglianti a cordoni e disposte in modo particolare, Fig. 3.

Numerosi ex voto di terracotta raffiguranti bambini in fasce sono stati ritrovati nei depositi votivi di templi, donati alle divinità dalle madri per ottenere la protezione sui propri figli appena nati o come ringraziamento, perché salvati da qualche malattia. A Capua, nel Museo Provinciale Campano, sono conservate numerose statue in tufo, provenienti da un santuario urbano, raffiguranti "madri" sedute con pargoli tutti fasciati fra le braccia; il numero dei pargoli varia da due a dodici, disposti 'a ventaglio' sulle braccia della donna, Fig. 4. Le statue, che datano dal

Fig. 4. Statua in tufo rappresentante una "Madre" seduta con 12 pargoli fasciati disposti a ventaglio sulle sue braccia. Capua, Museo Provinciale Campano.

VI al I sec.a.C., sono ex voto delle donne campane offerti o quale auspicio di fertilità o in ringraziamento per aver avuto il dono della maternità.

Completata la fasciatura, il neonato veniva deposto nella culla, in genere una cesta con il fondo arrotondato per permettere un movimento ondulatorio, utile per far addormentare il neonato. In latino la culla era detta *cunae* o *incunabula*, termine questo indicante anche le fasce e tutto il necessario per la culla, ossia, come insegna Sorano (*Gynaecia*, 16), un materassino, in pratica un cuscino riempito di cimatura di lana o di morbido fieno, di forma incavata per evitare che il neonato potesse rotolarne fuori quando vi era adagiato, che andava periodicamente areato e cambiato per non dare cattivo odore; e coperte più leggere o più calde secondo le stagioni; la testa del bimbo doveva essere tenuta alta.

Fig. 5. Piccola scultura in marmo raffigurante bimbo in culla con cane acciambellato ai piedi. Beaune, Gallia Romana, Museo Archeologico (da ESPÉRANDIEU, III, p. 155, 2051).

Sempre nel Museo Archeologico di Beaune, è conservato un ex-voto in marmo, raffigurante un bimbo nella sua culla che è fornita di strisce applicate ai bordi superiori per impedire che il bimbo potesse cadere; ai piedi del bimbo dorme, acciambellato, un cane, Fig. 5. Due rilievi appartenenti al monumento funebre della balia Severina, ritrovato a Colonia, raffigurano la donna che tiene fra le braccia un neonato, sembra per allattarlo, e poi lo pone nella culla, rappresentata come una cesta di vimini dalla forma allungata, Figg. 6-7. Inoltre, dalla città vesuviana di Ercolano proviene una culla rettangolare di legno con i piedi a dondolo, che al momento della scoperta conservava ancora i resti dell'imbottitura vegetale del materassino e persino tracce del piccolo scheletro, Fig. 8.

Nei primissimi giorni dopo la nascita, detti *primordia*, e precisamente in giorni rigidamente fissati, nel nono giorno per i maschi e nell'ottavo per le femmine, veniva celebrata, all'interno della famiglia e in presenza di parenti ed amici, una cerimonia di purificazione del nuovo nato, detta *lustratio,ōnis* – onde il nome di *dies lustricus* al giorno della sua celebrazione -, con cui il piccolo veniva ammesso nel gruppo e nel culto familiare. Di questa *lustratio* parlano diverse testimonianze antiche, fra cui due chiarissime:

Fig. 6. Stele funeraria della nutrice Severina, lato destro. Colonia, Römisch-Germanisches Museum (da N. ROUQUET, p. 161, Fig. 2).

Fig. 7. Stele funeraria della nutrice Severina, lato sinistro. Colonia, Römisch-Germanisches Museum (da N. ROUQUET, p. 162, Fig. 3).

"Sono detti giorni lustrali dei bambini, l'ottavo per le bambine, il nono per i bambini, perché in questi giorni vengono purificati e si impongono loro i nomi"[22]; "Giorno lustrale è quello in cui i bambini sono purificati e ricevono il nome; esso cade nel nono giorno per i maschi, nell'ottavo per le femmine"[23].

Plutarco (*Questioni Romane*, 102) si chiede, perché per le bambine il *dies lustricus* cadesse un giorno prima, l'ottavo, anziché il nono come per i bambini, e fra le diverse risposte che si dà – come quella, seguendo i Pitagorici, che il numero pari è femminile e quello dispari maschile – la più accettabile è che le femmine crescono e maturano prima dei maschi.

Nel *dies lustricus* si svolgeva sicuramente un sacrificio agli dei, perché fossero favorevoli al nuovo nato, e si prendevano gli auspici per interpretare la loro volontà, cerimonie queste che caratterizzavano non solo le solennità pubbliche, ma anche quelle private. Aveva poi luogo un banchetto, come si può dedurre da un episodio, avvenuto durante il banchetto indetto per festeggiare il *dies lustricus* - fatto erroneamente

Fig. 8. Culla in legno, rinvenuta ad Ercolano, nella Casa dell'Atrio a mosaico (IV, 1-2). I sec. d.C. Napoli, Museo Archeologico Nazionale (da *Vita Quotidiana nell'Italia antica*, I, p. 89).

cadere non al nono, ma al settimo giorno dopo la sua nascita – del piccolo Clodio Albino, cui furono regalati sette aquilotti, deposti vicino alla sua culla come giocattoli[24].

La cerimonia della *lustratio* comprendeva anche la *nominis impositio*, l''imposizione del nome' al neonato, che, secondo la denominazione del cittadino romano, si componeva di tre nomi, i *tria nomina*, ossia: *praenomen*, *nomen*, *cognomen*. Il prenome distingueva l'individuo dagli altri membri della sua famiglia ed è paragonabile al nostro nome proprio; il *nomen*, detto più completamente *nomen gentilicium*, era comune a tutti i membri di una stessa *gens*; le *gentes* erano gruppi di più famiglie che portavano lo stesso *nomen*, che può essere paragonato al nostro cognome; il *cognomen* era in origine un soprannome dato ad un individuo per le sue caratteristiche fisiche o del carattere o per la sua attività o per atti di valore o per grandi vittorie – quest'ultimi detti *cognomina ex virtute* – e poi diventato ereditario per i suoi discendenti[25].

Svetonio (*Nerone*, 6, 1) narra che nel *dies lustricus* di Nerone, al momento dell'imposizione del nome, ci fu un avvenimento interpretato come un segno evidente del suo sciagurato destino: Caligola, allora imperatore, pregato dalla sorella Giulia Agrippina Minore, madre di Nerone, di dare al bambino il nome che gli piacesse, vedendo lo zio Claudio, quel Claudio che poi, diventato imperatore, avrebbe adottato Nerone, dichiarò, scherzando, che gli dava il nome di lui; Agrippina ne fu profondamente contrariata, perché allora Claudio era lo zimbello della corte.

La nascita dei figli legittimi doveva essere denunciata, con il nome imposto, entro il trentesimo giorno dalla nascita presso i prefetti dell'erario di Saturno[26], che provvedevano a prenderne nota in un apposito registro; una copia della dichiarazione ufficiale veniva data al padre, che la conservava fra i suoi documenti[27]. La disposizione relativa alla denunzia delle nascite viene attribuita all'imperatore Marco Aurelio (161-180 d.C.)[28], ma si ritiene che risalisse già al tempo di Augusto; Marco Aurelio si sarebbe limitato a disciplinare la materia in modo organico e generale.

Nei primi tempi, quando erano in vigore gli antichi sani costumi, era la madre che porgeva il seno a suo figlio, sia perché il latte materno era da tutti riconosciuto come il migliore[29], ma soprattutto perché per la matrona il primo vanto era quello di custodire e di dedicarsi alla cura dei figli[30].

Un classico esempio è quello di Licinia, la virtuosa moglie di Marco Porcio Catone, noto come Catone il Censore – censura da lui rivestita nel 184 a.C. –, che si prendeva cura personalmente del proprio bambino, lo lavava, lo fasciava e lo nutriva con il proprio latte, spesso offrendo il seno anche ai piccoli degli schiavi nati in casa, per infondere in essi, dando loro lo stesso latte, una disposizione benevola verso suo figlio[31].

Nel sarcofago di Marco Cornelio Stazio, datato all'età di Adriano (II sec.d.C.), Fig. 9, sono rappresentate quattro scene relative all'*infantia* e alla *pueritia* del fanciullo defunto: la madre che lo allatta al seno sotto lo sguardo attento ed amorevole del padre; il padre che lo tiene in braccio; il momento del gioco con la biga trainata da un somarello; il momento dell'istruzione in famiglia.

4. La nutrice

Nel corso del II sec.a.C., con il diffondersi della cultura greca, i Romani fecero propria l'usanza dei Greci di servirsi dell'allattamento mercenario, ricorrendo alla *nutrix,īcis* 'la nutrice, la balia'. Rapidamente la moda di avere una balia, o più di una per maggior sicurezza per il neonato, si diffuse prima nelle famiglie dell'alta società e della ricca borghesia, che disponevano di numerosa schiavitù, fra cui facilmente trovare delle balie, e poi divenne pressoché generale, nonostante la voce contraria di medici, filosofi e moralisti, convinti che il latte materno contribuisse, come il seme maschile, alla formazione dell'aspetto fisico e del carattere del neonato e che l'allattamento al seno creasse un particolare rapporto affettivo fra la donna che allattava e il

Fig. 9. Sarcofago di Marco Cornelio Stazio, II sec. d.C. Parigi, Museo del Louvre.

poppante; di qui l'esortazione che fosse la madre naturale ad allattare il suo piccolo.

Data l'alta mortalità delle donne durante il parto, spesso era necessario ricorrere alla balia per nutrire il piccolo orfano; poteva anche capitare che la madre fosse fisicamente impedita ad allattare il proprio figlio, ma in genere la pratica dell'allattamento cessa di essere considerato un dovere della matrona, che spesso avanza come pretesto il non voler danneggiare la bellezza del seno o mettere a rischio la propria salute, sottoponendosi alla dura fatica dell'allattamento, ed invecchiare anzi tempo. Si è anche cercato di spiegare il ricorso alla nutrice per evitare di affezionarsi al neonato che, data l'alta mortalità infantile, aveva molte probabilità di morire; era quindi preferibile che i legami affettivi si creassero fra nutrice e poppante.

Vista l'impossibilità di arginare l'usanza di affidare i propri nati alla nutrice, i medici fissarono precise regole cui attenersi nella scelta della balia, che quasi sempre era una schiava di famiglia, o una liberta, ossia una ex-schiava, oppure una donna di liberi natali, che riceveva un salario per le sue prestazioni[32]. Secondo Sorano (*Gynaecia*, II, 19-20; 24-26), ad esempio, tali regole dovevano riguardare l'età della donna, né troppo giovane né troppo anziana, ossia non meno di venti anni e non più di quaranta, preferibilmente con figli e quindi con esperienza; il suo stato di salute fisico, perché il latte che veniva da un corpo sano e forte era di per sé sano e nutriente; il suo carattere, perché si credeva che, attraverso il latte, si trasmetteva al bambino l'indole di colei che l'allattava; e poi regole riguardanti l'igiene, l'alimentazione e la moralità della nutrice. Per Quintiliano (*Istituzione oratoria*, I, 4) era innanzi tutto necessario che la nutrice fosse colta e si esprimesse con un linguaggio perfetto, perché era la nutrice che il bambino ascoltava per prima, sue le parole che egli avrebbe cercato di ripetere balbettando, e per natura le prime suggestioni sono quelle che maggiormente rimangono impresse.

Ma queste regole in genere non si osservavano; Aulo Gellio (*Notti Attiche*, XII, 1) racconta che Favorino, filosofo di Arles del II sec. d.C., sostenitore dell'allattamento al seno materno, in visita ad un suo discepolo di rango senatorio e di famiglia fra le più elevate di Roma, la cui moglie aveva appena dato alla luce un figlio, dopo essersi informato della salute della puerpera, disse: "Non dubito che essa nutrirà il bimbo con il suo latte". Ma la madre della giovane donna rispose che invece si dovevano provvedere delle nutrici per il bambino, per non aggiungere ai dolori del parto la fatica, difficile e grave, dell'allattamento. Di qui la lunga difesa del filosofo dell'allattamento materno, insistendo sul fatto che il carattere del bimbo rischiava di essere danneggiato dal latte di una donna di condizione servile o straniera, che poteva essere disonesta, impudica e ubriacona. "Quasi sempre - egli afferma - si prende, senza troppa distinzione, qualsiasi donna che abbia in quel momento il latte", e il fatto che: "spesso i figli di donne pudiche non assomiglino né nell'animo né nel corpo ai loro genitori" trova la sua spiegazione nella certezza che: "nel formare l'indole una parte importante abbia il carattere della nutrice e del suo latte".

Tacito (*La Germania*, 20) loda le madri galliche che allattavano i propri figli e non li affidavano mai ad ancelle o a nutrici.

"Finché il corpo del bambino non si è rafforzato – dice Sorano – bisogna nutrirlo con il solo latte", poi, a partire dai sei mesi, con la comparsa dei primi denti, non prima, il bambino potrà ricevere anche un'alimentazione semi-liquida, basata su cereali, come briciole di pane bagnate

Fig. 10. *Gutti*, biberons? Musée de Saint-Germain-en-Layes (da R. Étienne, p. 33, Figg. 7-10).

in acqua e miele o nel latte, o in vino dolce o mielato, e più tardi minestrine di semola, purea e simili.

Il latte continuerà ad esser dato a metà pasto e: "Se il bambino ha ancora sete dopo aver mangiato, gli si darà dell'acqua semplice o con una goccia di vino, mediante le 'mammelle artificiali' (vedi oltre), dalle quali potrà succhiare il liquido a poco a poco senza rischi, come da un seno"[33].

Un'usanza molto diffusa presso le nutrici sia greche che romane era quella di inserire nella bocca dei bambini pane da esse già masticato e sminuzzato in piccolissime parti[34], usanza condannata da Sorano, perché: "dare al bambino bocconi di pane già masticati dalla nutrice, comporta dei danni, essendo essi impregnati di flemma"[35].

Quando poi il bambino avrà denti forti, che gli permetteranno di frammentare e masticare gli alimenti più solidi – continua Sorano (*Gynaecia*, II, 47) – si passerà ad un'alimentazione più solida e varia e, al terzo o quarto semestre (un anno e mezzo – due anni), lo si disabituerà gradatamente e insensibilmente al seno, svezzandolo con l'aumentare sempre più la nuova alimentazione e diminuendo quella lattea. Macrobio (*Commento al Sogno di Scipione di Cicerone*, I, 6, 69) afferma che il bambino a 35 mesi (ca. 3 anni) incominciava a provare disgusto per il latte della nutrice.

L'espressione usata da Sorano per indicare la 'mammella artificiale', di cui purtroppo non dà alcuna spiegazione, è θηλὴ πεφιλοτεχνημένη, 'mammella (più propriamente 'capezzolo') fatta artificiosamente', espressione che evoca la moderna nozione dei biberons, piccoli vasi che permettono di dare da bere a un bebé facilmente e con sicurezza.

Nella tarda traduzione latina di Sorano, ad opera di un certo Mustio o Muscio del VI sec. d.C., l'espressione sopra citata è resa con *vasculum vitreum* 'vasetto di vetro', foggiato a forma di mammella e munito di un foro, che permetteva di dare da bere al bambino[36]; i nomi dati al vasetto, *ubuppa* o *tittina*, fanno riferimento al latte, alla mammella, alla nutrice[37]. Si tratta di un biberon? In questo caso, dalle citate testimonianze, si può dedurre che i biberons romani avessero una forma rassomigliante a delle mammelle, che permettevano di nutrire il bambino con un versamento lento e continuo del liquido contenuto.

In genere vengono ritenuti dei biberons i piccoli recipienti panciuti di terracotta, caratterizzati da una comune forma e grandezza (alti da 10 a 15 cm.), con un'apertura superiore per introdurre il liquido, un beccuccio forato e, in alcuni casi, con un'ansa in corrispondenza del beccuccio e ad esso perpendicolare, denominati *gutti* per la particolarità di far fuoriuscire il liquido goccia a goccia, Fig. 10. Questi recipienti sono stati ritrovati in sepolture di bambini, ma non poppanti, bensì di almeno un anno e già con denti, che avevano cessato quindi di essere alimentati con il solo latte. Si è pensato che questi *gutti* dovessero servire per dare da bere ai bambini durante lo svezzamento[38], ma la loro funzione, specificatamente funeraria, rimane ancora problematica[39].

Assimilati a dei biberons sono due recipienti di ceramica che presentano la forma di una lucerna, ritrovati a Pompei, nella 'Casa dei capitelli figurati', Fig. 11, e pubblicati al momento del ritrovamento come una: "specie di lampada a lungo becco, con figurina in basso rilievo che allatta un bambino". Ma che si tratti di 'lampade' non è credibile, perché all'estremità della loro forma allungata – sono lunghi 18 cm. e alti 4,5 cm. – presentano un foro che li rende inadatti a contenere l'olio per l'illuminazione. In base alla raffigurazione di una donna che allatta un bambino, presente nella parte superiore del corpo, i due recipienti sono stati interpretati come biberons, i soli ritrovati non in una tomba, ma in un contesto domestico; servivano per dare il latte al bambino? o per dissetarlo con l'acqua? o avevano altro uso?[40].

Finora non è stato possibile risolvere la questione della funzione di questi oggetti, che fanno pensare a dei biberons, e dare una risposta chiara e sicura agli interrogativi, tanto più che l'esistenza di un allattamento completamente artificiale non è attestata in testi medici e letterari, anche se gli antichi discutevano sul diverso valore nutritivo del latte, riconoscendo che il più nutriente era quello materno, seguito da quello di capra; molto efficace il latte di asina e più dolce quello di pecora, ma meno digeribile, perché più grasso; al latte di mucca erano riconosciute proprietà medicinali[41].

Con lo svezzamento e con il venir meno della necessità di alimentare il bambino con il solo latte, cessava il compito della balia, colei che allatta il neonato, detta a volte *mater* o anche *mamma*, termine indicante la mammella. Ma questa, soprattutto se era una schiava di famiglia, di solito continuava a prendersi cura del bambino anche dopo lo svezzamento, oppure al suo posto subentrava la *nutrix assa*, la 'balia asciutta' 'la balia che non allatta'. A proposito del termine *assa*, lo scolio a Giovenale (*Satire*, XIV, 208), propone questa spiegazione: "Si dice *assa nutrix* colei che non dà il latte agli infanti, ma presta solo scrupolosa cura e pulizia"[42]. Un'altra spiegazione di *nutrix assa* fa derivare l'espressione dal verbo *adsum* 'sono vicino, presente', perché le balie asciutte erano sempre vicino ai bambini che allevavano, onde erano dette anche *asseculae*, termine indicante chi è al seguito di qualcuno[43]. E tale era la nutrice, sempre a disposizione del bimbo a lei affidato, di cui aveva assidua cura, provvedendo al suo allevamento, inteso nel senso più ampio del termine, e non del solo nutrimento; infatti, se all'ostetrica spettava il compito di *educere* 'estrarre', ossia 'aiutare a nascere', alla nutrice era affidato il compito di *educare* 'nutrire, allevare'[44], in altre parole, guidare la crescita fisica del bambino, onde il suo appellativo di *educātrix*.

Un nutrimento più completo fortificava naturalmente il corpo del bambino che, libero dalle fasce che lo imprigionavano, iniziava a stare in piedi e a muovere i primi passi e la nutrice doveva seguirlo, sorreggerlo, vegliare su di lui. Sul sarcofago proveniente dalla Via Portuense, una delle scene del fregio, Fig. 12, rappresenta, a destra, una donna, la nutrice, che tende le braccia in atto di invito o di vigile attenzione verso

Fig. 11. Biberon a forma di lucerna. Napoli, Museo Archeologico Nazionale (a N. ROUQUET, p. 169, Fig. 10).

un bimbo dalle forme grassocce, nudo tranne una fascia avvolta intorno alla vita, che si appoggia ad un attrezzo, spingendolo innanzi a sé, che serviva di certo per facilitargli il muovere i primi passi; anche su un fregio di un altro sarcofago, Fig. 13, è visibile lo stesso attrezzo che è spinto da un bimbo nudo con la sola fascia intorno alla vita. Secondo la ricostruzione dell'attrezzo, Fig. 14, esso è costituito da due assi orizzontali, uno superiore, che funge da manico su cui il bimbo appoggia le mani, ed uno inferiore, alle cui estremità sono poste due ruote; i due assi orizzontali sono collegati fra loro da due assi verticali paralleli; al centro dell'asse formante il manico è innestato un asse obliquo che si collega ad un asse innestato all'asse orizzontale inferiore, ad esso perpendicolare, che è munito di una ruota[45].

Utilizzata per il medesimo scopo è la 'sedia' o la 'gabbia'(?) 'fornita di ruote' (δίφρος ὑπότροχος), menzionata da Sorano (*Gynaecia*, II, 45).

Sin dalla prima infanzia la nutrice narrava al piccolo le favole, *fabulae*, *fabellae*, per tenerlo quieto o farlo addormentare o anche per farsi obbedire o per mettere fine ai suoi capricci e in questo caso i personaggi delle storie incutevano terrore, come il lupo feroce, o le *Lamiae*, streghe che mangiavano i bambini, o le *Maniae*, spauracchi dei bambini, o le *Striges*, uccelli notturni che divoravano le viscere e succhiavano il sangue dei neonati. Famosa è una favola di Aviano (*Favola*, I, 1) intitolata proprio *De nutri-*

Fig. 12. Primi passi. Particolare del fregio del monumento funerario dalla Via Portuense. Roma, Museo Nazionale Romano.

Fig. 13. Primi passi. Particolare del fregio di un sarcofago di un fanciullo. Roma, Museo Nazionale Archeologio.

ce et infante, in cui un lupo feroce credette alle minacce rivolte da una donna – la nutrice? – al bimbo piangente, che se non avesse smesso di piangere, l'avrebbe dato in pasto al lupe feroce. Il lupo attese a lungo alla porta, ma rimase a digiuno, perché il bimbo si addormentò e la minaccia non ebbe seguito.

La nutrice poteva essere aiutata nel suo compito di allevare il bambino da una figura maschile, uno schiavo di solito anziano e fidato, detto *educātor* 'colui che alleva', oppure nel linguaggio infantile, con riferimento alla pappa, *papas* 'aio'[46], *tata*, appellativo quest'ultimo attestato in alcuni epitaffi di bambini morti prematuramente, come quello di un bimbo morto a 3 anni, 2 mesi e 9 giorni, in cui sono menzionati il padre, la madre e Salonius Epictetus *tata* e Aphrodisia *mamma* (*CIL* VI, 36353); anche nell'epitaffio di un bimbo morto a 5 mesi è menzionato Anthus *tata* (*CIL* VI, 11395). I termini *papas* e *tata* potevano essere riferiti anche al padre, così come *mamma* poteva indicare anche la madre[47].

Altro appellativo che poteva ricevere l'*educātor* era *nutricius* o *nutritor* 'colui che nutre' 'balio', corrispondente al greco τροφεύς 'nutritore, allevatore'[48].

La figura della *nutrix*, termine comprensivo sia della balia 'che allatta' che della balia 'asciutta', proprio per l'importante e delicatissimo ruolo che rivestiva nella formazione del bambino sin dalla sua nascita, richiamò l'attenzione di medici, filosofi e moralisti antichi che, nel discutere sull'opportunità di far allattare i bambini dalla nutrice, piuttosto che dalla madre, sottolineavano il pericolo che la madre, allontanando il figlio da sé ed affidandolo ad altri per nutrirlo, rompesse o quanto meno indebolisse quel vincolo e quel legame di tenerezza e di amore con il quale la natura avvince i genitori ai figli, mentre la nutrice, costantemente presente nella vita del piccolo, poteva stabilire con lui un vincolo affettivo così forte da prendere, nell'affetto di questi, il posto della madre. E ciò accadeva con più frequenza, se la madre si disinteressava del figlio o se, come spesso avveniva, se lo faceva portare pulito e sazio solo per giocare con lui.

Giustamente fa notare il filosofo Favorino, riferito da Aulo Gellio (*Notti Attiche*, XII, 1, 23): "L'affezione, l'amore, l'abitudine del bimbo si rivolgono soltanto verso colei che lo nutre e ne ha cura e di conseguenza, come accade per i neonati esposti, egli non prova nessun sentimento né rimpianto per la madre che lo ha generato. Pertanto, rimossi e distrutti i fondamenti della naturale affezione, anche se i figli così allevati sembrano amare il padre e la madre, in gran parte quell'amore non è naturale, ma convenzionale e frutto di cortesia".

Nella Tebaide di Stazio, l'affetto che lega il piccolo Ofelte alla nutrice Ipsipile suscita profonda gelosia nella madre Euridice, e quando Ofelte muore a causa della distrazione involontaria di Ipsipile, Euridice sfoga la sua disperazione e maledice il momento in cui era stata tanto folle da affidare ad un'altra donna il suo nato, privando così se stessa delle gioie della maternità: "E dire che proprio a lei, figlio mio, riservavi le più affettuose moine, lei sola conoscevi e ascoltavi, quando ti chiamava, e di me non ti curavi: tua madre, da te, non aveva alcuna gioia. Fu lei, maledetta, che udì i tuoi pianti, il riso misto alle lacrime, fu lei che colse i tuoi primi balbettii. Lei fu sempre tua madre, finché fosti in vita, ora io"[49].

I legami affettivi fra la nutrice e il bimbo a lei affidato, stretti durante l'infanzia, potevano mantenersi ben al di là dell'infanzia stessa, anche oltre la morte. Quando, nel 68 d.C., Nerone fu costretto ad uccidersi per non cadere in mano avversaria, furono le due nutrici Ecloge ed Alexandria – i nomi rivelano la loro chiara origine greca – e la concubina Atte a deporre le sue ceneri nella tomba della *gens Domitia*[50]; e fu la nutrice Phyllis a rendere onori funebri al cadavere di Domiziano, dopo il suo assassinio, nella sua villa sulla Via Latina, e poi a portarne le reliquie nel tempio della *gens Flavia*[51]. Se la nutrice aveva allevato una bimba, spesso rimaneva presso di lei anche dopo il suo matrimonio, accompagnandola nella casa del marito.

5. Il ruolo educativo della madre

I bambini romani, di certo quelli dei ceti elevati, gli unici di cui abbiamo notizie, trascorrevano la loro infanzia fra le pareti domestiche in seno alle loro famiglie, e quando più nuclei familiari vivevano insieme, si trovavano a crescere contemporaneamente diversi bambini. Essi erano sotto la direzione femminile, soprattutto della madre, cui fu sempre riconosciuto un importantissimo ruolo educativo dei figli che, prima che si diffondesse la moda di affidare i propri nati alla nutrice, "crescevano nel suo grembo e tra le sue premure"[52]. Era la madre che si prendeva cura di loro, dalla nutrizione all'allevamento, alla prima educazione; ne seguiva la crescita fisica, la formazione del carattere e del comportamento, seguendoli nei loro giochi ed occupazioni.

Fig. 14. Ricostruzione dell'attrezzo per i primi passi. (da D. Faccenna, p. 224, Fig. 46).

Tacito (*Dialogo degli oratori*, 28, 4) riferisce che la madre poteva anche giovarsi dell'aiuto di una donna anziana del parentado, scelta per le sue specchiate virtù, alla quale si affidava il compito di sorvegliare l'intera prole della famiglia, e in sua presenza non si poteva dire o fare azione che fosse sconveniente e disonesta; così i bambini erano educati al riserbo tanto nelle parole che negli atti e crescevano in un'atmosfera serena, familiare e di alta tenuta morale. Ora, ai miei tempi (II sec. d.C.), si lamenta Tacito, alla madre si è ormai sostituita una nutrice greca, alla quale si affida il figlio appena nato, e a lei si aggiungono uno o due schiavi, presi a caso fra la servitù, il più delle volte di bassi sentimenti e non adatti a rivestire un qualche serio incarico, e nessuno in tutta la casa controlla il loro comportamento e il loro modo di parlare in presenza del piccolo padrone[53].

Bruciante è il rimpianto che trapela dalle parole di Tacito per gli austeri costumi dell'età repubblicana e il metodo dell'antica educazione domestica, quando i genitori, soprattutto la madre, si prendevano cura dei figli sin dalla loro prima infanzia; al confronto con tale educazione familiare risultano ancor più riprovevoli il lassismo e la negligenza dei genitori dell'epoca e il vigente sistema educativo, fatto apposta per soffocare le buone inclinazioni naturali dei bambini ed indurli ad essere insolenti e sfrontati senza rispetto per sé e per gli altri.

Il ruolo educativo della madre, riconosciuto sin dall'antichità come fondamentale nell'infanzia dei figli, anche in presenza del padre, lo diventava ancor di più nel caso di scomparsa di costui, eventualità questa molto frequente, date le numerose guerre intraprese da Roma durante la repubblica e data la grande differenza d'età fra i coniugi, poiché le donne venivano date in spose giovanissime ad uomini maturi.

I testi antichi ci fanno conoscere esempi di donne che, rimaste vedove, si dedicarono completamente e con passione all'impegno di allevare ed educare i propri figli e lo eseguirono con grande amorevolezza non disgiunta da una severa disciplina, suscitando un rispetto profondo e sincero nei loro riguardi da parte dei figli ed acquistando un forte ascendente su di loro che, anche divenuti adulti, continuavano ad esserne condizionati.

Un esempio illustre è quello di Coriolano che, rimasto orfano in tenera età, fu allevato dalla madre vedova; esule e ribelle a Roma e in marcia contro di essa alla testa dei Volsci, non si lasciò piegare né dalle preghiere degli ambasciatori romani né da quelle dei sacerdoti, ma dai rimproveri della vecchia madre Veturia[54].

Nel II sec. a.C., Cornelia, figlia di Publio Cornelio Scipione Africano, il vincitore di Annibale, andata sposa in giovane età a Tiberio Sempronio Gracco, già adulto, dopo la morte del marito prese su di sé la cura della casa e dei suoi dodici figli, di cui Tiberio aveva appena nove o dieci anni e Gaio, il più piccolo, era ancora in culla. Purtroppo il fato, sotto forma di malattie e morti, si accanì contro la numerosa prole di Cornelia, risparmiando solo una figlia, Sempronia, e due figli, Tiberio e Gaio, i famosi tribuni della plebe, alla cui educazione la madre attese con tanta cura e saggezza che la loro virtù, di cui nessun Romano fu maggiormente dotato, fu stimata frutto di educazione, ancor più che disposizione naturale[55].

Il piccolo Marco Antonio, quando morì il padre, fu allevato dalla madre, una Giulia della casa dei Cesari[56], e Ottavia, l'amatissima sorella di Augusto e terza moglie di Marco Antonio, dopo la morte di questi, si dedicò esclusivamente all'educazione sia dei figli che aveva avuto dal primo marito Gaio Marcello e poi da Marco Antonio, sia di quelli che Marco Antonio aveva avuto da precedenti matrimoni, compresi i nati da Cleopatra[57].

Accanto a Cornelia, Tacito (*Dialogo degli oratori*, 28, 5) ricorda Aurelia, la madre di Giulio Cesare, e Azia, la madre di Augusto, rimaste vedove quando i loro figli erano in giovane età, donne che: "attesero all'educazione dei loro figli e ne fecero degli uomini destinati a primeggiare".

Di Aurelia, proclamata γυνὴ σώφρων "donna assennata, saggia" da Plutarco (*Vita di Cesare*, 9), sappiamo che allevò presso di sé il figlio rimasto orfano quando era ancora *puer*, con diligenza e severità, assumendo anche il ruolo spettante al padre[58]; Azia, rimasta vedova quando il futuro Augusto aveva appena quattro anni[59], si risposò poco dopo con Lucio Marcio Filippo e il piccolo orfano fu allevato in casa sua[60].

Tacito (*Agricola*, 4,2) elogia anche Giulia Procilla, definendola 'donna di rara virtù', che, verso la metà del I sec. d.C., dopo l'uccisione del marito, il senatore Giulio Grecino, caduto in disgrazia presso Caligola, allevò il figlio Gneo Giulio Agricola: "nel suo grembo e fra le sue premure", espressione con cui si sottolinea il grande impegno profuso dalla donna nell'allevare ed educare personalmente il piccolo orfano, quando ormai era diffusissima l'usanza di affidare i figli a nutrici.

Oltre a questi esempi di donne famose, appartenenti ad elevate classi sociali e tramandate alla storia, numerosissimi saranno stati gli esempi di madri rimaste senza nome, anche di ceti inferiori, che, in tutta l'antichità, si dedicarono a crescere ed educare con amorevolezza i propri figli orfani di padre.

6. La *tutela impuberum*

Quando moriva un padre che era un *pater familias* ed aveva quindi in sua potestà i figli, questi, non più soggetti alla *patria potestas* paterna, cessata in seguito alla morte del titolare, diventavano, sia maschi che femmine, *sui iuris*, ossia persone di proprio diritto, indipendenti, autonome[61].

Nel caso in cui i figli rimanevano orfani quando ancora erano impuberi, non avevano cioè raggiunto la pubertà, che in età imperiale negli ambienti giuridici fu fissata per i ragazzi al compimento dei 14 anni, per le ragazze al compimento dei 12 anni[62], entrava in funzione per loro la *tutela impuberum*, la 'tutela degli impuberi', che durava fino a quando non avessero raggiunta la pubertà. L'impubere sottoposto a tutela era detto *pupillus* 'pupillo'; se femmina *pupilla*.

Il padre, prima di morire, poteva nominare nel suo testamento un tutore ai figli e alle figlie impuberi che, alla sua morte, sarebbero diventati *sui iuris* e, in questo caso, si aveva la *tutela impuberum testamentaria*; se il padre moriva prima di far testamento o di nominare un tutore, subentrava la *tutela impuberum legitima*, esercitata dal più vicino parente in linea maschile del pupillo, prima il fratello, poi il figlio del fratello, se entrambi puberi, o lo zio paterno etc., il parente cioè che avrebbe ereditato il patrimonio dell'impubere, se questo fosse morto prematuramente. In mancanza di questi due tipi di tutela – l'impubere poteva non avere parenti in linea maschile – si aveva la *tutela impuberum dativa*, così detta perché il tutore veniva nominato dal magistrato.

Il compito del tutore era limitato all'amministrazione del patrimonio del pupillo, provvedendo a fornirgli gli *alimenta*, ossia i mezzi economici per il vitto, l'alloggio, il vestiario, proporzionalmente all'ammontare del patrimonio e alla dignità dei natali del pupillo. Le fonti giuridiche non dicono se al tutore spettasse l'*educatio* del pupillo, intendendo con questo termine l'allevamento e l'educazione del fanciullo, ma è logico pensare che, se il tutore era un suo parente stretto, non si disinteressasse di come lui venisse cresciuto ed educato. I pupilli, oltre ad essere 'bene allevati', dovevano ricevere l'istruzione scolastica propria dei fanciulli, la *doctrina puerilis*, e il tutore doveva provvedere a pagare il salario ai precettori e ai maestri.

Comunque va da sé che l'*educatio* del pupillo era affidata alle persone legate all'impubere da vincoli di sangue e di affetto: innanzi tutto alla madre, come attestato i diversi esempi già menzionati (§ 5). Da ricordare è anche il giovane Metilio, figlio della virtuosa Marcia; Seneca (*La consolazione a Marcia*, 24,1), nel tentativo di consolare la madre, che ancora piangeva inconsolabile la perdita del figlio dopo tre anni dalla sua scomparsa, così scrive: "Perso il padre in età pupillare, rimase fino a 14 anni sotto la cura dei suoi tutori e, sotto la tutela della madre, per tutta la vita. Pur avendo una casa sua, non volle lasciare la tua e convisse con la madre durante tutta l'adolescenza, l'età in cui i figli a mala pena sopportano la convivenza con il padre". Seneca usa impropriamente il termine *tutela* riferito alla madre – la quale non poteva assumersi la tutela dei figli impuberi, essendo la tutela una funzione riservata agli uomini -, e il termine *cura* riferito ai tutori, termine questo che, invece, ben si adatta alla madre, inteso nel senso di amorosa sollecitudine nei confronti del figlio.

Provvedere all'educazione del pupillo non era però prerogativa esclusiva della madre; anche i nonni o gli zii potevano prendersi cura dell'impubere: così Vespasiano, rimasto orfano di padre, fu allevato dalla nonna paterna Tertulla nella sua proprietà di Cosa (odierno Porto Ercole), e Vespasiano, anche da imperatore, ritornò spesso nel luogo della sua infanzia[63].

Talvolta era la morte prematura della madre che affidava ai parenti l'allevamento dell'impubere orfano; un caso è quello di Catone il Minore, nipote di Catone il Censore, che, dopo aver perduto entrambi i genitori in tenera età, fu affidato allo zio materno Livio Druso, insieme con il fratello e due sorelle[64].

Calpurnia, la terza moglie di Plinio il Giovane, che perse prima il padre e poi la madre, fu allevata dalla zia paterna Calpurnia Ispulla che, come riferisce lo stesso Plinio il Giovane (*Lettere*, IV, 19, 1), le voleva bene come se fosse sua figlia, non solo dimostrandole l'affetto di una zia, ma anche rievocandole quello del padre perduto.

Meno fortunato il piccolo Lucio Domizio Enobarbo, il futuro Nerone, che, quando la madre Giulia Agrippina Minore fu mandata in esilio da Caligola, aveva appena due anni, e poiché il padre Domizio Enobarbo non intendeva occuparsene personalmente, fu allevato in casa della zia paterna Domizia Lepida, che lo affidò a due pedagoghi, un danzatore e un barbiere, non certo adatti al delicato compito di allevare un fanciullo[65].

Nel caso del retore Quintiliano, fu la morte della sua giovanissima e virtuosa moglie ad affidare alle cure della nonna il figlioletto, nel breve spazio di tempo in cui visse, poiché la morte lo ghermì appena decenne; il padre, affranto, ricorda con profondo dolore come il piccolo: "lo preferisse nella maniera più affettuosa alle sue nutrici, alla nonna che l'allevava e a tutti quelli che son soliti interessare i bambini di quell'età"[66].

Il principio giuridico che ad occuparsi direttamente dell'*educatio* dei pupilli fossero prima di tutto le madri e poi anche i parenti più stretti, mentre ai tutori spettava il compito di fornire i mezzi economici secondo la ricchezza e il rango sociale dei pupilli, rimase in vigore per tutta l'età classica.

In una costituzione dell'imperatore Severo Alessandro, del 223 d.C., dopo aver ribadito il principio che all'*educatio pupillorum* fosse preposta innanzi tutto la madre, si aggiunge che, nel caso fossero sorti contrasti fra la madre, i parenti e il tutore, si doveva richiedere l'intervento del magistrato, il quale avrebbe stabilito dove il pupillo dovesse essere educato[67]. Questa costituzione sembra sottintendere un ruolo del tutore non limitato alla sola amministrazione del patrimonio del pupillo, se poteva avere dissensi con la madre o con i parenti circa l'educazione dell'impubere; il tutore doveva avere qualche competenza, forse di controllo, di sorveglianza, di intervento, su come il fanciullo venisse allevato e quale educazione venisse a lui impartita, soprattutto se la tutela era esercitata da un parente stretto del pupillo.

E sicuramente l'ingerenza del tutore nella vita del pupillo dové essere a volte perfino molesta, se frasi come "non fare il tutore con me" "forse sei il mio tutore?" "forse mi sei stato dato come tutore?" divennero proverbi per indicare persone troppo sollecite ed impiccione.

Il termine regolare e previsto della *tutela impuberum* era il raggiungimento della pubertà da parte dei pupilli; si legge infatti nelle *Istituzioni* di Giustiniano, I, 22: "I pupilli e le pupille, appena inizieranno ad essere puberi, sono liberati dalla tutela".

7. La *tutela mulíerum*

Al compimento dei 14 anni i ragazzi si liberavano dalla *tutela impuberum* ed erano ritenuti pienamente capaci di agire e di amministrare il loro patrimonio; anche le ragazze, al compimento dei 12 anni, si liberavano dalla *tutela impuberum*, ma cadevano in una nuova forma di tutela, la *tutela mulíerum*, la 'tutela delle donne', che era perpetua, per cui, fino a tutta l'età classica, le donne *sui iuris*, qualunque fosse la loro età e sia nubili che sposate, furono sempre sottoposte a tutela.

Per giustificare la sopravvivenza di questo istituto antichissimo, che risaliva ai tempi più remoti, gli antichi, a partire dall'ultima repubblica (I sec. a.C.), adducono come pretesto l'inferiorità naturale del sesso femminile, la debolezza di carattere delle donne, la loro debole capacità di giudizio, la loro scarsa avvedutezza e l'ignoranza delle cose forensi che rendevano necessario che le donne, per una loro presunta inferiorità, fossero sottoposte per tutta la vita all'azione di controllo e di protezione dell'uomo.

Le competenze del tutore delle donne – che poteva essere testamentario, legittimo o dativo, come quello degli impuberi - erano limitate all'amministrazione del patrimonio della donna che, pur essendo lei ad amministrarlo da sé, per alcuni atti negoziali, nel caso volesse vendere cose importanti del suo patrimonio, come beni immobili, schiavi, animali da tiro o da soma; se voleva promuovere una lite o difendersi in una lite; se voleva costituirsi la dote o ricevere un'eredità ed infine se voleva fare testamento, aveva bisogno dell'intervento del tutore. Al compimento di questi atti era necessario che il tutore fosse presente e desse la sua formale *auctoritas* 'autorizzazione', che completava l'atto compiuto dalla donna, integrando la sua incompleta capacità di agire.

A partire dalla fine dell'età repubblicana, la *tutela mulíerum* andò progressivamente indebolendosi e perdendo di significato, anche perché la donna poteva scegliere il proprio tutore e poteva costringerlo a interporre l'*auctoritas* per gli atti per i quali era necessaria; già in piena decadenza in età classica avanzata, la tutela delle donne scomparve del tutto al tempo di Costantino (IV sec. d.C.).

8. Le divinità protettrici dell'infanzia

Tutte le circostanze della vita umana, dal concepimento alla morte, erano poste sotto la protezione di divinità, la maggior parte delle quali era solo un nome che derivava dalla funzione cui la divinità era preposta e che giustificava la sua stessa esistenza. I nomi e le funzioni di queste divinità erano scritti in elenchi detti *indigitamenta*, contenuti nei *libri pontificales*, i 'libri dei pontefici', il più importante collegio sacerdotale romano[68]. Afferma Servio, nel suo commento alle *Georgiche* di Virgilio, I, 12: "questi nomi di divinità si trovano negli *indigitamenta*, cioè nei libri dei pontefici, che contengono i nomi degli dei e le funzioni corrispondenti ai nomi stessi [...]. Infatti, come abbiamo già detto, è noto che i nomi agli dei sono imposti in base alle loro funzioni".

Gli *indigitamenta* contenevano, quindi, i nomi delle divinità che svolgevano una funzione nell'esistenza umana e anche, secondo alcuni studiosi, la formula d'invocazione particolare a ciascuno di essi. Non sappiamo come questi nomi fossero ordinati in questi elenchi, ma quando Varrone dedicò una parte delle sue *Antichità* alle *Res divinae*, ossia ai sacri riti, al culto degli dei, ordinò i nomi delle divinità trovate negli *indigitamenta* secondo il succedersi degli atti della vita umana, dal concepimento alla morte, e poi secondo gli atti relativi alle cose necessarie alla vita, esponendo di tutte il ruolo specifico e il motivo per cui dovessero essere rese propizie. L'opera di Varrone è andata perduta, ma numerosi frammenti ci sono pervenuti disseminati nelle opere dei grammatici e soprattutto dei Padri della Chiesa, che dell'opera varroniana si sono serviti per criticare e polemizzare contro la religione politeistica dei Romani; in particolare S. Agostino ironizza su queste piccole divinità, che definisce: *dii minuti*; *minuscularii* 'minuscoli'; *turba quasi plebeia*, *vilis*, e, riferendosi agli *dei nuptiales*, che senza vergogna intervenivano nei momenti più intimi della coppia, li considera *turba indignissima*; *infima*[69].

Alcuni gruppi di queste divinità sono rimasti celebri, come quello, il più numeroso, che presiedeva alla vita umana, dal concepimento alla nascita.

Apriva la serie Giano che dava inizio alla vita, in quanto preparava, per così dire, il campo nel quale era depositato il seme umano, seme dato da Saturno, il dio della semina. "Al momento del concepimento – si legge in S. Agostino (*La città di Dio*, VII, 2) – da cui prendono l'avvio le varie funzioni assegnate minuto per minuto a minute divinità, è Giano in persona ad aprire l'entrata per accogliere il seme", e Macrobio (*Saturnali*, I, 9, 16) precisa che in questa funzione Giano ha l'epiteto di *Consivius*, da *conserere* 'seminare'. Anche Tertulliano (*Ai pagani*, II, 11, 3) menziona un dio Consivio, che presiede alla "semina negli accoppiamenti".

Libero e Libera, questa identificata con Venere, liberavano dal loro seme l'uomo e la donna durante il rapporto carnale[70]; Fluonia o Fluvionia o Fluviona, epiteto di Giunone, era venerata dalle donne, poiché ritenevano che nutrisse il feto trattenendo il sangue mestruale nel ventre materno, sospendendo la funzione della dea Mena, preposta al ciclo mestruale; anche Alemona provvedeva al nutrimento del feto nell'utero materno[71]. Dee legate alla nascita, e al destino di ogni nato, erano anche le tre Parche: Parca, che Varrone, riferito da Aulo Gellio (*Notti Attiche*, III, 16, 10), collega al verbo *pario-ĕre* 'partorire': "Infatti Parca deriva da *partus* con il solo mutamento di una lettera"; Nona e Decima, che proteggevano i due mesi della gestazione umana, il nono e il decimo, in cui il parto avveniva 'a tempo giusto'. Secondo Tertulliano (*L'anima*, 37, 1), Partula (per Parca) è colei che conduce e dirige il parto.

Alla ninfa Egeria sacrificavano le donne incinte, perché la dea facesse con facilità espellere il feto dal loro ventre, e a Numeria – il nome è collegato con l'avverbio *numero* 'prontamente, subito, presto' – si rivolgevano, perché accelerasse il parto[72]; Diana era invocata con l'epiteto di *Candelifera*, da *candela* e *fero* 'porto', 'Portatrice di candela', perché si partoriva a lume di candela[73] e il compito della dea era vegliare che le candele non si spegnessero. Di una dea Natio, così detta *a nascentibus* 'da coloro che nascono', parla solo Cicerone (*La natura degli dei*, III, 18, 47), che la pone fra le divinità che proteggevano il parto. Legato al parto era anche Giove con l'epiteto *Diespiter* o *Diespater*, padre del giorno e della luce, che faceva arrivare il parto a compimento, ossia faceva venire il feto alla luce[74].

Per scongiurare il pericolo che il feto si presentasse con i piedi in avanti, eventualità che comportava un parto difficile e doloroso per la madre, le partoriente invocavano la dea Carmenta con i due epiteti rituali *Prorsa* e *Postversa*; questi due epiteti vengono riferiti alla posizione che può presentare il nascituro: disposto bene, con la testa in avanti; disposto male, con i piedi in avanti. Prorsa è colei che protegge il neonato che nasce con la testa 'in avanti' (*prorsum* 'avanti'); Postversa è colei che protegge il neonato che nasce in posizione inversa, con la testa 'indietro' (*post*) e i piedi in avanti[75]. Carmenta era considerata anche una divinità che profetizzava il destino, come si legge in Plutarco (*Vita di Romolo*, 21, 2): "Carmenta è ritenuta da taluni una Μοῖρα – equivalente greco di Parca, dea del destino - che presiede alla nascita degli uomini; quindi è venerata dalle madri. Secondo altri fu una profetessa, moglie di Evandro da Arcadia, che aveva il dono della divinazione e che, ispirata da Febo, esprimeva gli oracoli in versi: onde fu chiamata Carmenta da *carmina*, come i Romani chiamavano i versi"[76]. Ovidio (*Fasti*, I, 467), che accetta l'etimologia del nome Carmenta *a carmine*, quindi dalla sua facoltà profetica, fa dei suoi epiteti, nella variante *Porrima* (da *porro* 'avanti'), al posto di Prorsa, due sorelle o compagne di Carmenta, l'una caratterizzata dalla conoscenza del futuro, l'altra del passato[77]. Fonde le due caratterizzazioni di Carmenta S. Agostino (*La città di Dio*, IV, 11), che parla di dee, dette Carmente, che predicono il destino a chi nasce.

Della leggenda assai complessa e controversa di Carmenta, il solo fatto certo è che la dea aveva due epiteti cultuali opposti, *Prorsa* e *Postverta* (con alcune varianti), che sono riferiti o alle posizioni che può presentare il nascituro o alle due direzioni in cui si esercita la veggenza, che può guardare indietro e quindi conoscere il passato o avanti e quindi predire il futuro; per molti autori i due epiteti sono diventate due altre Carmente, sorelle o compagne della prima; quindi diventano tre le Carmente, dee delle nascite e dee oracolari, il cui dono profetico riguardava particolarmente il destino dei neonati nel giorno della loro nascita.

Anche il momento della nascita coinvolgeva diverse divinità; innanzi tutto le partorienti invocavano Giunone, sorella e anche moglie di Giove, con l'appellativo di *Lucina*, che gli antichi collegavano a *lux* 'luce'; *Juno Lucina*, identificata anche con Diana, era la Giunone che dava la luce ai mortali, quindi presiedeva ai parti[78]. Ovidio (*Fasti*, III, 255) dice: "Tu, o Lucina, ci hai dato la luce", e Tertulliano (*L'anima*, 37, 1) conferma: "Lucina che conduce alla luce".

Nato il bambino, Vitumno e Sentino gli infondevano la vita e i sensi, e S. Agostino (*La città di Dio*, VII, 2) si domanda come mai queste due divinità, "grazie alle quali il bimbo prendeva vita e percepiva con i sensi", fossero di umilissima ed oscura estrazione, mentre sarebbero dovute essere annoverate fra gli dei nobili ed eletti, dal momento che: "senza la vita e il senso, tutto ciò che è portato nel grembo di una donna è un non so che di spregevole da paragonarsi a un impasto di fango".

La dea Opi, la terra, sulla quale il neonato veniva adagiato, l'accoglieva nel suo grembo; Vaticano o Vagitano gli apriva la bocca per fargli emettere il primo vagito; la dea Levana lo sollevava da terra; una volta adagiato nella culla, era la dea Cunina a vegliare su di lui; la dea Rumina, così detta perché in antico la mammella era detta *ruma*, l'abituava a succhiare il latte dalla mammella[79]. Per quanto riguarda la dea Levana si è collegato il suo intervento all'atto del *tollere/suscipere filium* compiuto dal *pater familias* (§ 3) come gesto di riconoscimento del neonato; la dea vi presiedeva, perché tutto si compisse sotto i suoi auspici[80]. Di Rumina Plutarco (*Vita di Romolo*, 4, 1), dopo aver detto che la dea, da lui chiamata Rumilia, da *ruma* 'mammella', veniva invocata durante l'allattamento del bambino, aggiunge che ad essa si offrivano libagioni di acqua, non di vino, e che nei sacrifici si cospargevano le vittime di latte.

Legato alla nascita era un rito apotropaico destinato ad allontanare Silvano, il dio della foresta, dalla casa della puerpera, evidentemente da lui minacciata; il rito ci è fatto conoscere da S. Agostino (*La Città di Dio*, VI, 9), che riferisce una notizia di Varrone: tre dei, Intercidona, Pilumno e Deverra, che traevano il nome rispettivamente dall'ascia – o più precisamente da *intercisio* 'incisione' praticata con l'ascia -, dal pestello (*pilum*) che serviva a pestare il farro e a preparare la farina, e dalla scopa – *deverro-ĕre* 'spazzare, scopare' – erano incaricati di fungere da guardiani per impedire a Silvano di venire a tormentare di notte la puerpera. Tre uomini impersonavano i tre guardiani divini e di notte facevano la ronda attorno alla casa, colpendo la sua soglia dapprima con l'ascia, poi con un pestello e infine ripulendola con una scopa; i tre strumenti emblematici dell'agricoltura avevano lo scopo di impedire a Silvano di entrare in casa. I tre dei avevano quindi la 'funzione' di custodire le puerpere dalla violenza di Silvano.

Un altro passaggio di Varrone, riferito da Nonio[81], parla di un rito che si svolgeva, subito dopo il parto, nell'atrio della casa, in cui figura di nuovo il dio Pilumno, associato questa volta al dio Picumno, divinità alle quali, nei tempi antichi, si chiedevano gli auspici nuziali; queste le parole di Varrone: "il neonato se era vitale, dopo essere stato estratto dall'ostetrica, era adagiato in terra per vedere se era di buona costituzione. Nella casa un letto – ossia un lectisternio[82] – era allestito agli dei coniugali Pilumno e Picumno"; quindi l'ostetrica, appena estratto il neonato, si assicurava innanzi tutto che fosse vitale, poi lo adagiava al suolo, e non tanto per verificare che fosse ben formato, quanto per metterlo a contatto con la terra; compiute queste formalità, si allestiva il lectisternio destinato a Pilumno e a Picumno.

Servio (*Commento* all'*Eneide*, X, 76), precisa che il lectisternio era allestito alle due divinità, da lui definite *dei infantium* 'dei degli infanti", *pro puerpera* 'per proteggere la puerpera', ma di certo la loro protezione non si limitava solo alla madre, ma si estendeva anche al neonato, particolarmente fragile nei primi momenti della sua esistenza; Pilumno e Picumno, infatti, erano ritenuti sia 'dei coniugali' (Varrone), che 'dei degli infanti' (Servio).

Secondo una tarda notizia[83], per i nati appartenenti a nobili famiglie, nell'atrio della casa venivano allestiti un lectisternio a Giunone Lucina e una tavola di sacrificio ad Ercole; evidentemente si tratta di un rito più recente, legato sempre alla nascita, in cui alle divinità campestri Pilumno e Picumno, forse cadute in oblío, si sostituiscono divinità più nobili, come Giunone Lucina ed Ercole.

Un passaggio della seconda Satira di Persio, vv. 31-36, che si presenta sotto forma di epistola indirizzata a Plozio Macrino per il giorno della sua nascita, il *dies natalis*, ci fa conoscere un rito riguardante il neonato: " Ecco che la nonna o la zia materna (*matertera*), che è timorosa degli dei, ha sollevato dalla culla il bambino e gli purifica la fronte e le umide piccole labbra con il dito malfamato – il medio[84] – bagnato di lustrale saliva, esperta com'è a scongiurare il malocchio[85]; poi lo scuote (*quatit*) fra le mani e nel fervido voto spinge la sua magra speranza fin nei campi di Licinio, fin nei palazzi di Crasso". I due personaggi menzionati, Licinio, liberto di Augusto, e Marco Licinio Crasso, erano famosi per le loro immense ricchezze; quindi la zia del neonato esprime voti augurali per il suo futuro, che diventi cioè altrettanto ricco.

In questi versi di Persio si è visto un riferimento ad uno dei riti che si compivano nel *dies lustricus* del neonato (§ 3): il gesto di purificare la fronte e le labbra con la saliva qui detta'lustrale', con lo stesso nome del *dies lustricus*, compiuto dalla zia materna, ritenuta l'autrice dei gesti e pertanto considerata come una madrina, è interpretato come un rituale destinato ad allontanare le tenebre e ad aprire gli occhi del neonato alla luce e la sua bocca all'aria, mentre il gesto di prenderlo fra le braccia e scuoterlo è visto come un gesto di presentazione e di consacrazione a Giove, il signore dell'universo, in cui si inseriva il nuovo nato. Ma dubbi sono stati avanzati sul collegamento del rito descritto da Persio con il *dies lustricus*: un primo argomento è che la satira è scritta in occasione del *dies natalis* di Plozio Macrino – giorno in cui si festeggiava la nascita – e non in occasione del suo *dies lustricus*, che cadeva nove giorni più tardi; inoltre, se i gesti compiuti dalla madrina sono da interpretarsi come un rituale finalizzato ad aprire gli occhi del neonato alla luce e i suoi polmoni all'aria, ossia a dargli realmente la vita, è poco credibile che si attendesse il *dies lustricus* per compierli; molto più credibile, si è detto, che si compissero il giorno della nascita[86].

Anche un altro rito, descritto da Tertulliano (*L'anima*, 39, 2), viene collegato al *dies lustricus*. Secondo questo rito, durante il parto, nel pianto e nel dolore, si invocava l'aiuto di Lucina e di Diana, e per un periodo di sette giorni si poneva una tavola di sacrificio in onore di Giunone; nell'ultimo giorno erano invocati i *Fata Scribunda*, menzionati solo in questo passaggio. I *Fata Scribunda* sono identificati con i *Tria Fata* e con le Tre Parche[87], e queste con le tre Carmente, tutte divinità alle quali si riconoscono le funzioni inseparabili di dee delle nascite e dee oracolari, che fissano il destino del neonato. Al gerundivo *Scribunda* si attribuisce lo stesso significato di un participio presente; si tratterebbe, quindi, di divinità, Fata, Parche, Carmente, 'che scrivono' il destino del neonato. Il giorno, l'ultimo dei sette giorni, in cui queste divinità si invocano, è ritenuto essere il *dies lustricus*, giorno in cui il neonato, oltre ad essere purificato, riceveva il nome e il suo destino, che i *Fata Scribunda* scrivevano per sempre[88].

Macrobio (*Saturnali*, I, 16, 36) menziona una dea Núndina, la dea del nono giorno: "così chiamata dal nono giorno dei neonati, detto giorno lustrale"; si precisa poi che il *dies lustricus* cadeva il nono giorno dalla nascita per i maschi, l'ottavo per le femmine; la dea Núndina, pertanto, presiedeva alle cerimonie che si svolgevano in questo giorno, che sancivano l'ingresso del nuovo nato nella vita sociale. Alla dea Geneta Mana, menzionata da Plutarco (*Questioni Romane*, 52), ci si rivolgeva per chiedere che nessuno dei nati nella casa morisse e quindi che assicurasse lunga vita al neonato. Plinio il Vecchio (*Storia naturale*, XXIX, 58) informa che ad essa si immolava un cagnolino.

Quando il bambino raggiungeva l'età dello svezzamento, la dea Educa gli insegnava a mangiare, e la dea Potina gli insegnava a bere[89], mentre la dea Cuba lo proteggeva quando lasciava la culla per il letto. Un passo di Varrone, citato da Donato[90], menziona le tre dee: "Si legge in Varrone che i bambini sono iniziati a Edulia e Potica e Cuba, dee del mangiare, del bere e del dormire, quando per la prima volta lasciano il latte e la culla".

La dea Ossipago aveva il compito di fortificare ed indurire le ossa degli infanti e la dea Carna di proteggere i loro organi interni[91]. Ovidio (*Fasti*, VI, 131-166) narra che quando Proca, l'erede al trono di Alba Longa, ancora lattante, fu assalito dalle Strigi – fiabeschi e orribili uccelli notturni, che volavano stridendo orrendamente, donde il nome, in cerca di infanti che dormivano nelle loro culle e non avevano accanto la nutrice, per strappare loro con i rostri le viscere e succhiarne il sangue –, Carna intervenne in suo aiuto e compì il rito per tenere lontani gli immondi uccelli.

Quando il bambino tentava di stare in piedi e di muovere i primi passi, diverse divinità venivano in suo aiuto: Statano o Statilino, entrambi menzionati da Varrone[92], o la dea Statina gli insegnavano a stare saldo sulle gambe; Abeona e Adeona intervenivano quando il bimbo cercava di camminare, andando e tornando indietro[93], sotto la vigile attenzione della nutrice.

Quando il bambino iniziava a parlare, si facevano sacrifici al dio Fabulino[94], e quando ormai era in grado di affrontare il mondo esterno, cadeva sotto la protezione di Iterdúca, quando usciva di casa, e poi di Domidúca, quando vi ritornava; Iterdúca e Domidúca erano entrambi epiteti di Giunone, e su questi ironizza S. Agostino (*La Città di Dio*, VII, 3): "Giunone dea eletta e regina, sorella e anche moglie di Giove, è Iterduca (accompagnatrice) per i bimbi e svolge il compito insieme con le dee sconosciutissime Abeona e Adeona".

Alla dea Mente venivano raccomandati gli infanti "perché avessero una buona mente", come dice S. Agostino (*ivi*, VII, 3), ossia fossero intelligenti, e a proposito di questa dea scrive: "e tuttavia lei non è posta fra gli dei scelti – come se un dono più grande potesse essere dato ad un uomo –. Vi è inclusa invece Giunone, perché è Iterduca e Domiduca, come se uscire a passeggio ed essere ricondotti a casa giovi qualcosa se la mente non è buona". Data la sua funzione così delicata e importante, la dea Mente sarebbe dovuta essere, secondo l'apologista, superiore a Minerva, alla quale era assegnata la funzione di dare la memoria ai fanciulli; e sebbene non ci sia dubbio che è molto meglio avere una buona mente che una memoria straordinaria, Minerva è fra gli dei eletti, mentre la dea Mente è rimasta confusa tra una turba di divinità di poco conto.

Molte altre sono le divinità menzionate dai Padri della Chiesa, i cui nomi indicano le funzioni cui erano preposte[95]: la dea Paventia (da *pavor* 'paura') allontanava le paure infantili , soprattutto quelle notturne; il dio Volumno e la dea Volumna o Voleta (da *volo* 'voglio') davano la volontà, in particolare, come dice S. Agostino, "di volere il bene"; la dea Lubentina (da *libido* 'voluttà') o la dea Volupia (da *voluptas* 'piacere') davano il piacere; la dea Praestitia o Praestana (da *praestantia*) elargiva prestanza, superiorità.

La dea Venilia (letteralmente 'dalla speranza che viene') riempiva di speranza; la dea Agenoria (da *agere* 'agire') faceva agire, quindi proteggeva l'attività infantile; la dea Strenia dava energia e coraggio e rendeva l'uomo *strenuus* 'coraggioso, vigoroso' e la dea Stimula (da *stimulus*) stimolava ad agire oltre misura e pertanto dava la vivacità, l'energia inesauribile, a volte perfino molesta, dei bambini; di contro la dea Murcia o Murcida esortava a non essere eccessivamente attivi e rendeva l'uomo *murcidus* 'pigro, inattivo'.

Quando il bambino raggiungeva l'età scolare, altre divinità venivano invocate: la dea Numeria e la dea Camena insegnavano l'una a far di conto, l'altra a cantare, a conoscere la musica; il dio Conso dava consigli e quindi abituava a riflettere; la dea Sentia ispirava pareri, opinioni, e quindi abituava a pensare prima di agire o parlare; il dio Catio padre dava avvedutezza, sagacia e rendeva l'uomo *catus id est acutus*, ossia 'accorto, acuto, abile'; Peta (da *petere* 'chiedere, domandare'), menzionata da Arnobio (*Contro i pagani*, IV, 7) era la dea che presiedeva alle richieste del fanciullo e forse alla prima manifestazione della sua volontà.

Una volta superata l'*infantia*, a proteggere il fanciullo interveniva la dea Iuventas 'Giovinezza', che sorvegliava gli inizi della giovinezza, e la dea Fortuna Barbata, che faceva crescere la prima barba agli adolescenti[96].

[1] ISIDORO di SIVIGLIA, *Origini o etimologie*, XI, 2, 1-7.

[2] ISIDORO di SIVIGLIA, *Le differenze delle parole*, II, 19, 74-76. Vedi A. BALBO, *Chi è il giovane: ovvero quando comincia e quando finisce la gioventù*, in *Seneca e i giovani*, a cura di I. LANA, Venosa 1997, p.11 ss.

[3] Nel suo significato originale *pupa* indica la 'bambola', tipico giocattolo con cui si divertivano le bambine. *Pupus* e *pupa* sono frequentemente usati nelle iscrizioni funerarie di bambini morti in tenera età.

[4] CICERONE, *Dell'oratore*, III,142; *Lettere ad Attico*, IV,18,1; LUCREZIO, *La natura*, V, 1029-1032.

[5] Le testimonianze di Censorino e di Servio sono riportate sopra p. 11; J.P. NERAUDAU, *Il bambino nella cultura romana*, in *Storia dell' infanzia. 1. Dall'antichità al Seicento*, a cura di E. BECCHI - D. JULIA, Bari 1996, p. 32.

[6] PLUTARCO, *Vita di Numa Pompilio*, 12.

[7] Il passo di Ulpiano è riportato in *Fragmenta Vaticana* 321.

[8] La maggior parte di queste notizie le apprendiamo da PLUTARCO, *Consolazione alla moglie*, 4; 11, una lettera da lui scritta alla moglie, subito dopo la perdita di una loro figlioletta di appena due anni.

[9] TERENZIO, *Andria*, 228-233.

[10] SORANO, *Gynaecia*, I, 3-4, edd. P. BURGUIÈRE - D. GOUREVITCH, *Soranos d'Éphèse. Maladies des femmes*, I, Paris 1988.

[11] Vedi G. CALZA, *La necropoli del Porto di Roma nell'Isola Sacra*, Roma 1940, p. 248 s.

[12] La sedia ostetrica è descritta da SORANO, *Gynaecia*, II, 1, ll. 20-40, edd. P. BURGUIÈRE - D. GOUREVITCH, *Soranos d' Éphèse*, citato, II, Paris 1990.

[13] Di solito il bambino nasce mettendo fuori la testa, e poi il resto del corpo, ma può capitare che nasca presentando i piedi, fatto ritenuto dagli antichi contro natura e che procurava gravi travagli alla madre; il nascere con i piedi in avanti era considerato un segno funesto e i nati in questo modo erano chiamati *Agrippa*, cioè 'partoriti a fatica'; infatti si collegava il termine *agrippa* a *ager partus* 'parto gravoso, tribolato' e così sarebbe nato Nerone. Al parto era legata anche l'etimologia del nome *Caesar*, fatta derivare da *a caeso matris utero* "dall'utero della madre tagliato", in quanto veniva tagliato il ventre della madre.

[14] Numerose sono le testimonianze che attestano che il neonato veniva deposto sulla nuda terra subito dopo la nascita; VARRONE in NONIO, *La dottrina abbreviata*, p. 848 ed. Lindsay: "il neonato, se era vitale e raccolto dalla ostetrica, era deposto in terra"; OVIDIO, *Tristezze*, IV, 3, 46; SVETONIO, *Nerone*, 6, 1; MACROBIO, *Saturnali*, I, 12, 20, che spiega che era il contatto della terra che dava la voce all'uomo al momento della nascita.

[15] SORANO, *Gynaecia*, II, 10.

[16] Vedi sopra p. 5.

[17] MACROBIO, *Commento al Sogno di Scipione di Cicerone*, I, 6, 67: *Septima hora discernit* "La settima ora decide".

[18] SORANO, *Gynaecia*, II, 11-13.

[19] D. FACCENNA, *Monumento funerario dalla Via Portuense*, in *Bullettino della Commissione Archeologica Comunale di Roma*, 73 (1949-1950), p. 222 s.

[20] La notizia si legge in STORIA AUGUSTA, *Vita di Clodio Albino*, 5, 6, proclamatosi imperatore nel 196 d.C.

[21] STORIA AUGUSTA, *ivi*, 5, 9.

[22] PAOLO-FESTO, p. 107 ed. Lindsay.

[23] MACROBIO, *Saturnali*, I, 16, 36.

[24] STORIA AUGUSTA, *Vita di Clodio Albino*, 5,8. Su altri rituali ritenuti svolgersi nel *dies lustricus* vedi sopra p. 29.

[25] Esempio: Publius Cornelius Scipio Africanus (Publius, *praenomen*; Cornelius, *nomen gentilitium*, che attesta l'appartenenza alla *gens Cornelia*; Scipio e Africanus, *cognomina* (il termine *scipio* indica il bastone per appoggiarsi e come soprannome fu dato per la prima volta ad un Cornelio, perché fungeva da bastone al padre, che era cieco; Africanus è *cognomen ex virtute*). Festo e Macrobio, citati sopra in note 22 e 23, usano il termine *nomen* senz' altra specificazione, per cui alcuni ritengono che nel *dies lustricus* al neonato fossero imposti i *tria nomina*; altri solo il *nomen gentilicium* e il *cognomen*, sulla base dell'ignoto Autore del trattatello, *I prenomi*, 3, che afferma che ai *pueri* il prenome veniva imposto non prima che indossassero la toga virile, fra i 14 e i 16 anni, prenome che veniva iscritto nelle liste del censo, vedi oltre; ma è probabile che, nell'ambito familiare, nel *dies lustricus* venisse imposto al nuovo nato anche il prenome.

[26] L'*aerarium Saturni* era il tesoro dello Stato, conservato nel Tempio di Saturno nel Foro Romano ai piedi del Campidoglio; gli amministratori, in numero di due, erano detti *praefecti aerarii*.

[27] APULEIO, *L'Apologia* o *La Magia*, 89.

[28] STORIA AUGUSTA, *Vita di Marco Antonino filosofo*, 9, 7.

[29] PLINIO il VECCHIO, *Storia naturale*, XXVIII, 123.

[30] TACITO, *Dialogo degli oratori*, 28, 4.

[31] PLUTARCO, *Vita di Catone il Maggiore*, 20, 5.

[32] Dall'Egitto romano provengono alcuni contratti sottoscritti da nutrici egiziane, ove sono indicati : la durata dell'ingaggio previsto – tra gli otto mesi e i due anni, talora tre anni –; la somma avuta al momento dell'assunzione dell'incarico; il salario mensile o annuale; le regalie in alimenti o vestiti.

[33] SORANO, *Gynaecia*, II, 46.

[34] CICERONE, *Dell'oratore*, II, 162.

[35] SORANO, *Gynaecia*, II, 46. Secondo la medicina antica, il *phlegma* (φλέγμα) era uno dei quattro umori principali del corpo.

[36] *Sorani Gynaeciorum vetus translatio latina*, ed. V. ROSE, Lipsiae 1882, 131, p. 43.

[37] D. GOUREVITCH, *Biberons romains: formes et nomes*, in *Le latin médical. La constitution d'un langage scientifique. Réalités et langage de la médicine dans le monde romain, Actes du IIIe Colloque international* (Saint-Étienne, 11-13 september 1989), a cura di G. SABAH, 1991, p. 118 s.

[38] R. ÉTIENNE, *La conscience médicale antique et la vie des enfants*, in *Annales de démographie historique, Enfant et Sociétés*, 1973, p. 38 s.

[39] N. ROUQUET, *Les biberons, les tire-lait ou les tribulations d'une tubulure peu commune...*, in *Maternité et petite enfance dans l'Antiquité romaine, Catalogue de l'exposition Bourges, Muséum d'histoire naturelle*, a cura di D. GOUREVITCH - A. MOIRIN - N. ROUQUET, Bourges 2003, p. 166.

[40] D. GOUREVITCH, *Biberons romains* cit., p. 127 s.; vedi anche gli autori citati sopra in note 38-39.

[41] PLINIO il VECCHIO, *Storia naturale*, XXVIII, 123- 124.

[42] Il verso di GIOVENALE, *Satire*, XIV, 208, recita: "Questo insegnano le vecchie balie asciutte (*vetulae assae*) ai bambini striscianti per terra", ossia che camminano carponi.

[43] NONIO, *La dottrina abbreviata*, p. 80 ed. Lindsay.

[44] NONIO, *ivi*, p. 718 ed. Lindsay.

[45] D. FACCENNA, *Monumento funerario dalla via Portuense* cit., p. 223 ss.

[46] GIOVENALE, *Satire*, VI, 633.

[47] NONIO, *La dottrina abbreviata*, p. 113 s. ed. Lindsay.

[48] PLUTARCO, *Vita di Alessandro*, 5, 7; *Vita di Emilio Paolo*, 33, 6; S.F. BONNER, *L'educazione nell'antica Roma. Da Catone il Censore a Plinio il Giovane*, (tr.it.), Roma 1986, p. 60.

[49] STAZIO, *Tebaide*, VI, 160-167.

[50] SVETONIO, *Nerone*, 50,

[51] SVETONIO, *Domiziano*, 17, 7.

[52] TACITO, *Agricola*, 4, 2.

[53] TACITO, *Dialogo degli oratori*, 29, 1-2; lo storico allude agli schiavi che aiutavano la nutrice nel compito di allevare il bambino.

[54] PLUTARCO, *Vita di Coriolano*, 1, 2; 34-36.

[55] PLINIO il VECCHIO, *Storia naturale*, VII, 57; PLUTARCO, *Vita di Tiberio Gracco*, 1, 7.

[56] PLUTARCO, *Vita di Antonio*, 2, 1.

[57] PLUTARCO, *ivi*, 87, 1.

[58] SVETONIO, *Giulio Cesare*, 1,1, dice che Cesare perdette il padre quando aveva sedici anni.

[59] SVETONIO, *Augusto*, 8, 1.

[60] VELLEIO PATERCOLO, *Storia Romana*, II, 59, 2-3; CASSIO DIONE, *Storia Romana*, XLV, 1.

[61] Vedi sopra p. 7.

[62] Vedi oltre p. 101.

[63] SVETONIO, *Vespasiano*, 2, 1.

[64] PLUTARCO, *Vita di Catone Minore*, 1, 1-2; VALERIO MASSIMO, *Fatti e detti memorabili*, III, 1, 2.

[65] SVETONIO, *Nerone*, 6, 3. Sulla figura del pedagogo vedi oltre p. 50 s.

[66] QUINTILIANO, *Istituzione oratoria*, VI, *prefazione* 8.

[67] *Codice Giustiniano*, 5, 49, 1 pr.

[68] Il termine *indigitamenta* viene inteso come indicante elenchi, scritti dai pontefici, in cui erano indicati i nomi di divinità e le loro funzioni; così G.B. PIGHI, *La religione romana*, Torino 1967, p. 57 ss.

[69] AGOSTINO, *La città di Dio*, IV, 9 (*turba minutorum deorum*); VII, 2 (*dii minuti*); VII , 4; 11 (*minuscularii*); IV, 11 (*turba quasi plebeia*); VII, 3 (*vilis*); IV, 23 (*turba indignissima*); VII, 4 (*infima*); IV, 16 (*turba daemoniorum*).

[70] AGOSTINO, *ivi*, VII, 3: "Giano è l'introduttore (*admissor*) del seme; Saturno ne è il datore o il creatore (*dator vel sator*); Libero e Libera lo mettono in moto o lo mandano fuori (*commotores vel emissores*); IV, 11; VI, 9; VII, 2.

[71] PAOLO-FESTO, p. 82 ed. Lindsay (Fluonia); TERTULLIANO, *Ai pagani*, II, 11, 3 (Fluviona); ID., *L'anima*, 37,1 (Alemona); ARNOBIO, *Contro i pagani*, III, 30 (Fluvionia); AGOSTINO, *La Città di Dio*, IV, 11; VII, 2 (Mena).

[72] VARRONE, in NONIO, *La dottrina abbreviata*, p. 559 ed. Lindsay (Numeria); PAOLO-FESTO, p. 67 ed. Lindsay (Egeria).

[73] TERTULLIANO, *Ai pagani*, II, 11, 5.

[74] TERTULLIANO, *ivi*, II, 11, 4; AGOSTINO, *La Città di Dio*, IV, 11.

[75] VARRONE, in AULO GELLIO, *Notti Attiche*, XVI, 16, 2-4; TERTULLIANO, *Ai pagani*, II, 11, 6.

[76] Vedi anche PLUTARCO, *Questioni Romane*, 56; DIONIGI DI ALICARNASSO, *Antichità Romane*, I, 31, 1; SERVIO, *Commento all'Eneide*, VIII, 51.

[77] OVIDIO, *Fasti*, I, 633-636; SERVIO, *Commento all'Eneide*, VIII, 336; MACROBIO, *Saturnali*, I, 7, 20, che ha la variante Antevorta al posto di Prorsa.

[78] VARRONE, *La lingua latina*, V, 69; ARNOBIO, *Contro i pagani*, III, 23.

[79] AGOSTINO, *La Città di Dio*, IV, 8; 11; 21; 34; VII, 11; vedi anche VARRONE, in NONIO, *La dottrina abbreviata*, p. 246 ed. Lindsay (Cunina e Rumina); AULO GELLIO, *Notti Attiche*, XVI, 17 (Vaticano); LATTANZIO, *Istituzioni divine*, I, 20, 36 (Cunina).

[80] N. BELMONT, *Levana, ou comment "élever" les enfants*, in *Annales. Économies. Sociétés. Civilsations*, I. (1973), p. 78.

[81] VARRONE, in NONIO, *La dottrina abbreviata*, p. 848 ed. Lindsay.

[82] Con il termine *lectisternium*, da *lectus* e *sternere* 'preparare, allestire', si indica un banchetto offerto alle divinità, le cui immagini, adagiate su cuscini e posate sul letto, erano poste dinanzi a ricche vivande.

[83] SERVIO, *Commento alle Bucoliche*, IV, 62.

[84] PERSIO, *Satire*, II, 33, usa l'espressione *infamis digitus* per indicare il dito medio, detto anche *impudicus* da MARZIALE, *Epigrammi*, VI, 70, 5, per la sua somiglianza con il fallo.

[85] Questa è l'interpretazione tradizionale del verso 34: *urentes oculos inhibere perita*, secondo cui ad essere *perita* "esperta a scongiurare il malocchio" sarebbe la saliva, cui gli antichi riconoscevano virtù contro i malefici e gli incantesimi ed anche proprietà mediche, vedi PLINIO, *Storia Naturale*, XXVIII, 35-39.

[86] N. BOËLS-JANSSEN, *La vie religieuse des matrons dans la Rome archaïque*, Paris 1993, p. 264 s.

[87] FULGENZIO, *Mitologie*, I, 8, ed. R. HELM, Lipsiae 1898, p. 21.

[88] L.et P. BRIND'AMOUR, *La deuxième satire de Perse et le dies lustricus*, in *Latomus* 30 (1971), p.1001; N. BOËLS-JANSSEN, *La vie religieuse* cit., p. 292, con altra bibliografia.

[89] I nomi delle due dee presentano varianti negli autori che le menzionano, come Edula, Edulia, Edusa, Vita; Potica, Potua; vedi NONIO, *La dottrina abbreviata*, p. 155 ed. Lindsay; ARNOBIO, *Contro i pagani*, III, 25; AGOSTINO, *La Città di Dio*, IV, 11; 34; TERTULLIANO, *Ai pagani*, II, 11, 8.

[90] DONATO, nel suo commento a TERENZIO, *Formione*, 49, ed. P. WESSNER, *Aelii Donati quod fertur Commentum Terenti*, Leipzig 1902-1908, p. 363.

[91] ARNOBIO, *Contro i pagani*, IV, 7-8; in III, 30 la dea è detta Ossipagina. MACROBIO, *Saturnali*, I, 12, 32, riporta la credenza che la dea Carna presiedesse agli organi vitali dell'uomo, fegato, cuore, visceri interni.

[92] VARRONE, in NONIO, *La dottrina abbreviata*, p. 853 ed. Lindsay.

[93] AGOSTINO, *La Città di Dio*, IV, 21; VII, 3; TERTULLIANO, *Ai pagani*, II, 11, 8-9.

[94] VARRONE, in NONIO, *ivi*, p. 853 ed. Lindsay; TERTULLIANO, *ivi*, II, 11, 7, ha Farinus.

[95] Le divinità citate qui di seguito, sono menzionate, anche con varianti dei nomi, in: AGOSTINO, *La Città di Dio*, IV, 8; 11; 16; 21; TERTULLIANO, *Ai pagani*, II, 11, 9-10; ARNOBIO, *Contro i pagani*, IV, 3, 9.

[96] AGOSTINO, *ivi*, IV, 11; TERTULLIANO, *ivi*, II, 11, 11.

3 PUERIZIA E ADOLESCENZA

1. *Puer*

Al compimento dei sette anni i bambini d'ambo i sessi uscivano dall'*infantia* ed entravano nella *pueritia*, la 'fanciullezza'; *puer* è il termine più antico per indicare il fanciullo ed anche la fanciulla, essendo usato in origine indifferentemente al maschile e al femminile; nel plurale *pueri* erano compresi i fanciulli d'ambo i sessi[1].

Solo nel II sec.a.C. appare una forma femminile analogica, *puera*[2], che però non si impose nell'uso comune e venne ben presto soppiantata dal suo diminutivo *puella*, che divenne il termine tipico per indicare la 'fanciulla'. L'espressione *pueri et puellae* ' fanciulli e fanciulle' ricorre molto frequentemente negli autori antichi.

I termini *puer* e *pueritia* erano ritenuti, il primo, come derivato da *purus* 'puro', e il secondo, indicante il periodo della 'purezza'. "Il fanciullo è detto *puer* per la sua purezza – afferma Isidoro di Siviglia (*Origini o etimologie*, XI, 2, 10) -; è infatti puro e ancora privo della prima peluria o lanugine delle guance"; e ancora (*ivi*, XI, 2, 3): "La seconda età è la fanciullezza, chiamata *pueritia* in quanto pura e non ancora idonea per procreare: dura fino al compimento del quattordicesimo anno".

Un'altra definizione di *puer* è data da Censorino (*Il giorno della nascita*, XIV, 2): "I *pueri* sono così detti, perché sono puri, cioè impuberi". La purezza del *puer* è legata implicitamente alla sua condizione di impubere, termine indicante colui che ancora non ha raggiunto la pubertà, ossia la capacità di procreare; *pueri* erano quindi gli impuberi, i ragazzi che non avevano raggiunto l'età puberale che, solo in età imperiale, fu fissata dai giuristi al compimento dei quattordici anni per i maschi, dei dodici anni per le femmine[3].

A volte il termine *puer* è usato anche per indicare un giovane uomo; ad esempio Svetonio, *Augusto*, 12, 1, definisce *puer* Ottaviano allora diciannovenne.

Nell'età monarchica, Servio Tullio, sesto re di Roma, quando suddivise il popolo romano in cinque classi di anziani e di giovani per poter redigere il censo, fissò a 17 anni il limite della *pueritia*, ritenendo *pueri* i minori di questa età[4]; dai 17 anni in poi il giovane era ritenuto idoneo per prestare il servizio militare e, anche quando il limite della *pueritia* fu portato al compimento dei 14 anni, l'età dei 17 anni rimase l'età fissata per essere arruolati; nessuno poteva essere chiamato alle armi prima di questa età, ma durante la seconda guerra punica, subito dopo la disastrosa sconfitta romana a Canne (216 a.C.), si arruolavano sia giovani dai 17 anni in su che alcuni *praetextati* (vedi oltre), ossia minori di quest'età[5].

2. *Insignia pueritiae*

Con l'espressione *insignia pueritiae* 'distintivi, insegne della puerizia' si indica il particolare abbigliamento dei *pueri* e delle *puellae* romani, *ingenui*, ossia di nascita e condizione libera, caratterizzato dalla *toga praetexta* e dalla *bulla*, cui è attribuito un'origine etrusca.

Infatti la *toga praetexta* originariamente era insegna dei magistrati etruschi e la *bulla aurea* 'd'oro' era propria dei trionfatori[6]. La *toga praetexta* fu introdotta a Roma da Tullo Ostilio, il terzo re dei Romani dopo la vittoria sugli Etruschi[7], e divenne propria dei patrizi formanti il senato romano, l'assemblea dei *patres familias*, istituito, secondo la tradizione, da Romolo, che scelse i senatori fra gli esponenti delle famiglie più in vista[8].

Fu però Tarquinio Prisco, quinto re di Roma, che, secondo il racconto di Macrobio (*Saturnali*, I, 6, 8-10), per primo donò la *bulla au-*

rea e la *toga praetexta* al figlio quattordicenne che aveva ucciso di sua mano un nemico: "insignendo così un fanciullo, che si era dimostrato più coraggioso di quanto non comportasse la sua età, con i premi destinati all'età virile e a riconoscimento onorifico". Da questo episodio nacque l'usanza di far portare la *toga praetexta* e la *bulla aurea* ai *pueri ingenui*, all'inizio solo a quelli appartenenti al patriziato romano, successivamente a quelli appartenenti alla *nobilitas* romana, l'aristocrazia senatoria, formata, a partire dal IV sec.a.C., dai membri delle famiglie patrizie e dalle famiglie plebee che potevano vantare un magistrato curule[9], di regola un console; ai *pueri ingenui* degli altri plebei furono accordate la *toga praetexta* e la *bulla*, non d'oro, ma di cuoio, detta *bulla scortea* (da *scortum* 'cuoio')[10], o più frequentemente *lorum* 'striscia di cuoio, correggia'[11], che Giovenale (*Satire*, V, 164) definisce *nodus et signum de paupere loro* "nodo e contrassegno di semplice cuoio"; nello scolio a Giovenale, che spiega il verso citato, si legge: "nel tempo antico, i fanciulli della nobiltà avevano bulle d'oro, quelli dei poveri bulle di cuoio, segno di condizione libera".

All'uso della bulla da parte dei fanciulli è attribuita anche un'origine più antica, pre- estrusca, riferita da Plutarco (*Questioni Romane*, 101), secondo cui i primi ad ornarsi della bulla sarebbero stati i figli nati dai matrimoni che le Sabine, dopo il loro ratto, furono costrette a contrarre con i Romani loro rapitori; Macrobio (*Saturnali*, I, 6, 16) precisa che Romolo, per consolare le Sabine rapite, promise loro che avrebbe onorato con un magnifico dono – ossia con la *bulla aurea* e la *toga praetexta* – il figlio di colei che per prima avesse partorito un cittadino romano

La bulla consisteva in un medaglione in genere rotondo – e Isidoro di Siviglia (*Origini o etimologie*, XIX, 31, 11) dice che la bulla era così detta, perché simile, nella sua rotondità, alle bolle d'aria che si formano sull'acqua –, composto da due sottili lamine d'oro convesse, unite e saldate l'una all'altra per i rispettivi orli, che veniva appeso come un ciondolo al collo dei *pueri* e delle *puellae ingenui*.

Secondo la testimonianza di Plauto, la bulla veniva donata ai bambini d'ambo i sessi nel loro *dies natalis*[12]; infatti, nella commedia plautina '*La gòmena*', 1171, Palestra, una giovane fanciulla, esclama: "e c'è la bulla d'oro che mio padre mi diede nel giorno della mia nascita".

I *pueri* portavano al collo questo medaglione fino a quando non indossavano la *toga virilis* o *pura* o *libera* ed era alla vigilia della *sollemnitas togae purae* che essi l'offrivano ai Lari della famiglia, appendendola al focolare domestico[13].

Non ci sono giunte testimonianze che attestino quando le *puellae* offrissero la loro bulla alla divinità; ma dal momento che sappiamo che alla vigilia delle loro nozze deponevano la *toga praetexta*, consacrandola alla dea Fortuna[14], possiamo dedurre che in quell'occasione consacrassero anche la loro bulla.

La bulla che i fanciulli portavano appesa al collo e la toga pretesta, Fig.15, erano considerate *insignia ingenuitatis* 'distintivi, insegne di condizione di nato libero'[15], perché chi le portava era di nascita e condizione libera; per questo, nei primi secoli di Roma, il loro uso fu vietato ai figli dei liberti, di origine servile, in quanto figli di schiavi che erano stati affrancati; ma quando, nel corso della seconda guerra punica, nel 217 a.C., si rese necessario fare una supplica in Campidoglio e fu allestito un banchetto sacro con il ricavato di una colletta cui poterono partecipare anche le liberte, mentre durante le pubbliche preghiere un inno fu cantato da fanciulli e fanciulle sia *ingenui* che di origine servile, tutti aventi padre e madre viventi, fu concesso anche ai figli dei liberti, purché nati da un matrimonio legittimo, di indossare la toga pretesta ed la bulla non d'oro, ma di cuoio, il *lorum*[16].

Fra le diverse spiegazioni della funzione della bulla avanzate dagli antichi, accettabile sembra essere quella che si collega al fatto che i Romani non ritenevano né sconveniente né disonorevole amare giovani schiavi, astenendosi però rigorosamente dai fanciulli nati liberi; dal momento che era difficile distinguerli se l'incontravano nudi, ai nati liberi facevano portare la bulla come segno distintivo, in modo che non corressero il rischio di esser fatti oggetto di attenzioni sessuali[17]. E che i tentativi di seduzione dei ragazzi fosse tutt'altro che inusuale a Roma è confermato da una disposizione emessa dal pretore urbano[18] allo scopo di proteggere la *pudicitia* 'la castità, il pudore' non solo delle donne perbene, ma anche dei *praetextati*, ossia dei fanciulli che indossavano la *toga praetexta*: chi avesse seguito per strada una donna perbene o un fanciullo pretestato allo scopo di sedurli, veniva accusato d'ingiuria e punito[19].

Ma forse la funzione originaria della bulla era di ordine magico; essa era propria dei generali trionfatori, che la portavano appesa sotto il loro carro quando celebravano il trionfo, allo scopo di difendersi dall'*invidia*[20], termine che indica, oltre all'invidia, anche malevolenza, ma-

Fig. 15. Statua di fanciullo con la *toga praetexta* e la *bulla* appesa al collo, da Velleia, II sec. a.C. Roma, Museo della Civiltà Romana.

locchio, influsso malefico; fra le due lamine convesse della bulla veniva racchiuso un amuleto a forma di fallo detto *fascinum*, divinizzato nel dio *Fascinum*, un dio itifallico, ritenuto protettore non solo dei trionfatori, ma anche dei bambini; per questo la bulla veniva appesa al collo degli *infantes* e dei *pueri* d'ambo i sessi per le sue proprietà magiche, per difenderli cioè contro malocchi e incantesimi[21]; Varrone (*La lingua latina*, VII, 97) scrive: "al collo dei fanciulli si appende contro il malocchio un amuleto rappresentante una figura oscena".

Se la bulla era l'ornamento distintivo dei *pueri* d'ambo i sessi, la *toga praetexta* era il loro indumento distintivo.

La toga, di lana bianca, era un mantello che avvolgeva tutta la persona, donde il nome *toga* da *tegĕre* 'coprire' il corpo. Essa era l'abito nazionale ed ufficiale del cittadino romano, segno inconfondibile che chi l'indossava era in possesso della cittadinanza romana, era un *civis Romanus*, tanto che l'espressione *gens togata* usata da Virgilio (*Eneide*, I, 282) stava ad indicare il popolo romano, il 'popolo togato'.

La toga normale, indossata dal comune cittadino, era tutta bianca e detta *toga pura*, perché senza ornamenti colorati; poiché era propria del *vir* 'uomo', era detta anche *toga virilis* oppure *toga libera*, perché propria dei cittadini 'liberi', cioè di nascita libera.

La *toga praetexta*, che i fanciulli indossavano quando si presentavano in pubblico, era bianca listata da una striscia di porpora, detta *praetexta* da *prae-texĕre* 'tessere davanti, orlare', in quanto, nel tessere la lana per confezionare questo tipo di toga, si iniziava con il tessere il bordo di porpora e precisamente il bordo rettilineo, avendo la toga un lato rettilineo ed uno curvilineo, la forma cioè di un segmento di cerchio.

A Roma, in uno dei grandi fregi dell'*Ara Pacis Augustae*, Fig.16, è rappresentata la processione in occasione dell' inaugurazione dell'ara, nel 9 a.C., in ringraziamento della pace donata da Augusto a tutto il mondo romano dopo le vittorie in Spagna e in Gallia; alla processione prendono parte Augusto e i membri più importanti della famiglia imperiale; in primo piano figurano, attaccati alle mani e alle vesti dei genitori, i bambini della famiglia imperiale che indossano la *toga praetexta* e portano al collo la *bulla*.

La *toga praetexta* a Roma era indossata anche dai magistrati e dai sacerdoti, segno del potere politico e del potere religioso; fu fatta indossare ai *pueri*, all'inizio solo ai *pueri ingenui*, poi anche ai figli dei liberti legittimamente sposati, perché, come *custos* 'custode', salvaguardasse il loro essere 'puri' –- purezza legata all'assenza dei caratteri sessuali della pubertà – e la loro *infirmitas* 'debolezza' 'fragilità' sia fisica

Fig. 16. *Ara Pacis Augustae*, particolare del fregio sud. Roma, Piazza Augusto Imperatore.

che mentale[22], che li rendevano sacri e inviolabili, così come sacri e inviolabili erano i magistrati che indossavano la *toga praetexta* e i trionfatori che portavano la *bulla aurea*. Fu coniato il termine *praetextatus, a*, ritenuto sacro[23], per indicare colui o colei che indossava la *toga praetexta*, ed *aetas praetextata* 'età pretestata' fu detta la fanciullezza.

Plinio il Vecchio (*Storia naturale*, IX, 127) scrive che la porpora "*pro maiestate pueritiae est*", ossia la porpora, che ornava la toga pretesta, stava ad indicare la "maestà, la dignità, la rispettabilità della puerizia".

3. Caratteri esteriori della pubertà

Con l'approssimarsi della fine della *pueritia* il corpo del *puer* e della *puella* subiva uno sviluppo fisiologico con mutamenti fisici, come l'aumento della massa muscolare e la crescita in altezza, il cambiamento di voce, la comparsa di peli, il rigonfiamento dei seni, la comparsa dello sperma e delle mestruazioni, fino al raggiungimento della pubertà, momento a partire dal quale il fanciullo e la fanciulla erano ritenuti capaci di procreare.

I Romani usavano pittoreschi verbi per indicare i mutamenti fisici che l'approssimarsi alla pubertà comportava; ad esempio, con il verbo *gallulascere* da *gallulus* 'galletto' la voce del ragazzo era paragonata a quella del galletto, per il timbro più rauco, grave e ineguale; *gallulascere* indica infatti il *puer* la cui voce *gallulascit* "sta diventando maschia"[24]. Aristotele paragona la voce degli adolescenti al suono delle corde degli strumenti mal tese e dissonanti[25].

Altro pittoresco verbo è *hirquitallire*, creato dagli antichi per indicare sia la particolare voce che sta diventando 'maschia' e sia il cattivo odore che il corpo dei ragazzi prossimi alla pubertà inizia ad emanare a causa della comparsa di peli intorno al pube e sotto le ascelle, odore paragonato al lezzo caprino. Il verbo è composto dal sostantivo *hircus* 'becco, caprone' e dal verbo greco θάλλειν 'fiorire, germogliare'; l'*hircus* era noto per le sue cattive qualità, in particolare per il cattivo odore e la libidine; di qui *hirquitalli* erano detti i ragazzi che per la prima volta sperimentavano la loro virilità, non solo per la voce grave, rauca, simile a quella caprina e per l'acre odore del loro sudore, ma anche perché erano libidinosi come i caproni[26].

Per indicare il rigonfiamento dei seni, fenomeno più appariscente nelle *puellae*, i Romani usavano i verbi *fratrare/fraterculare* per i ragazzi e *sororiare* per le ragazze, verbi che sottolineano la rassomiglianza o l'identità fra due oggetti: i seni sono visti, infatti, come due fratelli o due sorelle che crescono insieme e del pari, a guisa di fratelli e sorelle gemelli. Si legge in Paolo-Festo, p. 380 ed. Lindsay: "Si dicono *sororiare* 'crescere del pari' i seni delle ragazze, quando per la prima volta si gonfiano, come (si dicono) *fraterculare* 'crescere insieme' i seni dei ragazzi"[27].

Altro fenomeno fisiologico che caratterizza il ragazzo è la comparsa della prima peluria sulle guance, detta *lanugo* 'lanugine', che gli autori antichi definiscono: *prima* 'prima (barba)', *mollis* 'morbida', *dubia* 'incerta', *flava* 'bionda', *tenera* 'delicata' etc. "Hai una lanugine – scrive Marziale (*Epigrammi*, X, 42, 1-2) – così incerta e morbida che un soffio, il sole, una leggera brezza potrebbe portar via".

Questa prima lanugine si faceva crescere con cura e quando veniva tagliata per la prima volta, veniva offerta ad una divinità con un rituale detto *depositio barbae* 'il deporre la barba'.

Sappiamo che Nerone consacrò a Giove Capitolino la sua prima barba, chiusa, dopo il taglio, in uno scrigno d'oro adorno di preziosissime perle[28].

I cambiamenti che si verificavano nel corpo dei ragazzi e delle ragazze, in particolare la comparsa di peli intorno ai genitali, erano segni sicuri che essi erano ormai giunti alla pubertà, che erano non più impuberi, ma *puberes* 'puberi'. Il termine *pubes*, femminile, indica il 'pelo', in particolare il pelo del pube e, per estensione, lo stesso pube, che si ricopriva di peli[29].

Il padre di S. Agostino si rese conto che il figlio presentava i segni della pubertà e dell'inquieta adolescenza, notando, durante il bagno, la presenza di peli sul suo pube[30].

4. Riti di passaggio dei *pueri*

Sin dall'epoca più antica era il *pater familias* che accertava la raggiunta pubertà del *filius* e la 'pubblicizzava' con varie cerimonie, alcune di carattere privato, altre di carattere pubblico, che avevano lo scopo di presentare pubblicamente alla società il nuovo cittadino.

L'accertamento della raggiunta pubertà avveniva mediante l'*inspectio corporis*, l''esame dell'aspetto fisico' del ragazzo, ossia mediante la diretta constatazione dell'effettiva acquisizione dei caratteri esteriori della pubertà, indicati dai Romani con l'espressione *habitus corporis*, l' 'aspetto esteriore del corpo'.

Al *pater familias* a lungo fu riservata grande discrezionalità nell'eseguire tale accertamento che, nella vita quotidiana, aveva luogo fra le pareti domestiche e, a volte, accorgersi che il ragazzo presentava i segni della pubertà, poteva avvenire per puro caso, come accadde per il padre di S.Agostino[31].

Accertata la pubertà del ragazzo, si celebrava la *sollemnitas togae purae*, la 'solennità della toga pura', importante momento nella vita del ragazzo, che sanciva il suo passaggio dalla *pueritia* all'età adulta e il suo inserimento nella comunità cittadina.

La prima parte della cerimonia si svolgeva fra le pareti domestiche: alla vigilia, il ragazzo deponeva gli *insignia pueritiae*, ossia la *toga praetexta* e la *bulla*, offrendo quest'ultima ai Lari della famiglia[32], e indossava la *tunica recta*, una tunica bianca, 'diritta', fatta confezionare dal padre per buon auspicio, con la quale si coricava, in perfetta simmetria con quanto accadeva per le fanciulle alla vigilia delle nozze[33].

Il giorno successivo, di buon'ora, aveva inizio la parte pubblica della cerimonia che comportava la *deductio in forum*: il ragazzo, che indossava la *toga pura* o *virilis* o *libera* (vedi sopra), veniva accompagnato dal *pater familias* o da chi ne faceva le veci – ad esempio, Cicerone ebbe l'incarico dal fratello di dare la *toga pura* al figlio di lui, quindi a suo nipote –, oppure, se era *sui iuris*, dal tutore, con un seguito di parenti ed amici, attraverso il Foro, la grande piazza di Roma, ove si svolgeva la vita politica, religiosa e commerciale della città, fin sul Campidoglio; qui il ragazzo veniva iscritto nelle liste del censo, le liste dei cittadini, custodite nel *Tabularium*, l'archivio di Stato; riceveva poi la sua completa denominazione, i *tria nomina*[34], secondo quanto riferisce l'ignoto Autore del trattatello '*I prenomi*', 3, che scrive: "era usanza di imporre i prenomi ai ragazzi non prima che indossassero la toga virile"; questo passo va inteso nel senso che il prenome veniva ufficialmente registrato nelle liste del censo solo quando il ragazzo assumeva la toga virile; dopo questa registrazione egli entrava a far parte a pieno titolo della comunità cittadina come *civis Romanus*.

Rispettando un'usanza risalente a Servio Tullio, il neo cittadino deponeva una moneta nel tesoro della dea *Iuventas*[35], la dea protettrice dei *iuvenes*, i 'giovani', e faceva un sacrificio o sull'altare di questa dea o dinanzi alla statua del dio *Liber*, di cui è attestata la presenza sul Campidoglio.

La cerimonia si concludeva con un banchetto offerto a parenti ed amici e, se il nuovo togato apparteneva ad una famiglia altolocata o era un rampollo delle dinastie imperiali, veniva fatta un'elargizione alla plebe in denaro o in natura.

Per la cerimonia della *deductio in forum* era stata assegnata la festività dei *Liberalia*, celebrata il 17 marzo in onore del dio *Liber*, che i Romani identificavano con Dioniso-Bacco.

Ovidio (*Fasti*, III, 771-788) si chiede perché si conferiva ai giovinetti la toga libera il 17 marzo, giorno sacro a Bacco, e le sue possibili risposte sono: perché l'aspetto del dio è quello di un adolescente, cioè ha l'età che è a mezzo fra l'esser *puer* e l'esser *iuvenis*; perché il dio è invocato come *Liber pater*, come padre, e a lui i padri affidano i propri figli; perché, chiamandosi *Liber*, ossia significando il nome del dio la libertà, nel suo nome indossavano la *vestis libera*, che dava inizio ad una vita più libera; oppure perché in questo giorno, nei tempi più antichi, quando il senatore era un contadino e il console guidava l'aratro, tutto il popolo romano si riuniva in città in occasione dei *Liberalia* e quindi quel giorno parve il più adatto alla vestizione della toga libera, perché una gran folla potesse accompagnare il novizio e migliore era l'opportunità di far conoscere i nuovi cittadini.

Anche gli studiosi moderni si sono posti diverse domande al riguardo, giungendo alla conclusione che sono domande destinate a restare senza risposta o si risponde ad esse con vaghe congetture[36].

Sicuramente in quel giorno le vie di Roma saranno state percorse da processioni di parenti ed amici che accompagnavano al Foro i loro ragazzi che indossavano per la prima volta la toga virile. Ma non sempre la data del 17 marzo era rispettata; le fonti indicano altri giorni in cui la 'solennità della toga pura' ebbe luogo, sia a Roma che altrove.

L'assunzione della toga virile, avvenimento di grande gioia, era la formale dichiarazione della raggiunta pubertà del ragazzo e la sua *deductio in forum* con indosso la nuova veste assolveva il compito di rendere pubblico che la comunità aveva un nuovo cittadino, un nuovo 'togato'. Il ragazzo era detto ora *vesticeps* (da *vestis* e *capio*), come si legge in Paolo-Festo, p. 506 ed. Lindsay: "*Vesticeps* è il fanciullo (*puer*) che è già vestito di pubertà, al contrario *investis* è quello non ancora vestito di pubertà"; letteralmente l'espressione *vestitus est pubertate* indica che il ragazzo presenta i segni della pubertà, come i peli che 'vestono' e 'non vestono' le sue guance e il suo pube; tale espressione viene interpretata anche come allusiva alla *toga virilis*, per cui *vesticeps* indicherebbe colui che è rivestito della toga virile.

Per l'assunzione della toga virile, per tutta l'epoca repubblicana non fu fissata un'età, in quanto i Romani, per stabilire quando un ragazzo fosse da considerarsi pubere, si servirono per lungo tempo dell'esame fisico individuale; comunque l'età per tale assunzione oscilla in media fra i 14 e i 16 anni, come risulta dalle fonti che riportano la data dell'importante cerimonia di alcuni personaggi famosi, per lo più appartenenti alle dinastie imperiali[37]. Ad esempio, assunsero la toga virile a 14 anni: gli imperatori Tiberio e il figlio Druso, Nerone e Commodo; a 15 anni: Virgilio, Augusto, i nipoti Gaio e Lucio Cesari e l'imperatore Marco Aurelio; a 16 anni: Cicerone, il figlio Marco, il nipote Quinto e l'imperatore Galba; a 19 anni: l'imperatore Caligola che, come racconta Svetonio (*Caligola*, 10, 1), prese la toga virile a Capri, chiamatovi da Tiberio, e nello stesso giorno si rase per la prima volta la barba, senza alcuna cerimonia. L'imperatore Claudio, sempre secondo il racconto di Svetonio (*Claudio*, 2, 2), a causa della sua malferma salute, nel giorno in cui assunse la toga virile, fu condotto sul Campidoglio in lettiga senza solenne cerimonia, verso mezzanotte.

In epoca imperiale, quale risultato di un lungo dibattito fra giuristi, si introdusse un'età fissa, il compimento dei 14 anni, per determinare il raggiungimento della pubertà da parte del ragazzo, indipendentemente dall'*inspectio corporis* e dall'assunzione della toga virile[38].

A 14 anni il ragazzo era ritenuto pubere e capace di generare. "Pubere è il ragazzo che già può generare – si legge in Paolo-Festo, p. 297 ed. Lindsay –. Egli comincia ad essere tale dai quattordici anni; la donna è in età da marito dai dodici anni".

Con la pubertà, il ragazzo acquistava la capacità giuridica di contrarre matrimonio; se era *sui iuris* usciva dalla *tutela impuberum*[39] e veniva ritenuto capace di amministrare il proprio patrimonio (§ 5); se invece era un *filius familias*, sottoposto alla *patria potestas* del proprio *pater familias*, l'assunzione della toga virile non lo liberava da tale assoggettamento e non mutava la posizione giuridica che occupava in seno alla famiglia; comunque, il raggiungimento della pubertà per il sottoposto maschio al potere paterno acquistava importanza, perché determinava il suo ingresso nella vita pubblica come *civis Romanus* con i diritti e i doveri propri di ogni cittadino Romano.

Di certo, l'assunzione della toga virile dava al giovane, anche se *filius familias*, maggior libertà di fare nuove esperienze ed allentava i freni della sua custodia, come accadde al poeta Persio[40] che, nel rievocare la fase giovanile della sua vita, ricorda come l'aver indossato la toga virile, e quindi godendo di maggior libertà, gli abbia permesso di girare senza timore di incorrere in punizioni familiari, insieme con amici compiacenti, per tutta la Subura, che era il quartiere di Roma più popoloso, popolare e malfamato, dove numerosissime erano le prostitute, venendo quindi a contatto con le manifestazione meno belle della vita, e facendo anche le sue prime esperienze.

5. *Adulescentia* e *iuventus*

Secondo le definizioni delle classi di età risalenti agli antichi, soprattutto Varrone e Isidoro di Siviglia[41], alla *pueritia* seguiva l'*adulescentia* 'adolescenza', che si protraeva fino ai 28-38 anni, e a questa seguiva la *iuventus* 'giovinezza', che poteva arrivare addirittura fino ai 50 anni; il ragazzo, dopo esser stato *puer* 'fanciullo', diventava *adulēscens/adulescentulus* 'adolescente /giovinetto' e poi *iuvenis* 'giovane'.

I Romani, però, nell'uso comune dei termini *adulēscens* e *iuvenis* non solo non rispettavano con esattezza i limiti proposti da Varrone e da Isidoro di Siviglia, ma utilizzavano tali termini indifferentemente per indicare una stessa persona, definendola sia *iuvenis* che *adulēscens*; ad esempio, Tacito (*Annali*, IV, 17, 1-2) definisce Nerone Cesare e Druso Cesare, figli di Germanico Maggiore, della dinastia Giulio-Claudia, che avevano circa 17 e 18 anni, sia *iuvenes* che *adulescentes*; per Nerone Cesare, poi, che aveva già compiuto i 14 anni, usa l'espressione (*ivi*, III, 29, 1): *iam ingressus in iuventam* "ormai entrato nella giovinezza". Sempre Tacito (*Agricola*, 9, 6) definisce se stesso *iuvenis* a 22 anni e (*ivi*, 7, 2) definisce *iuvenis* Domiziano a 18 anni. E gli esempi, pure in altri autori, potrebbero continuare.

Ma anche se le testimonianze antiche non rispettano i confini tra adolescenza e giovinezza, attestano l'esistenza, in questo ampio arco della vita umana, di termini fissi per poter accedere al servizio militare, alla carriera politica, alla piena capacità di agire e di amministrare il proprio patrimonio.

Secondo la costituzione di Servio Tullio, il giovane doveva aver compiuto 17 anni per poter essere ritenuto idoneo per prestare servizio militare a difesa della patria (§ 1).

Nei tempi più antichi, il ragazzo *sui iuris* divenuto pubere era ritenuto, al pari di tutti i maschi puberi *sui iuris*, capace di agire e di amministrare i suoi beni; ma in seguito, con lo sviluppo della società, quando l'antica e semplice economia prevalentemente agricola venne sostituita da un'economia più complessa, basata sugli scambi e sulle relazioni commerciali soprattutto con l'Oriente, ci si rese conto del pericolo che adolescenti, appena usciti dalla puerizia, nel compiere affari potessero essere imbrogliati. Così, intorno al 200 a.C., fu emanata una legge, la cosiddetta *lex Laetoria* (o *Plaetoria*), menzionata da Plauto (*La gòmena*, 1380-1382) che la definisce la "legge dei venticinque anni", il cui scopo era quello di difendere gli adolescenti minori di 25 anni, *sui iuris* che, nell'amministrare il proprio patrimonio, non potendo più valersi dell'assistenza del *tutor impuberum*, potevano essere raggirati da persone di pochi scrupoli, più esperte ed abili, che entravano in affari con loro.

Cicerone (*I doveri*, III, 61), a proposito di questa legge, parla di *circumscriptio adulescentium* "frode commessa a danno degli adolescenti"; la legge, infatti, puniva il comportamento fraudolento di chi, approfittando dell'inesperienza di un adolescente, lo raggirava, lo imbrogliava nel compiere negozi privati con lui, come la compravendita, la richiesta di soldi in prestito, ossia l'obbligarsi, etc., traendone vantaggi patrimoniali ingiustificati.

Si diffuse allora il costume che l'adolescente minore di 25 anni si facesse assistere, quando era impegnato in un affare o in un processo, da una persona adulta, ossia maggiore di 25 anni, il *curator* 'curatore', che l'adolescente stesso poteva richiedere volta per volta al pretore. Da questo costume si venne configurando, in epoca imperiale, l'istituto della *cura minorum* 'curatela dei minori di 25 anni', con la figura del *curator minorum* o *minoris*, un uomo che doveva esser maggiore di 25 anni, ora non più un assistente occasionale del minore, ma un curatore stabile, con funzioni e responsabilità riguardanti l'amministrazione del patrimonio del minore.

Il giovane che voleva intraprendere la carriera politica, doveva percorrere il cosiddetto *cursus honorum senatorius*, il 'corso delle cariche (*honos/honor*) senatorio', rivestendo le antiche magistrature repubblicane, dette curuli[42], annuali, quali la questura, che apriva l'accesso al senato, l'edilità plebea e curule[43], la pretura e il consolato, l'ultima e la più prestigiosa delle cariche.

Già in età repubblicana fu fissata un'età minima per iniziare il *cursus honorum* e poiché la *lex Villia* del 180 a.C. aveva stabilito che non si poteva rivestire la questura, la prima magistratura curule del *cursus*, senza aver prima prestato servizio militare per 10 anni, servizio che iniziava a 17 anni compiuti, prima di 28 anni non si poteva essere questori; dal momento poi che fra una magistratura e l'altra doveva esserci un intervallo di due anni, a 31 anni si poteva essere pretore e a 34 console, oppure a 37 se si era rivestita l'edilità curule, che allora era di libera scelta del candidato.

Una volta tolto il rapporto fra magistratura e obbligo del servizio militare, nel I sec. a.C., al tempo di Cesare e di Cicerone, occorrevano 33 anni per la questura, 37 per l'edilità, 40 per la pretura, 43 per il consolato. Augusto abbassò l'età minima, fissando 25 anni per la questura, 30 anni per la pretura, 33 anni per il consolato.

Con il compimento dei 25 anni terminava, quindi, la *minor aetas* l' 'età minore'; il giovane, se a 17 anni era riconosciuto socialmente maturo per assumere la difesa della patria, solo dopo i 25 anni acquistava pienamente la maturità ed era socialmente accettato come *adultus* 'adulto', uomo fatto.

6. *Lusus Troiae*

Augusto, nel suo programma di riportare in vigore i valori della tradizione, ripristinando alcune consuetudini cadute in disuso, diede nuova vita all'antico carosello equestre del *lusus Troiae* 'il gioco di Troia', i cui protagonisti erano *pueri*.

Virgilio (*Eneide*, V, 545-595) fornisce un'ampia descrizione di questo carosello che, secondo il suo racconto, fu eseguito per la prima volta dai fanciulli che si trovavano al seguito di Enea, a conclusione dei giochi funebri celebrati dall'eroe in Sicilia, in memoria del padre Anchise.

In una valle, che per l'occasione fungeva da circo, sfilarono i fanciulli, splendidi sui loro bei cavalli docili al freno, con i lunghi capelli ben ordinati, su cui era posata una corona[44] di rami d'olivo, con in mano due giavellotti di corniolo con la punta di ferro ed una collana d'oro, girata intorno al collo, pendeva sull'alto dei loro petti. Divisi in tre squadroni di 12 fanciulli, disposti su due file, ciascun squadrone con un comandante, sfilarono lungo la pista fra gli applausi degli spettatori e sotto gli occhi dei loro padri, mentre le madri, insieme con le altre donne che, secondo antichi costumi, non partecipavano ai giochi, erano rimaste a piangere Anchise presso le navi. Arrivato il segnale che dava inizio al gioco, un grido e uno schiocco di frusta, i tre squadroni eseguirono le loro tortuose ed eleganti evoluzioni[45] e finti combattimenti con assalti e fughe.

Il racconto virgiliano termina, ricordando come Ascanio, nel cingere di mura la città di Alba Longa, ripetesse il *lusus Troiae* e come poi gli Albani lo avessero tramandato ai Romani, che conservarono questa tradizione ancestrale, dando al gioco il nome di Troia e ai fanciulli quello di squadrone troiano[46].

Non abbiamo molte notizie su come il *lusus Troiae* si svolgesse a Roma, ma, in base alle fonti in nostro possesso, scarse in verità, sappiamo che ad esso, 'secondo l'uso antico', partecipavano i figli della *nobilitas* romana[47], divisi un due squadroni a seconda dell'età, come riferisce Svetonio (*Cesare* 39): *Troiam lusit turma duplex, maiorum minorumque* "eseguì il 'gioco di Troia' un duplice squadrone, uno di fanciulli più grandi, uno di fanciulli più piccoli".

Ogni squadrone era diretto da un comandante. Nel racconto di Virgilio (*Eneide*, 560-572), gli squadroni dei *pueri* partecipanti al *lusus Troiae* sono tre, uno comandato dal giovane Priamo, nipote del re di Troia, uno da Iulio-Ascanio, figlio di Enea, capostipite mitico della *gens Iulia*, ed uno da Atys, molto caro ad Ascanio; è chiaro che Virgilio ha scelto il nome di Atys per dare un capostipite mitico anche alla *gens Atia*, cui apparteneva la madre di Augusto, ed esaltare così le due stirpi di cui Augusto era membro.

L'età dei *pueri* più piccoli sembra che oscillasse fra i 7 e gli 11 anni, quella dei più grandi fra gli 11 e i 14 anni; 7 e 14 anni, le età limiti della *pueritia*. L'imperatore Tiberio, ad esempio, partecipò a questo carosello, come comandante del gruppo dei giovinetti più grandi, *dehinc pubescens* 'appena entrato nella pubertà', quindi a 14 anni[48] e prima di indossare la toga virile; Britannico, il figlio dell'imperatore Claudio, e Lucio Domizio, il futuro Nerone, vi parteciparono insieme[49] nel gruppo dei *pueri* più piccoli, avendo Britannico fra i 5 e i 6 anni e Lucio Domizio 9 anni; di lui Svetonio (*Nerone*, 7) dice che 'ancora in tenera età e nella prima puerizia' partecipò al *lusus Troiae*, con grande sicurezza ed ottenendo molti applausi.

Caduto in disuso, il *lusus Troiae* era ricomparso all'epoca di Silla (prima metà del I sec.a.C.); infatti come attesta Plutarco[50], Silla, in occasione di uno spettacolo, allestì "quella tipica corsa sacra di cavalli riservata ai fanciulli, chiamata Troia".

Augusto, che aveva moltissimo a cuore questo carosello, l'organizzò molto spesso "perché stimava fosse un nobile uso antico quello di mettere in mostra l'indole di una stirpe illustre"[51].

Durante lo svolgimento del *lusus Troiae* non era raro che si verificassero incidenti, come cadute da cavallo e fratture, soprattutto fra i più piccoli partecipanti; quando Gaio Nonio Asprenate, cadendo da cavallo, si fece male, Augusto gli regalò una collana d'oro, autorizzando lui e i suoi discendenti di portare il soprannome di Torquato[52].

Più tardi, però, Augusto fu costretto a sospendere l'organizzazione di questo tipo di spettacolo, perché l'oratore Asinio Pollione si dolse nella Curia con parole gravi e astiose che suo nipote Esernino fosse caduto da cavallo e si fosse rotto una gamba[53].

Dopo Augusto, il *lusus Troiae* fu organizzato sotto gli imperatori Caligola[54] e Claudio[55]; l'ultima menzione risale al II sec. d.C.

In epoca imperiale, i giovani membri della casa imperiale facevano la loro prima prova nel 'gioco di Troia'; ad esempio, i nipoti di Augusto, Gaio, nel 13 a.C., e Agrippa Postumo, fratello di Gaio e Lucio Cesari, nel 2 a.C., presero parte al *lusus Troiae*; Gaio e Lucio Cesari, designati a succedere ad Augusto, organizzarono il carosello del 2 a.C.[56]. Nel 47 d. C., al *lusus Troiae* parteciparono insieme Britannico e Lucio Domizio (vedi sopra), che più tardi, adottato da Claudio, salì al trono; il favore della plebe, più spiccato per Lucio Domizio, fu accolto come un presagio.

Il *lusus Troiae* aveva anche un carattere sacro; Plutarco (*Vita di Catone Minore*, 3, 1) lo considera ἱερὰ ἱπποδρομία 'corsa sacra', e Seneca (*Le Troiane* 778-779) parla di *solemne Troici lusus sacrum* 'sacra, solenne cerimonia del *lusus Troiae*'.

Non c'era una data fissa nel calendario romano o una ricorrenza per l'esecuzione del *lusus Troiae* che, in origine, fu indetto per una cerimonia funebre e, in seguito, in occasione della fondazione di una città, Alba Longa; in età storica sappiamo che fu organizzato in età sillana per un non meglio specificato spettacolo (vedi sopra); poi nel 46 a.C., per il trionfo di Giulio Cesare; nel 40 a.C., in occasione dei *Ludi Apollinares*, dedicati ad Apollo; nel 13 a.C., per la dedica del teatro di Marcello; nel 2 a.C., per la consacrazione del tempio di Marte nel Foro di Augusto; nel 38 d.C., per un importante funerale, quello di Drusilla, sorella di Caligola; nel 47 d.C., in occasione dell'abbellimento del Circo Massimo voluto da Claudio[57].

Nella descrizione virgiliana del *lusus Troiae* si dice (v. 546) che Iulo-Ascanio aveva *custodem comitemque* un 'custode e compagno'; Donato[58] spiega la presenza del custode, dicendo che Ascanio era impubere e poiché l'età stessa non era in grado di guidarsi da sola, gli fu affiancato un custode e compagno che lo proteggesse. Servio dà un'altra spiegazione, rifacendosi all'usanza, risalente al re Servio Tullio, di dare dei *custodes* ai giovani che iniziavano il servizio militare, perché li guidassero durante il primo anno di servizio[59].

Anche il compito dei *custodes* che venivano dati ai *pueri* che partecipavano al *lusus Troiae* era senz'altro quello di sorvegliarli e guidarli nell'apprendimento delle regole del carosello; questo, infatti, non si limitava a semplici evoluzioni di cavalieri, ma raffigurava un vero e proprio combattimento; lo attesta non solo la descrizione di Virgilio, ma lo comprova Donato, che dice chiaramente che il *lusus Troiae* era una guerra simulata, nel cui svolgimento erano imitate le alterne fasi di un combattimento[60]. Augusto stesso considerava i *pueri* partecipanti al carosello come dei guerrieri; infatti regalava loro un elmo e due giavellotti[61].

Molto si è scritto sul *lusus Troiae* e molto si è fantasticato sul fatto che Virgilio paragoni le evoluzioni con i cavalli ad uno schema labirintico[62]. Si è anche detto che il *lusus Troiae* descritto da Virgilio presenta diversi motivi che lo accostano alla tipologia dei rituali iniziatici[63], ma per quanto riguarda il 'gioco di Troia' che si attuava in Roma in epoca storica è poco credibile che avesse valore iniziatico[64]; piuttosto si può ipotizzare che esso avesse lo scopo di preparare i giovani all'attività militare, attività che rivestiva una grandissima importanza per un popolo, quale quello romano, che fondava il suo potere su una politica espansionistica[65].

[1] PRISCIANO, *Istituzione dell'arte grammatica*, in M. HERTZ, p. 231, 42; CICERONE, *In difesa di Sesto Roscio Amerino*, 53, 153.

[2] VARRONE, in NONIO, *La dottrina abbreviata*, p. 156 ed. Lindsay, usa il termine *puerae* per indicare le 'fanciulle'; SVETONIO, *Caligola*, 8, 1, afferma che gli antichi erano soliti chiamare *puerae* le fanciulle; anche PRISCIANO, citato in nota precedente, attesta che gli antichi usavano *puera* come femminile di *puer*.

[3] Vedi oltre p. 101.

[4] AULO GELLIO, *Notti Attiche*, X, 28.

[5] LIVIO, *Storia di Roma*, XXII, 57, 9.

[6] MACROBIO, *Saturnali*, I, 6, 9.

[7] PLINIO il VECCHIO, *Storia naturale*, VIII, 195; IX, 136; MACROBIO, *Saturnali* I, 6, 7.

[8] LIVIO, *Storia di Roma*, I, 8, 7; DIONIGI DI ALICARNASSO, *Antichità Romane*, II, 12, 1.

[9] Vedi oltre nota 42.

[10] PSEUDO-ASCONIO, *a Cicerone*, *Seconda orazione contro Verre*, I, 152.

[11] PLINIO il VECCHIO, *Storia naturale*, XXXIII, 10; MACROBIO, *Saturnali*, I, 6, 14.

[12] Vedi sopra p. 14.

[13] Vedi oltre nota 40.

[14] Vedi oltre p. 110.

[15] VALERIO MASSIMO, *Fatti e detti memorabili*, V, 6, 8.

[16] MACROBIO, *Saturnali*, I, 6, 13-14.

[17] PLUTARCO, *Questioni Romane*, 101.

[18] Il magistrato che a Roma amministrava la giustizia fra i cittadini romani.

[19] Questa disposizione è riferita da GAIO, *Istituzioni*, III, 220.

[20] MACROBIO, *Saturnali*, I, 6, 9.

[21] PLINIO il VECCHIO, *Storia naturale*, XXVIII, 39.

[22] PERSIO, *Satire*, V, 30: *Cum primum pavido custos mihi purpura cessit*... "Non appena la custodia della toga pretesta lasciò libero me, ancora timoroso fanciullo..."; CICERONE, *Catone Maggiore. La Vecchiaia*, 33: *infirmitas puerorum*.

[23] MACROBIO, *Saturnali*, I, 6, 3.

[24] NOVIO, in NONIO, *La dottrina abbreviata*, p. 166 ed. Lindsay.

[25] ARISTOTELE, *Storia degli animali*, VII, 1, 4.

[26] CENSORINO, *Il giorno della nascita*, XIV, 7: "dunque i nostri antenati ritengono che siano chiamati '*irquitalli*', perché allora il corpo inizia a mandare lezzo caprino"; PAOLO-FESTO, p. 90 ed. Lindsay: "I ragazzi che per la prima volta accedono alla virilità sono detti '*hirquitalli*' per la libidine certo di caproni"; p. 93 ed. Lindsay: "*Irquitallus* è detto il ragazzo che per la prima volta sperimenta la virilità".

[27] Vedi anche PAOLO-FESTO, p. 80 ed. Lindsay.

[28] SVETONIO, *Nerone*, 12, 1.

[29] Vedi A. ERNOUT - A. MEILLET, *Dictionnaire étymologique de la Langue Latine*[4], Paris 1959, s.v. *pubes*.

[30] AGOSTINO, *Confessioni*, II, 3, 6. Secondo un'usanza romana durata a lungo, padri e figli non facevano più il bagno insieme, quando i figli erano giunti alla pubertà; vedi CICERONE, *I doveri*, I, 35, 129; VALERIO MASSIMO, *Fatti e detti memorabili*, II, 1, 7.

[31] Vedi nota precedente.

[32] PERSIO, *Satire*, V, 30-31; vedi oltre nota 40.

[33] FESTO, pp. 364; 342 ed. Lindsay; vedi oltre p. 110 s. e nota 45.

[34] Vedi sopra p. 18 e nota 25.

[35] DIONIGI di ALICARNASSO, *Antichità Romane*, IV, 15, 5, riferisce che Servio Tullio, volendo sapere il numero di quanti vivevano a Roma, cioè di quanti nascevano e morivano e venivano iscritti nella classe degli uomini (ossia raggiungevano l'età virile), stabilì che i parenti dovevano versare una moneta nel tempio di Giunone Lucina per quelli che nascevano; nel tempio di Venere Libitina per coloro che morivano; nel tempio di *Iuventas* per quelli che iniziavano ad appartenere alla classe degli uomini. Da ciò avrebbe potuto conoscere ogni anno quanti erano complessivamente gli abitanti e chi fra questi aveva l'età per prestare il servizio militare.

[36] Così D. SABBATUCCI, *La religione di Roma antica dal calendario festivo all'ordine cosmico*, Milano 1988, p. 104.

[37] Fonti riportate in C. FAYER, *La Familia Romana. Aspetti antiquari e giuridici. Sponsalia. Matrimonio. Dote. Parte Seconda*, Roma 2005, p. 422 ss. nota 309.

[38] Vedi oltre p. 101 s.

[39] Vedi sopra p. 24 ss.

[40] PERSIO, *Satire*, V, 30-33: "Non appena la custodia della toga pretesta lasciò libero me, ancora timoroso fanciullo, e la bulla donata ai Lari in veste succinta fu appesa (al focolare), non appena compiacenti compagni e la toga ormai bianca mi permisero di gettare lo sguardo impunemente su ogni angolo della Subura...".

[41] Vedi sopra p. 11.

[42] Curuli erano dette le magistrature che davano l'onore di servirsi della *sella curulis*, di origine etrusca, uno scanno senza spalliera, con quattro gambe ricurve, pieghevole, su cui si sedevano i magistrati che avevano l'amministrazione della giustizia: questori, edili curuli, pretori, consoli.

[43] L'edilità nacque come magistratura esclusivamente della plebe, poi divenne statale, quindi accessibile anche ai patrizi, ma gli edili rimasero distinti in edili plebei ed edili curuli, in quanto solo quest' ultimi avevano diritto alla *sella curulis*.

[44] SERVIO, *Commento all'Eneide*, V, 556, interpreta il termine *corona* come *galea* 'elmo'; riporta poi l'opinione di coloro che ritenevano che la corona fosse posta sull'elmo, i *pueri*, cioè, avrebbero avuto *galeas coronatas* 'elmi con corona'.

[45] Evoluzioni che, secondo il racconto di VIRGILIO, *Eneide*, V, 588-595, evocavano l'immagine di un labirinto e precisamente del labirinto di Creta.

[46] VIRGILIO, *Eneide*, V, 596-602.

[47] PLUTARCO, *Vita di Catone Minore*, 3,1; TACITO, *Annali*, XI, 11,2; CASSIO DIONE, *Storia di Roma*, XLVIII, 20,2; XLIX, 43,3; LI, 22, 4; LIV, 26, 1; LV, 10, 6.

[48] SVETONIO, *Tiberio*, 6.

[49] TACITO, *Annali*, XI, 11, 2.

[50] PLUTARCO, *Vita di Catone Minore*, 3, 1. Narra Plutarco che Silla aveva scelto i comandanti dei due squadroni, perché guidassero i *pueri* di nobili famiglie, che partecipavano al *lusus Troiae*; dei due comandanti ne fu accettato uno, essendo figlio di Metella, moglie di Silla, ma non il secondo, Sesto, benché fosse il nipote di Pompeo, rifiutando i *pueri* di prepararsi sotto di lui e di seguirlo. Quando Silla chiese loro chi volevano per capo, tutti gridarono "Catone", Catone l'Uticense.

[51] SVETONIO, *Augusto*, 43, 2.

[52] Con la collana d'oro, il *torques*, si insignivano coloro che avessero dato prova di valore nell'esercito; conferire all'infortunato fanciullo tale riconoscimento era come se, aver partecipato al carosello, equivalesse ad aver compiuto un'azione militare; così G. PICCALUGA, *Elementi spettacolari nei rituali festivi romani*, Roma, 1965, p. 141 s. nota 38.

[53] SVETONIO, *Augusto*, 43, 2.

[54] SVETONIO, *Caligola*, 18, 3; CASSIO DIONE, *Storia di Roma*, LIX, 7, 4; 11, 2.

[55] SVETONIO, *Claudio*, 21; *Nerone*, 7; TACITO, *Annali*, XI, 11, 2.

[56] CASSIO DIONE, *Storia di Roma*, LIV, 26,1 (Gaio); LV, 10,6 (Agrippa Postumo).

[57] CASSIO DIONE, *ivi*, XLIII, 23, 6 (trionfo di Giulio Cesare); XLVIII, 20, 2 (*Ludi Apollinares*); LI, 22, 4 (dedica del teatro di Marcello); LIV, 26, 1 (consacrazione del tempio di Marte); LV, 10, 1 (funerali di Drusilla); SVETONIO, *Claudio*, 21 (abbellimento del Circo Massimo).

[58] DONATO, *Commento all' Eneide*, V, 546.

[59] SERVIO, *Commento all'Eneide*, V, 546.

[60] DONATO, *Commento all'Eneide*, V, 585; G. PICCALUGA, *Elementi spettacolari*, citato, p.146

[61] SERVIO, *Commento all'Eneide*, V, 556.

[62] Confronta C.G. GIGLIOLI, *L'oinochoe di Tragliatella*, in *Studi Etruschi*, 3 (1929), pp. 111-159; M. MENICHETTI, *L'oinochoe di Tragliatella: mito e rito tra Grecia ed Etruria*, in *Ostraka*, 1 (1992), pp. 7-30.

[63] Esamina questi motivi G. PICCALUGA, *Elementi spettacolari*, citato, p. 143 ss.

[64] Come invece ritiene A. BRELICH, *The Historical Development of the Institution of Initation in the Classical Ages*, in *Acta Antiqua*, 11 (1961), p. 276.

[65] Così G. PICCALUGA, *Elementi spettacolari*, citato, p. 146.

4
IL TEMPO DELLA SCUOLA

1. L'educazione familiare

Sin dai primi secoli della repubblica la cura e la responsabilità dell'educazione dei bambini delle classi dell'aristocrazia furono interamente affidate alla famiglia e questo sistema educativo, tipicamente romano, che si svolgeva *domi atque intra privatos parietes* "in casa e tra le pareti domestiche"[1], è caratteristico di una società arcaica, in cui il *pater familias* era investito della *patria potestas*, potere assoluto nell'ambito della propria famiglia, che escludeva ogni ingerenza estranea; solo i censori avevano il diritto di controllare, ad esempio, che il padre non fosse troppo rigido o troppo debole nell'educazione dei figli.

"Vollero [i nostri antenati] – dice Cicerone (*La repubblica*, IV, 3, 3) – che l'educazione dei fanciulli di nascita libera non fosse fissata da leggi o resa pubblica o uguale per tutti". Quindi un'educazione privata e familiare, che lasciava totalmente alle singole famiglie il delicato compito di educare i propri figli.

La famiglia era il luogo ove si custodivano i *mores maiorum* 'i costumi degli antenati', detti anche *mores antiqui* 'gli antichi, patrii costumi', antiche consuetudini di comportamento, nello stesso tempo giuridiche e religiose - dato che nella Roma arcaica non c'era separazione fra religione e diritto -, tanto risalenti nel tempo da non conservarsi memoria della loro origine; il padre, come educatore del figlio, aveva il compito di fargli conoscere questi costumi e farglieli rispettare come "un ideale indiscusso, come la norma di ogni azione e di ogni pensiero"[2], in modo che la sua condotta si conformasse ad essi.

La trasmissione da padre in figlio di un sistema di vita disciplinato dai *mores maiorum* costituiva un principio di conservazione e di stabilità, sul quale si fondava lo stato romano, come recita il verso di Ennio, fatto proprio da Cicerone (*La repubblica*, V, 1, 1): "La repubblica romana resiste saldamente grazie ai suoi antichi costumi e ai suoi uomini".

Un importante ruolo educativo era riconosciuto alla madre durante l'*infantia* dei figli; era lei che si curava della loro educazione e trasmetteva loro il patrimonio dei valori richiesti dalla tradizione dei padri[3]; poi, con il raggiungimento dei 7 anni, i bambini d'ambo i sessi entravano nella *pueritia* ed erano ritenuti in grado di capire e quindi di ricevere un'istruzione. E mentre la *puella* 'la fanciulla' rimaneva sotto la direzione della madre che la preparava al suo futuro di sposa e di madre, insegnandole l'arte del filare e tessere la lana, l'unico lavoro ritenuto degno di una matrona, tanto che il titolo di *lanifica*, da *lana* e *facere*, 'colei che lavora la lana', era il più grande elogio per una moglie romana, il *puer* 'il fanciullo' sfuggiva al governo della madre per passare sotto la direzione del padre che, con austera disciplina, ne curava lo sviluppo del corpo e del carattere e gli elargiva consigli di vita, di carattere pratico, politico sociale e morale, noti come *praecepta paterna* 'precetti paterni'. Scipione Emiliano era solito dire di aver imparato più dalla pratica e dagli insegnamenti familiari (*domestica praecepta*) che dallo studio delle lettere[4].

Il figlio si istruiva non solo con gli insegnamenti del padre, ma ancor più con il suo esempio, accompagnandolo nelle sue varie attività. "Era un'antica regola – dice Plinio il Giovane (*Lettere*, VIII,14, 4) – che noi imparassimo dai più anziani non solo con le orecchie (ascoltando), ma anche con gli occhi (osservando), ciò che noi stessi, poi, avremmo dovuto fare e, a nostro turno, trasmettere ai più giovani" .

Ogni generazione, quindi, s'impegnava ad emulare quella precedente e a formare a sua immagine quella successiva; così il fanciullo, muovendo i suoi primi passi nella vita, imparava a rispettare ciò che esisteva e a sforzarsi di riprodurlo, al fine di non scostarsi dal sistema di vita tradizionalmente romano[5].

Insieme con il padre, il fanciullo prendeva parte alle cerimonie religiose, ai banchetti, ai funerali, alle manifestazioni pubbliche e, se il padre era senatore, lo seguiva fin nell'interno della Curia, ove avevano luogo le sedute del Senato, per imparare il mestiere di senatore; infatti: "Un tempo a Roma i senatori avevano l'abitudine di entrare nella Curia con i figli ancora in toga pretesta"[6]. Noto è l'episodio, che vide protagonista il *puer* Papirio. Un giorno, essendo stato discusso in Senato un argomento di grande importanza ed essendone stato rimandato il seguito al giorno successivo, si era deciso che fosse mantenuto da tutti il segreto fino a che non si fosse presa una decisione. La madre di Papirio, che era stato con suo padre nella Curia, chiese al figlio di che cosa avessero trattato i senatori; il ragazzo rispose che doveva tacere e che non poteva dirglielo. La donna si fece più desiderosa di saperlo: la segretezza della cosa e la riservatezza del fanciullo la stimolarono ad indagare, e quindi insistette e si accanì a far domande. Allora il fanciullo, sotto l'incalzante pressione della madre, immaginò una bugia ingegnosa e spiritosa. Disse che si era discusso in Senato se fosse più utile allo Stato che un marito avesse due mogli o piuttosto che ogni donna avesse due mariti. All'udire ciò, la madre fu presa dal panico, uscì di casa tutta tremante a raccontare il fatto alle altre matrone romane. Il giorno dopo una folla di madri di famiglia si presentò al Senato; piangendo e supplicando chiesero di essere mogli di due mariti piuttosto che sposate in due ad un solo marito. I senatori, entrando nella Curia, si chiedevano stupiti il motivo di quella manifestazione femminile e il significato di quella richiesta. Papirio, fattosi avanti, riferì le insistenze della madre e la menzogna che le aveva raccontato. Il Senato rese omaggio alla discrezione e all'astuzia del fanciullo e decretò che, dopo tale fatto, venisse vietato ai figli di senatori accompagnare i padri nella Curia, ad eccezione del solo Papirio, cui, a titolo d'onore, fu attribuito il soprannome di Pretestato, per la sua discrezione nel tacere e nel parlare nell'età in cui si portava ancora la toga pretesta[7]. In seguito, i giovani che si preparavano a seguire la carriera politica, si collocavano alle porte della Curia ed erano spettatori delle pubbliche deliberazioni[8], finché Augusto non permise di nuovo ai figli dei senatori di entrare nella Curia[9].

Il ricordo dei padri di una volta, tutti dediti all'educazione dei figli, è presente in molte opere antiche e ne incarna l'esempio Catone il Censore, che si prese cura dell'educazione del figlio.

Plutarco, nella *Vita di Catone il Maggiore*, 20, 4-6; 9, scrive: "4. Dopo la nascita del figlio, nessun affare era tanto importante, a meno che non si trattasse di affari pubblici, che gli impedisse di assistere la moglie quando lavava o fasciava il bambino. 5. [...]. Appena il piccolo cominciò a capire, Catone lo prese con sé e gli insegnò a leggere e a scrivere, pur avendo in casa uno schiavo greco di nome Chilone, bravo insegnante di lettere, che insegnava a molti altri bambini. 6. Ma, come dichiarava egli stesso, pensava che non fosse dignitoso che il proprio bambino fosse rimproverato da uno schiavo o che costui gli tirasse le orecchie se era lento ad apprendere, né che il figlio dovesse essere grato ad uno schiavo per un beneficio così importante, come l'educazione. Perciò si trasformò in maestro di lettere, di diritto, di ginnastica, e insegnò al figlio a scagliare dardi, a combattere con armi pesanti, a cavalcare, a fare a pugni, a resistere al caldo e al freddo, ad attraversare a nuoto agevolmente le onde vorticose del Tevere [...]. 9. È così che Catone attese al nobile compito di plasmare e guidare il figlio verso l'acquisizione della virtù [...]".

L'esempio di Catone il Censore è da considerarsi di tipo straordinario, perché, anche nelle classi superiori della società, un padre che fosse in grado di dedicarsi al figlio con attenzione così totale e che fosse un maestro così altamente qualificato, costituiva non la regola, ma l'eccezione. Comunque, vi sono documenti del tempo che possono dimostrare come in sostanza il tipo di educazione impartita da Catone il Censore al figlio doveva essere abbastanza normale nelle classi più alte di Roma dei primi anni del II sec. a.C.[10]. E Plinio il Giovane (*Lettere*,VIII,14, 6) , in epoca imperiale, conferma che, secondo un'antica usanza: "Ognuno aveva per maestro il proprio padre".

In qualità di 'maestro', non solo di vita, il padre aveva il dovere di dare ai suoi figli – e anche alle figlie che non erano escluse dai primi rudimenti dell'istruzione – anche l'insegnamento primario, che consisteva nel leggere, scrivere e far di conto.

All'inizio dell'età imperiale, quando Augusto volle ripristinare gli antichi costumi repubblicani, che stavano cadendo in disuso, si fece egli stesso maestro dei suoi nipoti, insegnando loro a leggere, scrivere, a imitare la sua scrittura e persino ad usare le abbreviazioni (*notae*)[11].

Quest'antica educazione romana, affidata

interamente alla famiglia, mirava non tanto all'istruzione del fanciullo, che era elementare, essenzialmente pratica e volta all'utile, quanto a formare il suo carattere, a inculcargli uno stile di vita nel rispetto sia delle tradizioni patrie, patrimonio comune a Roma tutta, sia delle tradizioni proprie alla sua famiglia.

Importante era sviluppare nel fanciullo quelle qualità – come sentimento religioso, rispetto delle leggi, solida moralità, obbedienza assoluta, modestia e moderazione nel parlare e nella condotta, sobrietà, senso dell'economia, gusto per il lavoro e disprezzo per l'ozio e qualità fisiche ottenute con un sano esercizio –, che ne avrebbero fatto un uomo saggio, un degno padre di famiglia, un cittadino utile alla patria[12].

In questo tipo di educazione, di cui Catone il Censore è il rappresentante, non era prevista nessuna iniziazione allo studio del greco e pertanto l'uso della lingua greca, in genere, non era familiare ai Romani dell'aristocrazia dei primi secoli di Roma. Quando Postumio, nel 282 a.C., inviato come ambasciatore a Taranto, tenne ai suoi abitanti un discorso in un greco non privo di errori, questi, lungi dal prestargli attenzione, lo derisero, chiamandolo barbaro[13].

Poi la situazione anche a Roma venne modificandosi. Il contatto con la fiorente civiltà della Magna Grecia prima e poi, nel corso del II sec.a.C., con la civiltà greco-orientale, portò gli strati più alti della popolazione ad allontanarsi progressivamente dal rigido attaccamento alla tradizione che aveva caratterizzato i primi secoli e a mostrare un crescente interesse per il mondo greco e la sua cultura; di conseguenza, l'educazione romana, pur mantenendo il suo carattere prettamente privato e tradizionale, si completò con lo studio della lingua e della letteratura greca, grazie all'insegnamento dei *praeceptores* 'precettori, maestri di greco', venuti a Roma tra i numerosi schiavi greci che le conquiste procuravano all'aristocrazia romana.

L'esempio più antico di un precettore di cui abbiamo conoscenza è quello di Livio Andronico, nativo di Taranto, città della Magna Grecia, che venne a Roma nel 272 a.C., alla conclusione della guerra fra Taranto e Roma, insieme con altri prigionieri tarantini; passato in proprietà di Marco Livio Salinatore, durante la sua schiavitù fu impiegato a dar lezioni di lingua latina e di lingua greca ai figli del suo padrone e, grazie all'ottimo risultato ottenuto, da lui ottenne la libertà.

Anche Ennio, nativo di *Rudiae*, una cittadina della Calabria romana (odierna Puglia, a sud di Taranto), regione profondamente intrisa di cultura greca, venne a Roma nel 204 a.C., durante la seconda guerra punica, e qui, prima di affermarsi come autore di opere teatrali, svolse attività di precettore, insegnando sia in greco che in latino presso le famiglie più importanti. Sia Livio Andronico che Ennio sono definiti *semigraeci* 'semi-greci' o 'italo-greci'.

Ma fu soprattutto il periodo dopo la fine della terza guerra macedonica (168 a.C.) che vide affluire a Roma molti prigionieri di origine greca e molti di essi dovettero trovare impiego presso le famiglie romane come maestri di greco, contribuendo così a diffondere la conoscenza della loro lingua.

Plutarco riferisce che Lucio Emilio Paolo, il vincitore del re Perseo a Pidna (168 a.C.), attese all'istruzione dei figli – due avuti dal primo matrimonio e adottati, dopo il suo divorzio, in due diverse famiglie, divenuti noti con i nomi di Fabio Massimo Emiliano e Publio Cornelio Scipione Emiliano, e due avuti dal secondo matrimonio, morti entrambi molto giovani[14] –: "cui diede un'educazione sia nazionale e tradizionale, quale egli stesso aveva ricevuto, sia, e con molto più impegno, un'educazione greca. Pose accanto ai ragazzi non soltanto grammatici, filosofi e retori, ma anche scultori, pittori, addestratori di cavalli e di cani, maestri di caccia, tutti greci. E lui stesso, se non era trattenuto da qualche affare pubblico, assisteva sempre alle lezioni e agli esercizi"[15].

Con l'ultima frase Plutarco vuol dire che Emilio Paolo non aveva delegato l'educazione dei figli ai precettori che aveva scelto con tanta cura, fra cui lo stesso Ennio, ma controllava il loro profitto assistendo, quando poteva, alle lezioni e seguendoli nello studio. I figli più grandi erano stati con lui a Pidna e ad essi aveva dato la possibilità di scegliere i libri preferiti dalla biblioteca del vinto re Perseo[16].

Anche Cornelia, la madre dei Gracchi[17], scelse per i figli i migliori maestri greci allora disponibili e Cicerone sottolinea come Tiberio dovesse alla diligenza della madre se, sin dalla fanciullezza, fu ben istruito e introdotto alla conoscenza delle lettere greche, grazie all'insegnamento di alcuni fra i maestri greci più ricercati di quell'epoca, scelti dalla stessa Cornelia che, essendo donna di notevole cultura, poté esercitare una profonda influenza sull'educazione dei figli[18]. "Se leggiamo le lettere di Cornelia madre dei Gracchi – è sempre Cicerone che parla – appare evidente che i suoi figli sono stati educati non tanto nel suo grembo, quanto piuttosto nel suo modo di parlare"[19]; osservazione condivisa da Quintiliano, quando, nell'augurarsi che i genitori fossero il più possibile colti, scrive: "È noto, per esempio, che alla formazione retorica dei Gracchi contribuì non poco la loro madre, Cornelia, le cui lettere scritte con stile colto ed elegante, sono giunte fino ai posteri"[20].

Lo stesso Cicerone, preso dalla sua attività forense e politica, non potendo dedicarsi all'educazione del figlio Marco e del nipote Quinto, figlio del fratello, quasi coetanei – nati rispettivamente nel 65 e nel 67 a.C. –, si assicurò l'assistenza di validi precettori, fra cui Tirannione, le cui lezioni, probabilmente limitate alla grammatica e alla letteratura greca, ebbero tanto successo, che Cicerone poté scrivere al fratello: "Il tuo ottimo figlio Quinto sta ricevendo una notevole educazione, adesso che Tirannione insegna a casa mia"[21].

Anche Augusto nominò un precettore per i suoi nipoti Caio e Lucio, scegliendo il grammatico Verrio Flacco che aveva già una sua scuola; Augusto gli concesse di portare con sé i suoi alunni nel Palazzo imperiale, alla condizione che non ne aumentasse il numero[22].

Ormai il sistema d'insegnamento attraverso precettori privati di origine greca era diventato normale presso le famiglie abbienti e di prestigio, che volevano assicurare ai loro figli l'educazione più completa e la migliore formazione greca, e non mancano prove che non solo i figli, ma anche le figlie usufruivano dell'educazione superiore fornita dai precettori; infatti, le testimonianze antiche, a partire dalla fine della repubblica, citano personaggi femminili che, avendo ricevuto un'ottima educazione, si distinsero per la loro notevole cultura. Ad esempio Cornelia, la quinta moglie di Pompeo, conosceva egregiamente la letteratura, la musica, la geometria ed era abituata ad ascoltare con profitto i discorsi dei filosofi[23]; di Cecilia Attica, la figlia di Attico, il miglior amico di Cicerone, il destinatario dell'epistolario *Ad Atticum*, sappiamo che ebbe un proprio precettore, un liberto del padre[24]; di Sempronia, della casata dei *Sempronii*, che ebbe un ruolo marginale nella congiura di Catilina, è detto che era *litteris Graecis, Latinis docta* "esperta nelle lettere greche e latine"[25]; Giulia, la figlia di Augusto, nutriva un grande amore per le lettere ed aveva una vasta cultura[26].

2. Il pedagogo

Anche il *paedagogus* 'pedagogo' è di origine greca; la Grecia, infatti, conobbe la figura del pedagogo assai presto; egli era lo schiavo fidato della famiglia che aveva l'incarico di accompagnare – il termine greco παιδαγωγός ha il significato etimologico di schiavo 'accompagnatore' – il fanciullo affidatogli nei suoi spostamenti quotidiani fra casa e scuola, per proteggerlo dai pericoli, sia fisici che morali, che poteva incontrare lungo la strada; egli portava il piccolo bagaglio scolastico del padroncino o la lanterna per rischiarargli il cammino o perfino il fanciullo stesso, se stanco, come mostrano le terrecotte greche che raffigurano il pedagogo come un uomo di una certa età, di corporatura tozza e quasi sempre barbato, con accanto un bambino.

Nel tempo, il compito del pedagogo non si limitò solo a quello di semplice accompagnatore, ma a lui furono affidate la sorveglianza continua del fanciullo, la sua educazione alle buone maniere ed anche l'educazione morale, e il pedagogo, da semplice accompagnatore, divenne l'educatore del fanciullo. Inoltre, assistendo alle lezioni scolastiche insieme con lui, al ritorno a casa poteva farsi ripetere quanto imparato a scuola a memoria, aiutandolo quindi a 'fare i compiti'.

Roma conobbe la figura 'greca' del pedagogo quando venne a contatto con la fiorente cultura della Magna Grecia prima, e poi, nel corso del II sec. a.C., con il diffondersi della cultura greco-orientale (vedi sopra); fra i numerosi schiavi greci venuti a Roma in seguito alle conquiste in Oriente, molti di essi dovettero trovare impiego non solo come precettori, ma anche come pedagoghi presso le famiglie dell'aristocrazia romana.

A Roma, però, era già conosciuta la figura dello schiavo, di solito nato in casa, che accompagnava il piccolo padrone a scuola, detto *pedísequus* 'accompagnatore', o *capsarius*, se portava la *capsa*, ossia l'astuccio che conteneva i rotoli di papiro (§ 9), oppure *comes* 'compagno, accompagnatore', e *custos* 'custode, guardiano'. Con la venuta dei pedagoghi greci, il termine greco *paedagogus* – che le commedie di Plauto avevano già reso familiare alle orecchie dei Romani, essendo il pedagogo un personaggio presente in esse, pur se messo in ridicolo, perché impotente a dominare il suo protetto – si impose sui termini latini.

Anche a Roma, i fanciulli, e anche le fanciulle, delle famiglie benestanti, appena compivano i 7 anni ed entravano in età scolare, cominciavano ad avere un pedagogo, incaricato di accompagnarli a scuola, alle terme e dovunque essi dovessero andare.

Un personaggio di Petronio (*Satyricon*, 94)

esclama: "Io sarò tuo pedagogo e custode, ti seguirò ovunque, anche senza tuo ordine".

A scuola il pedagogo assisteva alle lezioni, vigilava sulla condotta e sull'apprendimento del giovane scolaro e a casa studiava con lui, controllandone i compiti; sua era infatti la responsabilità del successo degli studi del suo protetto.

Oltre ad accompagnare il fanciullo in tutti i suoi spostamenti quotidiani, il pedagogo doveva assolvere anche il compito, affidatogli dai genitori, di insegnargli l'educazione e le buone maniere tradizionali da osservare in casa e fuori, contribuendo così, con il contatto quotidiano, possibilmente con l'esempio, con gli insegnamenti ed una vigile sorveglianza, all'educazione soprattutto morale del fanciullo. "Il pedagogo – dice Varrone – forma il fanciullo, il maestro l'istruisce"[27].

Per rivestire il delicato compito di educatore, si cercava con molta attenzione di scegliere lo schiavo più adatto, che fosse in possesso di qualità morali, perché poteva influire sul fanciullo nel bene o nel male; si richiedeva anche che parlasse correttamente il greco, perché era attraverso di lui che il fanciullo iniziava a capire e a parlare greco; se il pedagogo era anche istruito, era un merito in più.

A volte il pedagogo, per farsi obbedire e farsi rispettare, ricorreva a rimproveri e a punizioni corporali, soprattutto se il fanciullo mal sopportava il suo controllo, che a volte poteva essere assillante; Marziale (*Epigrammi*, X, 62, 10), infatti, definisce la *ferula*, la 'bacchetta' (§ 10), lo 'scettro dei pedagoghi', che non rimaneva certo inattivo nelle loro mani. Ma il pedagogo non poteva abusare eccessivamente del diritto di picchiare il ragazzo; i genitori non avrebbero visto di buon occhio che il ricorrere alle punizioni diventasse un'abitudine, e colui che le subiva, un giorno o l'altro, poteva esercitare terribili rappresaglie.

Ma al di là degli atteggiamenti severi, dei rimproveri e delle punizioni, che caratterizzarono il pedagogo come una persona dall'espressione truce che incuteva terrore – e Svetonio (*Nerone*, 37,1) racconta che Nerone condannò a morte un tale, perché aveva l'espressione tetra di un pedagogo – spesso fra protettore e protetto si sviluppava un rapporto davvero affettuoso e personale, che non si interrompeva bruscamente quando il ragazzo, indossata la toga virile, si liberava sia del tutore che del pedagogo.

Così non avvenne per il giovane Claudio, futuro imperatore, che travagliato durante quasi tutto il periodo della puerizia e dell'adolescenza da varie malattie, che lo lasciarono indebolito nell'animo e nel corpo, anche dopo aver indossato la toga virile, fu lasciato sotto la guida di un pedagogo, un sovrintendente alle stalle, una persona di basso rango, assolutamente non adatto per svolgere il compito di educatore; lo stesso Claudio si lamentava che fosse stato messo a bella posta al suo fianco perché, per il più banale motivo, lo punisse con la maggior crudeltà possibile[28].

Ma le fonti attestano che in genere i pedagoghi meritarono la fiducia che i genitori riponevano in loro, salvo rari casi, come quello narrato da Valerio Massimo (*Fatti e detti memorabili*, VI, 1, 3), in cui un cavaliere romano, venuto a sapere che sua figlia era stata sedotta dal pedagogo, non solo mise a morte l'indegno schiavo, ma uccise anche la figlia.

Di contro, la dedizione del pedagogo al suo protetto poteva spingersi fino al sacrificio della propria vita. Durante le proscrizioni[29] del tempo di Silla, come quelle che seguirono all'uccisione di Giulio Cesare, anche i figli dei proscritti potevano essere uccisi. Uno di questi si stava recando a scuola con il suo pedagogo, quando fu improvvisamente attaccato; il pedagogo circondò con le sue braccia il bambino, tenendolo stretto a sé e così furono uccisi tutti e due insieme[30].

Alla fine della loro missione, i pedagoghi ricevevano di solito, come prezzo del loro lungo servizio, la libertà; lo attestano le iscrizioni poste sulle loro tombe, che ne parlano come di uomini affrancati e i loro nomi rivelano che erano quasi tutti di origine greca. Anche dopo esser diventati uomini liberi, abitualmente rimanevano nella stessa casa dove erano vissuti e, quando morivano, ad occuparsi della loro sepoltura erano spesso gli stessi di cui si erano presi cura che, negli epitaffi, li ricordano con affetto e ne testimoniano la lealtà e la devozione. Augusto, quando morì il suo vecchio pedagogo Sfero, cui aveva donato la libertà, gli fece un funerale a spese pubbliche[31], un grande onore per un ex-schiavo.

3. L'insegnamento elementare: il *ludi magister*

Se i bambini appartenenti alle classi sociali più elevate ricevevano l'istruzione elementare nell'ambito della famiglia, imparando a leggere, scrivere e far di conto, i bambini meno fortunati, i cui padri non riuscivano ad assolvere il loro compito educativo o che appartenevano a ceti meno abbienti o inferiori, frequentavano la scuola pubblica dovuta esclusivamente all'iniziativa privata. Infatti, mentre in Grecia si riteneva che spettasse in primo luogo al legislatore di occuparsi dell'educazione dei giovani[32], a Roma lo stato non intervenne mai nel campo dell'educazione delle giovani generazioni.

Secondo la notizia data da Plutarco (*Questioni romane*, 59), il primo ad aprire a Roma una scuola a pagamento fu Spurio Carvilio, liberto di Spurio Carvilio Ruga, console nel 234 a.C.; di contro lo storico Livio (*Storia di Roma*, III, 44, 6), nel narrare il tragico episodio di Virginia[33], dice che la fanciulla fu fermata dal cliente di Appio Claudio mentre stava camminando nel Foro Romano per raggiungere la sua scuola lì ubicata. All'esistenza di scuole elementari nei pressi del Foro Romano accenna anche lo storico greco Dionigi d'Alicarnasso, quando riferisce che Appio Claudio vide per la prima volta Virginia mentre leggeva a scuola, situata nei pressi della piazza pubblica[34]. L'episodio è datato alla metà del V sec.a.C. (450-449 a.C.), epoca in cui sarebbe già ammessa la presenza a Roma di scuole elementari. Livio (*ivi*, VI, 25, 9), inoltre, riferisce che quando Mario Furio Camillo, nel 381 a.C., entrò a Tusculo (odierna Frascati), in seguito a false voci di una sua ribellione, trovò tutti tranquillamente intenti ai loro lavori e: "le scuole elementari risuonanti delle voci degli alunni"; ma le notizie dei due storici non sono ritenute attendibili da tutti gli studiosi.

Nei primi tempi la scuola pubblica era solo elementare e per indicarla si usavano il termine *ludus* o le espressioni *ludus litterarius* o *ludus litterarum* 'scuola dell'alfabeto'.

Il termine *ludus* indica il 'gioco' e secondo gli antichi fu scelto questo termine per indicare la scuola, per timore che una parola meno allettante potesse scoraggiare i bambini dal frequentarla, oppure per contrasto, perché, pur indicando *ludus* il gioco, nella scuola, anch'essa detta *ludus*, non si giocava affatto[35]. Una diversa spiegazione è data dai moderni: poiché l'esercizio di addestramento delle giovani reclute era detto *ludus* 'gioco' e *ludus* era detto il luogo riservato a questo esercizio, ossia il campo d'allenamento; poichè *ludus gladatorius* era detto il luogo dove si esercitavano i gladiatori e così via, *ludus litterarius* fu detto il luogo dove si apprendeva l'alfabeto, ossia le basi dell'istruzione[36].

Il maestro elementare, il *ludi magister* o *litterarius magister* o *primus magister*, detto anche *litterator* dal greco γραμματιστής 'colui che insegna le lettere', insegnava la lettura, la scrittura e i primi elementi del calcolo a ragazzi e ragazze dai 7 agli 11-12 anni, che ricevevano l'istruzione tutti insieme senza distinzione di età o di sesso. Il maestro, quindi, doveva occuparsi, nello stesso tempo, di principianti, di alunni che frequentavano già da un certo tempo e altri che si trovavano nelle fasi conclusive; di solito gli allievi più piccoli, i *pusilli*, venivano affidati ad un allievo più grande che ripeteva loro le lettere dell'alfabeto e le sillabe.

Secondo il programma della scuola elementare, alquanto limitato, gli alunni dovevano imparare a riconoscere ciascuna lettera dell'alfabeto latino dalla sua forma e indicarla con il suo nome; poi imparavano a cantilenarle nella loro corretta successione alfabetica e a individuare ogni lettera, quando esse venivano mescolate alla rinfusa. "A me non piace affatto – dice Quintiliano (*Istituzione oratoria*, I, 1, 24) – il sistema, che pure parecchi usano, di far imparare ai bambini nomi e posizione delle lettere alfabetiche prima della loro forma"; Quintiliano si riferisce al metodo, purtroppo seguito da molti maestri, e che lui condanna, di far imparare prima i nomi delle lettere in ordine alfabetico, in una specie di cantilena, e poi mostrane le forme.

Molto utile era l'uso di lettere ritagliate in avorio o, meno costose, in legno di bosso, giocando con le quali i ragazzi apprendevano l'alfabeto[37].

Il maestro insegnava poi a scrivere le lettere, ricorrendo al metodo di tracciare leggermente la forma di ciascuna lettera sulle tavolette cerate (§ 9) dei singoli alunni, in modo che ognuno le ricalcasse con lo stilo (§ 9) per renderle più marcate; altro metodo era quello di incidere profondamente le lettere su una tavoletta di legno, in modo che lo stilo dell'allievo non potesse andare oltre il solco tracciato; questo metodo serviva a far acquistare all'allievo il giusto movimento della mano per scrivere le singole lettere. Era naturale che l'allievo all'inizio trovasse difficoltà nel tenere lo stilo e nel seguire bene i segni delle lettere e il maestro era solito stringere con la sua mano quella dell'allievo per guidarla[38].

Quando gli allievi, dopo ripetuti esercizi, erano in grado di scrivere da soli le singole lettere, prima in stampatello e poi in corsivo, con l'aiuto delle linee di guida – tracciate sulla tavoletta, come nei quaderni delle scuole elementari moderni - si passava alla formazione delle sillabe, associando ogni singola consonante con ogni singola vocale e poi aggiungendo un'ulteriore consonante per formare una sillaba di tre lettere. Dopo che le sillabe, in tutte le loro combinazioni, consonanti-vocali, erano state scritte, pronunciate e imparate, si passava alle parole vere e proprie, scegliendo all'inizio quelle monosillabiche, alcune molto rare o terminanti con la x, in modo che l'allievo si esercitasse nella pronuncia di suoni che poteva risultare difficile.

Anche nell'antichità vi erano dei ragazzi che incontravano difficoltà a pronunciare la lettera R, cui davano il suono di L o di S[39]. In particolare i maestri greci, per migliorare la pronuncia degli allievi, facevano loro recitare alla svelta degli scioglilingua, formati da parole, alcune arcaiche, poste una di seguito all'altra, di difficile pronuncia.

I programmi di insegnamento della scuola elementare ci sono noti grazie al ritrovamento di numerosi papiri provenienti in gran parte dall'Egitto e contenenti esercizi scolastici; il più interessante è senz'altro un papiro egiziano del III sec.a.C., denominato Guéraud-Jouguet dal nome degli studiosi che per primi lo hanno pubblicato[40], che contiene un manuale compilato ad uso dei maestri elementari e che, anche se non completo, ci dà un quadro chiaro del graduale processo di apprendimento. Non mancano poi tavolette che recano esercizi scolastici.

Dalle parole monosillabiche si passava alle parole di due, tre e più sillabe, prima i nomi propri, poi quelli comuni, che gli alunni trascrivevano sulle loro tavolette. Importante era poi che l'alunno arricchisse il suo vocabolario, perché, come annota Varrone (*La lingua latina*, IX, 15): "i genitori mandano a scuola i loro figli per imparare come si scrivono le parole che non conoscono".

Nelle classificazioni della tarda antichità gli alunni, a seconda del livello raggiunto, erano distinti nelle categorie degli *abecedarii*, dei *syllabarii* e dei *nominarii*: i primi conoscevano l'alfabeto, i secondi le sillabe, i terzi anche i nomi.

Quando gli alunni avevano imparato a scrivere e a leggere le singole parole separate, si passava alla lettura di brevi frasi e successivamente di brevi brani, inizialmente in poesia.

La lettura presentava una notevole difficoltà, perché, nell'antichità, non si usavano spaziature e segni di interpunzione, per cui le parole venivano scritte una di seguito all'altra (*scriptio continua*); l'alunno doveva riuscire, esercitandosi a lungo, a distinguere dove una parola finiva e cominciava quella successiva.

Alla scrittura e alla lettura era associata la recitazione, in quanto l'allievo imparava a memoria i brevi testi su cui si era esercitato. Cicerone (*Le leggi*, II, 23, 59) ricorda di essere stato uno degli ultimi ragazzi a dover imparare a memoria e a recitare, secondo l'antica tradizione, le leggi delle XII Tavole, che ormai nessuno studiava più.

Di norma i brani proposti come esercizi di scrittura, lettura e recitazione non contenevano argomenti futili, ma in qualche modo esortazioni alla virtù, in quanto si sceglievano massime o detti di uomini illustri o precetti particolari con riflessioni sulla vita umana. Nelle scuole greche le massime in versi erano tratte soprattutto da Euripide e da Menandro, di cui esistevano delle raccolte[41]; nelle scuole latine molto usati erano versi di Ennio, come: "Il vero amico si conosce nel bisogno"; "Chi persegue il male si procura una cattiva reputazione, chi cerca il bene ottiene la gloria" etc. Cicerone (*I doveri*, I, 29, 104) accenna ad una raccolta di detti sapienti ed arguti chiamati anche *dicta*, attribuiti a personaggi celebri dell'antichità, messi insieme da Catone il Censore nella sua vecchiaia ed usati di certo dai maestri elementari. Anche le favole di Esopo offrivano materiale da cui trarre massime e sentenze.

"Se entrerai in una scuola – dice Seneca (*Lettere a Lucilio*, 94, 9) – ti accorgerai che queste massime, che i filosofi espongono con aria severa, si trovano già nei modelli che si fanno copiare ai ragazzi". Seneca, con l'ultima frase, allude al metodo usato nelle scuole greche, secondo cui il maestro scriveva in bella copia nella parte alta della tavoletta cerata dell'alunno la massima come modello, ciò che i Latini dicevano *praescriptum* 'modello di scrittura da copiare', massima che poi l'allievo doveva ricopiare più volte, entro linee tracciate precedentemente, perché fosse scritta bene e senza errori; il maestro, infatti, badava molto alla calligrafia, ossia che la scrittura fosse bene eseguita, e all'ortografia, ossia al modo corretto di scrivere.

Nella tavoletta cerata conservata nel British Museum a Londra, Fig. 17, il maestro di greco ha scritto in bella copia, sulle prime due righe, due versi, che sono due massime, la prima e forse anche la seconda appartenenti a Menandro; l'alunno, nella parte inferiore della tavoletta, entro righe parallele già tracciate, ha ricopiato due volte i due versi, omettendo il *sigma* iniziale del primo verso; le massime dicono: "Accetta il consiglio di un uomo saggio"; "Non riporre a caso la tua fiducia in tutti i tuoi amici". In alcuni esempi di esercizi provenienti da scuole greche, il maestro, non soddisfatto della scrittura dell'allievo, alla fine ha aggiunto: "Sii diligente", o "Sii diligente quando scrivi". Su una tavoletta di legno imbiancata dei Musei Statali di Berlino si legge la frase scritta dal maestro:"Sii diligente,

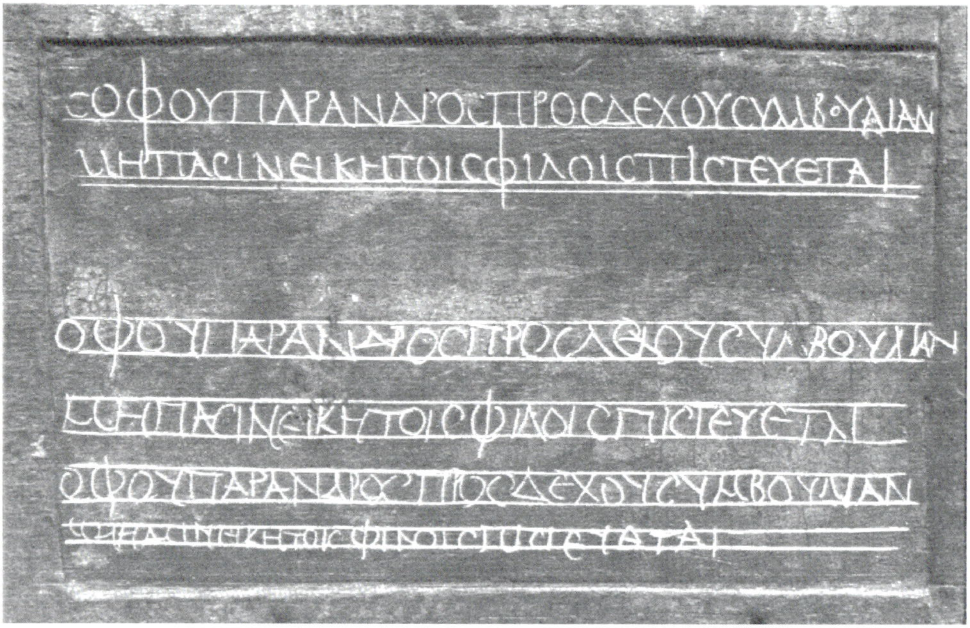

Fig. 17. Tavoletta cerata con esercizio di scrittura. Londra, British Museum (da *Vita e costumi dei Romani antichi*, 10, p. 54, Fig. 41).

fanciullo, se non vuoi essere battuto", frase ricopiata quattro volte, come punizione o ammonimento, dall'alunno.

Anche la dettatura era in uso nella scuola elementare, ma con i principianti si potevano verificare degli inconvenienti: se l'alunno non riusciva a capire bene una parola o non sapeva come si dovesse scrivere o la pronuncia del maestro non era stata molto chiara, gli accadeva di commettere errori di ortografia che a volte, per scarsa diligenza del maestro, non venivano corretti. E proprio questi errori riscontrati sui papiri fanno capire agli esperti di papirologia che si trovano di fronte a esercizi scolastici.

Un metodo importato dalla Grecia per l'apprendimento a memoria di un brano, che eliminava lo stadio della copiatura, della lettura e della dettatura, consisteva nel far apprendere all'alunno il brano direttamente dalla viva voce del maestro, che aveva cura di pronunciare le parole una per volta, in modo che l'alunno le imparasse a memoria; tale metodo era detto in greco ἀποστοματίζειν 'ripetere a memoria'.

Con la diffusione della lingua greca a Roma, gli allievi imparavano anche l'alfabeto greco e le parole greche.

Oltre a leggere e a scrivere, i ragazzi apprendevano le prime nozioni di aritmetica; studiavano i numeri - per indicarne alcuni si usavano lettere dell'alfabeto: I = 1; V = 5; X = 10; L = 50; C = 100; D = 500; M = 1.000; altri numeri venivano formati usando il metodo cumulativo, che consisteva nell'accostare lettere uguali: II = 2; III = 3; IIII = 4; oppure il metodo additivo, in cui le lettere venivano assommate: VI = 6; XI = 11; XVII = 17 etc.; o il metodo sottrattivo, in cui le lettere venivano sottratte: IX = 9; XIX = 19; XL = 40 etc. –; imparavano poi a contare usando le loro dita - in quanto con la posizione delle dita, alzate o piegate, si indicavano i numeri – ed anche usando i *calculi* 'i sassolini". La Tavola pitagorica veniva appresa a memoria e recitata come una cantilena e S. Agostino (*Confessioni*, I, 13, 22) ricorda ancora l'odiosa cantilena (*odiosa cantio*) di: "uno più uno, due; due più due, quattro". Successivamente il maestro insegnava le quattro operazioni: addizione e sottrazione, moltiplicazione e divisione, e l'uso dell'*abacus*, che serviva a facilitare i calcoli. Indispensabile era la conoscenza delle frazioni per contare le monete, che erano suddivise con il sistema duodecimale.

Per quanto riguarda l'*abacus*, il suo aspetto ci è noto, perché riprodotto nella scultura di un sarcofago di marmo, del I sec.d.C., Fig. 18, in cui a sinistra si vede uno schiavo contabile che fa i conti su un abaco retto con la sinistra; si tratta di una tavoletta di legno rettangolare, con i bordi rilevati, al cui interno venivano fatti scorrere dieci sassolini (*calculi*), piatti e arrotondati, disposti su due file, cui erano attribuiti dei valori; essi venivano aggiunti o sottratti a seconda delle operazioni richieste. Un altro tipo di *abacus*, di cui esistono alcuni esemplari, è detto 'a pallottoliere', in bronzo e abbastanza piccolo da poter essere contenuto nel palmo della mano, Fig. 19; si faceva funzionare spostando le palline in una serie di scanalature[42].

I calcoli più complessi con l'*abacus* erano insegnati da un maestro detto *calculator*. Un altro maestro, il *notarius*, insegnava un modo di scrivere rapido per mezzo di segni convenzionali e abbreviature (*notae*).

Molti ragazzi, soprattutto le ragazze, che frequentavano la scuola pubblica, completavano i loro studi con l'istruzione elementare; se appartenevano a modeste famiglie, erano ritenuti sufficientemente istruiti se sapevano leggere, scrivere e fare i calcoli, quanto bastava nella vita quotidiana e nelle varie attività; in particolare, nell'esercito, i giovani che sapevano leggere, scrivere e avevano un po' di confidenza con l'aritmetica, venivano scelti per gli uffici amministrativi della legione[43].

Un personaggio di Petronio (*Satyricon*, 58, 7) confessa : "Io non ho mica studiato la geometria, la letteratura e altre idiote corbellerie, ma so leggere le lettere maiuscole e so dividere per cento i pesi e le diverse monete"; lui, uno del popolo, e come lui tanti altri, aveva frequentato solo la scuola del *ludi magister*.

4. L'insegnamento secondario : il *grammaticus*

L'istruzione secondaria veniva impartita ai ragazzi di età compresa fra i 12 e i 14 anni da un maestro detto *grammaticus*, dal greco γραμματιχός, appellativo che si sarebbe imposto su quello iniziale di *litteratus* 'uomo di lettere' 'uomo erudito'; purtroppo non sappiamo verso quale epoca si sarebbe verificato questo cambiamento di denominazione, per cui si ritiene probabile che, fino all'inizio del I sec. a.C., i grammatici furono chiamati *litterati* e che poi la parola greca latinizzata abbia prevalso[44].

Il *grammaticus* è per eccellenza colui che studia i poeti; è il loro interprete[45]; la materia che insegna, la *grammatica*, dal greco γραμματική, in latino *litteratura*[46], è innanzi tutto lo studio dei testi, poetici in particolare; essa comprende però anche lo studio del linguaggio, la *recte loquendi scientia* , la 'scienza del parlare correttamente', cioè la grammatica in

Fig. 18. Particolare di un bassorilievo di un monumento funebre romano, in cui è rappresentato uno schiavo con abaco, I sec. d.C. Roma, Musei Capitolini e Museo della Civiltà Romana (da *Vita e costumi ei Romani antichi*, 10, p, 57, Fig. 45).

senso moderno, che costituiva il corso preliminare dell'insegnamento di grammatica, come afferma Quintiliano (*Istituzione oratoria*, I, 4, 1-2): " Chi avrà già imparato a scrivere e a leggere, dovrà, subito dopo, passare alla grammatica. E non importa, se io parli della greca o della latina, anche se si conviene di cominciare dalla greca: per l'una e per l'altra il metodo è uguale. Questa disciplina, dunque, pur se viene semplicemente divisa in due parti: scienza del parlare correttamente e commento dei testi poetici, comprende nel fondo più di quanto prometta in superficie". Quintiliano parla di grammatica greca e di grammatica latina; infatti, se sotto la repubblica sembra che di norma lo stesso *grammaticus* insegnasse sia il greco che il latino, poi gradatamente si venne ad una separazione dei due insegnamenti e i grammatici, secondo le loro competenze, si distinsero in *grammatici Graeci* e *grammatici Latini*[47] cui spettava il titolo di *professores*[48]; i due insegnamenti erano esattamente equivalenti e i ragazzi doveva seguire sia l'uno che l'altro.

Il corso preliminare di grammatica, fondamentale sia per il greco che per il latino, che preparava alla lettura successiva dei poeti, si occupava della fonologia, ossia della classificazione delle lettere dell'alfabeto, divise in vocali e consonanti; le prime, per la durata della loro pronuncia, distinte in brevi e lunghe; le seconde in mute (b c d g h k p q t), che noi chiamiamo esplosive o momentanee, e in semivo-

Fig. 19. Abaco 'a pallottoliere' in bronzo. Roma, Museo Nazionale Romano.

cali (f l m n r s x z), che noi chiamiamo continue o spirate[49].

Allo studio delle lettere seguiva quello delle sillabe, in quanto per la lettura metrica con la scansione dei versi era necessario stabilire la corretta quantità delle singole sillabe, brevi o lunghe (prosodia): "Anche i ragazzi – dice Quintiliano (*Istituzione oratoria*, IX, 4, 47) – sanno che una sillaba lunga è di due tempi, la breve di uno".

Si procedeva poi allo studio della morfologia, cioè allo studio delle parti del discorso che, nell' *Ars grammatica* di Remmio Palemone, del II sec. d.C., sono otto: nome, pronome, verbo, participio, avverbio, congiunzione, preposizione, interiezione; non compaiono l'articolo, poiché il latino non ha articolo, e l'aggettivo, che non fu mai considerato nell'antichità un elemento a sé, ma classificato come una forma del sostantivo[50].

Successivamente si passava alla declinazione dei nomi e degli aggettivi, dei pronomi e alla coniugazione dei verbi: "I ragazzi – avverte Quintiliano, (*Istituzione oratoria*, I, 4, 22) – imparino in primo luogo a declinare i nomi e a coniugare i verbi, perché altrimenti sarà loro impossibile arrivare a capire il resto".

Nella seconda parte del corso preliminare il grammatico si occupava della correttezza della lingua sia parlata che scritta, la *recte loquendi scientia* di Quintiliano, poiché si riteneva di grande importanza che il ragazzo imparasse a parlare senza difetti la propria lingua.

Oggetto di studio erano anche la dizione e la costruzione grammaticale, come pure la pronuncia e l'ortografia, di cui il maestro doveva indicare tutti i vari tipi di errori.

Terminato questo insegnamento 'tecnico' della grammatica, il cui scopo era quello di far acquisire ai ragazzi la proprietà del linguaggio, si passava al vero centro d'interesse dell'insegnamento del grammatico, che consisteva non solo nella lettura ad alta voce e nell'apprendimento a memoria di testi poetici, ma nel loro commento dettagliato.

Interessante è la confessione di S. Agostino (*Confessioni*, I, 13, 20), che scoprì di amare il latino, quando venne a contatto con gli autori: "Mi ero appassionato al latino, non già quello che insegnavano i maestri elementari, bensì quello dei cosiddetti grammatici, perché le prime nozioni, con cui si impara a leggere, scrivere e contare, mi procuravano noia e pena non minori di quelle che mi procurò l'intero studio del greco".

Nel corso di grammatica venivano letti i poeti maggiori, ed il primo che veniva proposto allo studio dei ragazzi, sia che il grammatico insegnasse latino e greco, o solo il greco, era Omero, divenuto una lettura di base nelle scuole.

Orazio (*Lettere*, II, 14, 2), alludendo ai suoi primi anni di studio compiuti a Roma, afferma di aver appreso: "quanto danno cagionò ai Greci l'ira di Achille", e S. Agostino (*Confessioni*, I, 14, 23) che odiava il greco senza saperne la ragione, confessa che Omero: "per me fanciullo era amaro", quando era costretto a studiarlo.

I grammatici latini facevano studiare l'Odissea omerica nella traduzione latina, l'*Odussia* di Livio Andronico che, benché fosse un'opera di scarso valore letterario, rimase in uso nelle scuole romane fino ai tempi di Orazio, quando ormai era un'opera decisamente arcaica e difficilmente comprensibile; Orazio stesso (*Lettere*, II, 1, 72-73), che l'aveva studiata sotto la *ferula* dell'iroso Orbelio, si meraviglia come potesse sembrare: "corretta e bella e poco lontano dalla perfezione".

Fu soltanto al tempo di Augusto che s'introdusse nelle scuole lo studio di Virgilio[51]; l'Eneide virgiliana, che reggeva il confronto con l'Iliade omerica, anzi, per Properzio (*Elegie*, II, 34, 66) era: "qualcosa più grande dell'Iliade", divenne il testo scolastico latino fondamentale, e tale rimase attraverso i secoli. Ovidio (*Tristezze*, II, 533-536) precisa che nessuna parte dell'intero poema era più letta della storia d'amore fra Didone ed Enea. Con Virgilio penetrarono nella scuola altri poeti moderni, fra cui certamente Orazio, ma anche gli elegiaci come Tibullo, Properzio, Ovidio. Lo studio dei prosatori, storici e oratori, per principio non era di competenza dei grammatici, ma dei retori[52], anche se il confine fra i due insegnamenti era, come vedremo, alquanto fluttuante. Fra gli storici letti e studiati nelle scuole di retorica c'erano Livio e Sallustio, quest'ultimo messo al primo posto; fra gli oratori naturalmente Cicerone[53].

Il poeta Ausonio, egli stesso professore di grammatica e poi di retorica, menziona, fra gli autori che si leggevano nella scuola del grammatico, l'Iliade omerica e il poeta Menandro per il corso di greco, Virgilio, Terenzio, Orazio per il corso di latino[54].

Già durante l'istruzione elementare gli alunni venivano iniziati alla conoscenza di alcuni dei poeti greci e latini, copiando e imparando a memoria passi scelti facili e di limitata estensione; ora, con la guida del grammatico, ne cominciavano lo studio dettagliato.

Si iniziava con la lettura a voce alta di un testo poetico - esercizio che presentava difficoltà, sia in greco che in latino, a causa dell'assenza regolare della punteggiatura e della separazione delle parole -, lettura che doveva essere eseguita correttamente, con intelligenza, con espressione. Per questo il grammatico leggeva lui per primo e la sua lettura, detta *praelectio* 'lettura preliminare', dava l'esempio di come si dovesse leggere, definendo accentuazioni, punteggiature, pause. In una epigrafe funeraria (*CIL*, VI, 9447) si legge: "Sono stato grammatico e lettore, ma lettore di quelli che sapevano leggere davvero a tono".

Dopo la *praelectio*, ogni singolo allievo si recava presso il grammatico e, sotto la sua sorveglianza, leggeva a sua volta; se la classe era numerosa, il maestro sceglieva un allievo che leggeva per tutta la classe e gli altri, in silenzio, ascoltavano e traevano profitto dalle osservazioni del maestro sulla lettura del loro compagno[55].

Il commento (*enarratio*) del testo preso in considerazione talvolta seguiva immediatamente la lettura, talvolta si associava ad essa per facilitarne la comprensione; comunque, prima di iniziare lo studio di un brano di un poema, il grammatico dava notizie riguardanti l'opera, la vita del poeta, un riassunto dell'opera stessa e un racconto dei fatti precedenti a quelli narrati nel brano scelto. Seguiva poi il commento, che verteva sia sulla forma, da un punto di vista della grammatica e dello stile, sia sul contenuto, che veniva analizzato minuziosamente, talvolta in modo pedantesco ed esasperante.

Il commento richiedeva notizie che andavano dalla metrica alla filosofia, alla musica, all'astronomia. "L'insegnamento della grammatica – dice Quintiliano (*Istituzione oratoria*, I, 4, 4) – non può essere completo senza la musica, dal momento che il maestro deve informare sui metri e sui ritmi, e se ignora l'astronomia, non potrà comprendere i poeti, i quali, per non dire altro, indicano così sovente i tempi riferendosi al sorgere e al calare degli astri, e non può ignorare la filosofia"; infatti, alcuni testi greci e latini per essere compresi richiedevano una buona informazione filosofica.

Nel commentare i testi poetici, il grammatico doveva dare anche notizie di geografia e di *historia* 'storia', termine che veniva usato sia per fatti reali, sia, come accadeva più spesso, per leggende e miti; la mitologia, infatti, aveva un posto privilegiato nell'insegnamento del grammatico, perché gli dei intervenivano nei racconti poetici e spesso rivestivano un ruolo primario ed era necessario far conoscere i loro nomi, le loro genealogie, le loro leggende.

La fase successiva alla lettura e al commento del testo studiato era il suo apprendimento a memoria, perché apprendere a memoria serviva ad arricchire e a rafforzare la memoria stessa.

Il grammatico, nella scelta dei brani da leggere e commentare, doveva tener presente: "di far imparare ai fanciulli, nella cui tenera mente ancora inesperta e ignara di tutto, si imprimerà quanto verrà dall'esterno, non solo ciò che è detto bene, ma ancor più ciò che è onesto"[56]. La scelta andava fatta non solo fra autore e autore, ma anche fra le diverse parti di una stessa opera, evitando i passi licenziosi e quelli che si proverebbe disagio a spiegare dinanzi ai ragazzi, ai quali: "sarà meglio commentare ciò che più ne nutre l'ingegno ed irrobustisce l'animo"[57], ossia si dovevano preferire le letture rivolte a fornire esempi di moralità e di serietà, evitando quelle che potevano creare confusione nelle giovani menti non ancora in grado di valutare il bene e il male. Marziale (*Epigrammi*, I, 35,1-3), ad esempio, riconosce di scrivere dei: "versi poco castigati che il maestro non può leggere a scuola".

Se è ampiamente attestato che la scuola del *ludi magister* era frequentata da ragazzi e ragazze, sulla frequenza della scuola del grammatico da parte delle ragazze c'è diversità d'opinione; pur riconoscendo che le ragazze, almeno quelle appartenenti a famiglie abbienti, ricevevano pressappoco la stessa educazione dei ragazzi della loro età; che conoscevano il greco e il latino come i loro coetanei[58]; che leggevano gli stessi autori e particolarmente amato era Menandro: "letto da ragazzi e ragazze"[59], c'è chi sostiene che le ragazze ricevessero l'istruzione grammaticale da un precettore privato in casa, soprattutto se a quell'età erano già sposate; altri, invece, ritengono che le ragazze frequentassero, insieme con i ragazzi, la scuola del grammatico, basandosi essenzialmente sulla testimonianza di Marziale (*Epigrammi*, III, 69, 7-8), che si congratula con un suo collega, i cui versi: "venerandi e puri, meritano di esser letti da fanciulli e fanciulle".

5. L'insegnamento superiore: il *rhetor*, detto più raramente *orator*

I primi retori a Roma erano esclusivamente greci e il loro insegnamento era rivolto ad un'élite colta e benestante. Non ci sono prove che già nel II sec. a.C. il loro insegnamento fosse organizzato in scuole; di sicuro Tiberio e Caio Gracco intrapresero gli studi retorici sotto la guida di un retore privato[60].

Nel 161 a.C. un decreto del senato bandì da Roma retori e filosofi greci[61]; evidentemente la loro influenza era già così sviluppata da essere motivo di preoccupazione per la classe dominante circa gli effetti che il loro insegnamento poteva produrre; i Romani, conservatori e concreti al massimo, guardavano con sospetto questi greci così facondi e padroni della parola e temevano che la loro cultura potesse corrompere gli austeri costumi degli avi, di cui andavano fieri, perché grazie alla loro avìta austerità erano ormai diventati padroni del mondo.

Di Catone il Censore si narra che, dopo aver ascoltato il filosofo greco Carneade – venuto a Roma nel 155 a.C., insieme con altri filosofi come ambasciatori degli Ateniesi –, che in sua presenza parlò contro la giustizia con efficacia non minore di quella impiegata il giorno prima per difenderla, espresse il parere che gli ambasciatori ateniesi si dovessero mandar via quanto prima, perché quando Carneade argomentava, non si riusciva a capire dove stesse la verità[62]. I giovani romani erano accorsi in massa ad ascoltare i filosofi greci che, con la parola, sapevano incantare e soggiogare chiunque, e come riferisce poi Cicerone (*Dell'oratore*, I, 14), essi: "dopo aver ascoltato gli oratori greci, conosciute le loro opere... furono infiammati da un incredibile ardore per l'arte del dire".

Nel 92 a.C. ci fu un nuovo intervento contro i retori, il che attesta che il primo intervento non aveva avuto effetto; non soltanto retori e filosofi greci avevano continuato il loro insegnamento, ma erano apparsi anche retori latini, anch'essi aventi diritto al titolo di *professores*[63]. Il primo di essi, menzionato dalla tradizione, fu Lucio Plozio Gallo[64] che, intorno al 94 a.C., aprì una scuola in cui l'insegnamento della retorica era impartito in lingua latina e tutti accorrevano ad ascoltarlo; lo stesso Cicerone, allora *puer*, avrebbe voluto fare lo stesso, ma fu dissuaso da *doctissimi viri* – fra cui senz'altro Lucio Licinio Crasso, uno dei suoi maestri -, che giudicavano che: "le esercitazioni dei retori greci fossero in grado di sviluppare meglio il talento"[65]. Evidentemente Plozio non fu l'unico ad aprire una scuola latina di retorica; con lui e dopo di lui altri maestri si definirono 'retori latini'.

Contro di essi, nel 92 a.C., fu emesso un editto dai censori Gneo Domizio Enobarbo e Lucio Licinio Crasso, che chiuse le scuole latine di retorica con le seguenti motivazioni: "Ci è stato riferito che taluni hanno istituito un nuovo genere di insegnamento; che i giovani frequentano le loro scuole; che essi hanno assunto il titolo di retori latini e che in quelle scuole i giovani trascorrono oziosamente giornate intere. I nostri antenati stabilirono quel che volevano che i loro figli imparassero e quali scuole frequentassero. Queste novità, contrarie alle usanze e ai costumi degli antenati, non hanno la nostra approvazione e non ci sembrano buone. Per questo sia a coloro che tengono tali scuole e sia a coloro che son soliti frequentarle ci è parso opportuno far conoscere il nostro parere, che non approviamo queste novità"[66].

Il testo dell'editto evidenzia il conservatorismo proprio dei Romani; il loro rispetto per il *mos maiorum*; la diffidenza verso ogni novità, in particolare verso l'arte della retorica, che appariva come un inganno abile, 'artificioso' dal quale doversi guardare, e l'assimilazione dell'attività intellettuale all'inazione e all'oziosità. Il vero autore del testo sembra essere stato il censore Licinio Crasso, perché, come egli stesso afferma, riteneva le scuole dei retori latini dannose, scuole 'd'impudenza'; in esse si indebolivano gli ingegni e si alimentava la sfacciataggine, perché i nuovi maestri non sapevano insegnare nulla se non l'arroganza[67].

Ma l'editto censorio non riuscì a sopprimere l'insegnamento dei retori latini e a interrompere l'attività delle loro scuole, che i giovani romani continuarono a frequentare[68]; anzi, durante il primo secolo a.C., lo studio della retorica, avente per oggetto il possesso dell'arte oratoria, dell'arte del saper parlare in pubblico, divenne una parte importante dell'educazione romana per i giovani che intendevano avviarsi all'avvocatura e alla vita politica.

Prerogativa dell'insegnamento retorico era l'uso delle 'esercitazioni preparatorie', destinate a fornire all'allievo la capacità di comporre in prosa, obiettivo questo che non rientrava fra i compiti del grammatico. Si tratta di una serie di esercizi, ereditati dai retori greci, che preparavano alla pratica della declamazione, alla composizione di finte orazioni, dette, come vedremo, *suasoriae* e *controversiae*.

Prima che Plozio Gallo creasse un insegnamento in lingua latina della retorica, e anche dopo che i due insegnamenti di grammatica e di retorica furono distinti[69], alcuni grammatici latini insegnavano anche retorica[70]. Di certo il loro insegnamento di retorica si limitava ai primi elementi, a tutta una serie di esercizi di composizione letteraria, la cui difficoltà veniva sapientemente graduata e che miravano a preparare l'allievo ad affrontare l'insegnamento di retorica propriamente detto. Esplicito a questo riguardo è Quintiliano, il più insigne dei professori di retorica della prima età imperiale che, dopo aver precisato che il compito del grammatico era di curare la maniera di esprimersi e l'interpretazione degli autori, scrive (*Istituzione oratoria*, I, 9, 1-3): "1. Aggiungiamo, quindi, ai compiti del maestro, degli esercizi preparatori di eloquenza per quelli che, per l'età, non sono in grado di ricevere l'insegnamento del retore. 2. Gli allievi, perciò, apprendano ad esporre con purezza di lingua e senza gonfiamenti le favolette di Esopo, che vengono dopo i racconti delle nutrici, e in seguito imparino a metterle per inscritto con la stessa semplicità del testo; innanzi tutto metteranno in prosa un testo in versi, poi ne daranno la spiegazione con parole diverse, per poi procedere ad una parafrasi più libera, che permetterà di sunteggiare il testo e di abbellirlo rispettandone il senso e lo spirito. 3. E' un compito difficile, questo, anche per maestri esperti e l'allievo che lo svolgerà bene, potrà imparare qualunque cosa".

Parafrasando il testo di Quintiliano, l'allievo doveva prima ripetere a viva voce il racconto udito dal maestro e poi riportarlo per iscritto, il più fedelmente possibile; le favole di Esopo, in prosa, fornivano i soggetti abituali per questo facile esercizio, essendo per lo più brevi, belle per precisione ed asciuttezza, pregi che l'allievo doveva rispettare. Altro esercizio, di maggior difficoltà, era quello di mettere in prosa un testo in versi, usando le stesse parole del poeta e successivamente usando parole diverse, per passare poi alla parafrasi, abbreviando qua, sviluppando là, apportando abbellimenti in qualche punto, ma sempre rispettando il senso e lo spirito del poeta.

Questi erano i primi di una serie di esercizi preparatori per la composizione che i retori greci avevano sviluppato e disposto in manuali in ordine di difficoltà, che andavano dagli esercizi abbastanza semplici a quelli più impegnativi, quale la declamazione, esercizi che i retori latini usavano alla fine della Repubblica, aggiungendone uno: la traduzione in latino dei testi greci[71].

Che i grammatici svolgessero i più semplici esercizi preparatori, avviando gli allievi allo studio dell'oratoria, poteva rientrare nei limiti del loro insegnamento, ma purtroppo alcuni di loro trattavano anche esercizi di maggiore fatica ed impegno, invadendo campi di competenza altrui, e questo perché alcuni retori latini, convinti che il loro compito fosse solo quello di declamare e insegnare declamazione, avevano lasciato ai grammatici quello che avrebbe dovuto essere il loro corso preparatorio.

Il fatto che il grammatico cercasse di trattenere il più possibile i suoi allievi, ritardava il loro passaggio all'insegnamento superiore, per cui non può essere determinata con esattezza l'età nella quale il ragazzo intraprendeva lo studio presso il retore; Seneca il Retore parla di *pueri* e di *iuvenes*[72]; Quintiliano (*Istituzione oratoria*, II, 2, 3) afferma che i ragazzi erano già cresciuti allorché venivano affidati ai retori e continuavano a restarci anche quando erano ormai diventati dei giovani, e Tacito accenna a *pueri* ed *adulescentuli*[73]; noi possiamo supporre che i ragazzi cominciassero a frequentare la scuola del retore intorno ai 15 anni, e man mano che il corso procedeva essi diventavano da ragazzi giovinetti.

Completata la lunga serie degli esercizi preparatori, o presso il grammatico o presso il retore, l'alunno, passato al corso di retorica vero e proprio, era ammesso a comporre delle orazioni fittizie su un tema proposto dal professore, rispettando determinate regole, che erano sistematicamente esposte in manuali di retorica.

Il termine tecnico per indicare queste orazioni recitate ad alta voce era, in latino, *declamatio* 'declamazione', di cui si distinguevano due tipi : la *suasoria*, di tipo deliberativo, la cui traduzione potrebbe essere 'discorso per consigliare, mirante a persuadere o dissuadere', rivolto ad un personaggio storico o leggendario per consigliarlo nel momento in cui doveva prendere una decisione cruciale; e la *controversia*, di tipo giudiziario, un'orazione giudiziaria, di accusa o di difesa, per un processo immaginario.

La *controversia*, di cui si riconosceva la maggior difficoltà, era riservata agli allievi di età più avanzata, mentre i più giovani cominciavano con le declamazioni di tipo deliberativo[74], alle quali potevano essere iniziati anche dal grammatico.

Nelle suasorie, la situazione drammatica in cui veniva a trovarsi il personaggio cui l'allievo doveva 'dare consigli' sulla decisione da prendere, poteva essere inventata, ma generalmente veniva tratta dalla storia o dal mito, per cui all'allievo era richiesta la conoscenza di queste materie.

Seneca il Retore, nella sua vecchiaia, mise insieme per i suoi figli una raccolta di *Controversiae* e di *Suasoriae*, e il materiale che vi è raccolto, per quanto frammentario, dà un'idea efficace sulla scelta dei 'temi' o 'situazioni' dei due tipi di declamazione.

Ecco alcuni temi delle suasorie nella raccolta di Seneca il Retore: Alessandro, arrivato vittorioso ai confini del mondo conosciuto, è incerto se debba o no navigare l'Oceano nella speranza di trovare nuovi mondi da conquistare (*Suas*., I); oppure: i trecento Spartani di Leonida discutono se sia meglio seguire l'esempio degli altri greci e fuggire o rimanere al proprio posto per ritardare il passaggio di Serse e dei Persiani alle Termopili (*Suas*., II); o ancora: Agamennone è in dubbio se debba sacrificare la figlia Ifigenia, avendogli l'indovino Calcante profetizzato che altrimenti non potrà salpare per Troia (*Suas*., III). Cicerone è in dubbio se implorare Marco Antonio per la sua vita, oppure offrirgli la distruzione delle sue orazioni, perché solo a queste condizioni il triumviro gli prometterebbe salva la vita[75].

Altro personaggio su cui i ragazzi amavano declamare era Annibale, incerto se valicare o no le Alpi; se marciare o no su Roma dopo la disfatta romana di Canne[76]; oppure Catone Uticense in dubbio se uccidersi o cadere nelle mani di Cesare[77].

Giovenale (*Satire*, I, 15-17), nello scrivere: "anch'io consigliai a Silla a ritirarsi a vita privata e farci su un bel sonno", dice di aver anch'egli, da ragazzo, scritto suasorie, immaginando di persuadere Silla a ritirarsi dalle noie e dagli affanni della vita politica, deponendo la dittatura e dormirci su.

Questi ed altri erano i temi scelti per le declamazioni di tipo deliberativo, e il compito più difficoltoso per l'allievo, che richiedeva più che mai moderazione e riflessione, era trovare gli argomenti più idonei a persuadere o a dissuadere, tenendo presente se l'azione, intorno alla quale si deliberava, fosse possibile o utile o onesta ed onorevole; in questo era aiutato dal professore che dava opportuni suggerimenti o consigli, e nonostante risalti evidente quanto di artificioso e assurdo ci fosse in queste suasorie, tuttavia esse avevano: "un certo valore nello stimolare l'immaginazione storica, nello sviluppare la capacità di argomentazione e la facilità di parola"[78].

Le controversie, che preparavano i giovani alla carriera dell'avvocatura, servivano ad esercitare il futuro avvocato a comporre delle arringhe di accusa o di difesa per un processo fittizio, prima che si arrischiasse davanti ad un tribunale.

Le declamazioni di tipo giudiziario in origine erano di certo connesse a circostanze giuridiche e sociali reali, concrete, poi, in età imperiale, molto spesso i processi proposti dai retori ai loro allievi su cui declamare non erano solo fittizi, ma anche altamente fantastici, dei casi stravaganti, che nulla avevano a che fare con la realtà dei tribunali. Senz'altro il distacco delle controversie scolastiche dalla realtà era dovuta all'istaurarsi del principato, che fece praticamente perdere all'eloquenza politica e giudiziaria militante tutta la sua importanza, essendo ormai il potere concentrato nelle mani dell'imperatore. La controversia, quindi, cessò di essere concepita come un esercizio pratico, un addestramento per il foro, e divenne uno spettacolo dove contavano solo la capacità immaginativa e dialettica, il virtuosismo più sfrenato allo scopo di stupire, di suscitare ammirazione e di riscuotere successo[79].

I protagonisti dei casi giudiziari delle declamazioni di scuola sono, sotto l'Impero, personaggi improbabili a Roma, come tiranni e tirannicidi e pirati; alcune delle leggi cui si fa riferimento sono greche e non romane, altre sembrano finte come i processi cui vengono applicate.

Un caso giudiziario di una controversia è così enunciato nelle *Controversiae* di Seneca il Retore (*Contr.*, III, 6): un tale vuole uccidere un tiranno, che si rifugia in una casa privata; l'inseguitore incendia la casa; il tiranno muore; l'autore dell'incendio riceve il premio, mentre il padrone della casa gli chiede il risarcimento dei danni prodotti dall'incendio.

In un altro caso – sempre enunciato nelle *Controversiae* di Seneca il Retore (*Contr.*, I, 5) – supposta una legge secondo cui una donna rapita aveva il diritto di scegliere tra la condanna a morte del suo rapitore o il matrimonio con lui senza dote, si immagina che un uomo, nella stessa notte, rapisca due donne – e faccia loro violenza, poiché è accusato di stupro –; una pretende la sua condanna a morte, l'altra sceglie di sposarlo. I declamatori si sbizzarrivano nel trovare argomenti a sostegno sia dell'una che dell'altra soluzione.

Una controversia il cui argomento sembra tratto dalla vita quotidiana romana, forse un'antica declamazione, è quella presentata da Svetonio: d'estate alcuni giovani romani, venuti sul lido di Ostia, pattuiscono con dei pescatori di pagare una certa somma di denaro per quello che avrebbero preso, tirando le reti; pagano, ma quando vengono tirate su le reti, invece dei pesci, vedono impigliato un cofanetto d'oro; sia i pescatori che i giovani rivendicano il proprio diritto su quanto era stato pescato[80].

Nei giorni che, secondo l'uso, erano riservati alle declamazioni da parte dei ragazzi di fronte al professore e ai compagni, il comportamento della classe lasciava molto a desiderare; infatti, invece di ascoltare in silenzio il loro compagno che, in piedi e in atteggiamento declamatorio, declamava, ad ogni fine periodo, ad ogni frase brillante gli alunni si alzavano in piedi, lasciavano i loro posti, schiamazzavano indecorosamente e fragorosamente applaudivano, e questo lo facevano reciprocamente: applaudivano per essere a loro volta applauditi, poiché l'applauso tumultuoso dei compagni decretava il successo della declamazione[81].

Alcuni retori, sempre nei giorni stabiliti, avevano l'abitudine di fare assistere ai saggi di eloquenza dei loro allievi anche i loro genitori e i loro amici; Persio (*Satire*, III, 44-47) ricorda che da ragazzino si ungeva gli occhi con l'olio d'uliva per fingersi malato d'occhi e non recarsi a scuola, se non si sentiva: "di indirizzare a Catone moribondo tante parole eloquenti, per aver poi gran lode dallo sciocco maestro o per farle udire a mio padre tutto in sudore e ai suoi amici fatti venire apposta".

Quintiliano biasima quei genitori che, ammessi ad ascoltare le declamazioni dei propri figli, tenevano più in conto il numero delle loro declamazioni che la loro valutazione, in quanto convinti che i figli, per progredire negli studi, dovessero declamare quanto più spesso possibile; mentre invece il profitto poggiava esclusivamente sulla diligenza e la costante applicazione[82].

Determinati aspetti assurdi ed eccessivi delle declamazioni scolastiche e soprattutto il loro distacco dalla realtà del foro suscitavano già la riprovazione degli scrittori antichi; lo stesso Seneca il Retore, che pur era appassionato della materia, nelle prefazioni ai singoli libri delle Controversie mette in rilievo i difetti e gli eccessi in cui cadevano i declamatori; Quintiliano (*Istituzione oratoria*, II, 10, 7-8) sentenzia che l'esercizio della declamazione giudiziaria, se non preparava ai processi del foro, assomigliava moltissimo ad una esibizione teatrale o alla vociferazione di un pazzo furioso; Tacito (*Dialogo degli oratori*, 35, 5) constata con tristezza che ogni giorno gli alunni discutono con parole altisonanti su argomenti che non si trattano mai o molto di rado nel foro, così quando si trovano davanti a giudici veri...; a questo punto i codici presentano una lacuna, che viene completata in base a Petronio (*Satyricon*, 1), che apre il suo romanzo, mettendo in luce l'incresciosa condizione dell'oratoria dei suoi tempi, ridotta ormai ad una sterile e convenzionale esercitazione scolastica, senza nessun contatto con la realtà, per cui, quando i giovani avvocati arrivano al foro: "hanno il sospetto di essere caduti in un altro mondo".

Anche S. Agostino, pur essendo un professore di retorica, non aveva stima dei suoi colleghi, che definisce "venditori di parole" e ritiene se stesso un "mercante di chiacchiere" e la sua cattedra una "cattedra di menzogna"[83].

Il programma di studi con i tre gradi d'insegnamento, svolti dal *ludi magister*, dal *grammaticus* e dal *rhetor*, si mantenne a lungo inalterato nei suoi tratti essenziali, come mostrano alcune biografie di imperatori. Ad esempio, di Marco Aurelio (II sec. d.C.) sappiamo che ebbe diversi maestri a livello elementare, uno per le lettere, un attore, forse come maestro di dizione e di atteggiamento, uno per la musica e la geometria; per il secondo grado di insegnamento ebbe un grammatico greco e tre latini e infine tre retori greci e un solo retore latino[84]. Nel III sec. d.C., Alessandro Severo, nella sua città natale, Arca Cesarea in Siria, ebbe, nella prima fanciullezza, diversi maestri elementari, poi un grammatico greco, un retore ed anche un filosofo; venuto a Roma, proseguì gli studi presso grammatici e retori[85].

6. Le scuole romane di diritto

Lo studio della retorica – le cui scuole non solo preparavano alla carriera dell'avvocatura, ma per l'Impero costituivano un vivaio da cui attingere il personale per gli alti quadri amministrativi e governativi – consentiva l'accesso alle grandi scuole di filosofia e di diritto. Già Cicerone prima e Quintiliano e Tacito poi cercarono di persuadere i giovani ormai ventenni, che avevano completato i loro studi di retorica, ad ampliare la loro cultura attraverso lo studio della filosofia, della storia e del diritto.

I giovani romani, che potevano disporre di sufficienti mezzi economici, erano soliti completare la loro educazione nella filosofia, ed anche nella retorica, soggiornando a lungo in Grecia, soprattutto ad Atene e a Rodi.

Per quanto riguarda il diritto, anche se, in età repubblicana, la declamazione di controversie familiarizzava gli studenti con vari generi di cause, da cui acquisivano una certa quantità di nozioni giuridiche, e anche se queste potevano essere accresciute frequentando i tribunali o assistendo al maggior numero possibile di processi giudiziari, erano pur sempre nozioni discontinue, senza ordine, ben diverse da un sapere specialistico, che solo un corso sistematico di diritto poteva dare.

Fu solo in epoca imperiale che gli studi giuridici divennero più organizzati e si crearono scuole romane di diritto, dando vita ad un insegnamento sistematico e superiore. Sotto Tiberio, e con la sua autorizzazione, ad esempio, il giurista Masurio Sabino fondò una delle più famose scuole romane di diritto e diede vita alla nuova figura del giurista-insegnante, un esperto delle leggi, dei costumi, delle regole della procedura, che si dedicava, per vocazione, al loro insegnamento, leggendo, spiegando, commentando i testi giuridici di base, che ormai la disciplina giuridica possedeva.

Le scuole romane di diritto erano frequentate soprattutto dai giovani che aspiravano a diventare a loro volta giuristi di professione o che ambivano accedere ai più alti posti dell'amministrazione statale.

7. Il mestiere d'insegnante

L'insegnamento pubblico a Roma era annoverato fra i mestieri più disprezzati, non solo perché coloro che lo esercitavano erano di bassa estrazione sociale, nella stragrande maggioranza di origine servile, ma anche perché vendevano il proprio sapere per vivere e percepivano un salario, una mercede (*merces*); il loro era quindi un mestiere retribuito e come tale molto male considerato, poiché ogni salario agli occhi dell'aristocratica società romana era degradante.

Cicerone (*L'oratore*, 42, 143) afferma che insegnare in una scuola non è cosa dignitosa; per Seneca il Retore (*Controversie*, II, *prefazione* 5) era: "vergognoso insegnare ciò che era onesto apprendere"; Seneca (*Lettere a Lucilio*, 88, 2), poi, parlando degli studi liberali (*artes liberales*, fra cui la grammatica e la retorica), così detti perché degni di un uomo libero, sostiene che nulla di buono c'è in essi, i cui maestri (*professores*) sono gli uomini più disonesti e infami di tutti. Infine, la *professio litterarum*, ossia il mestiere del *ludi magister*, è ritenuta una *res indignissima* "una cosa assolutamente indegna"[86].

Fra i 25 personaggi, grammatici e retori, di cui Svetonio narra la vita, quasi tutti sono di nascita servile e quasi tutti ottennero la libertà dai loro padroni, diventando liberti. Alcuni di questi, durante la loro schiavitù, erano stati pedagoghi e come tali avevano assistito alle lezioni insieme con i loro piccoli padroni, acquistando una certa istruzione; una volta ottenuta la libertà, avevano fatto fruttare il loro sapere, aprendo una scuola. Quei pochi di nascita libera che avevano approdato all'insegnamento, vi erano giunti dopo dispiaceri, disillusioni personali e non sapendo più che fare. Fra questi Orbilio, immortalato da Orazio (*Lettere*, II, 1, 70-71) come collerico e manesco, che, nato da una ricca famiglia di Benevento, ebbe un'ottima istruzione; dopo la morte dei genitori, uccisi nello stesso giorno, Orbilio si ritrovò senza mezzi di sussistenza e, dopo aver svolto diverse attività in campo militare, alla fine si diede all'insegnamento, prima in patria e poi, ormai cinquantenne, a Roma, ove tenne lezioni di grammatica[87].

Se essere grammatici e retori non procurava gloria e tanto meno ricchezza, salvo casi eccezionali, essere *ludi magistri* comportava un disprezzo ancor maggiore e quasi sempre la povertà, tanto che spesso, per avere il minimo per vivere, essi erano costretti a trovare un lavoro extra, come fece un maestro di Capua (*CIL*, X, 3969), forse di epoca augustea che, oltre ad insegnare, redigeva scrupolosamente i testamenti.

Le cause della precaria situazione economica degli insegnanti, soprattutto dei maestri elementari, erano il salario assai modesto che ricevevano dai loro allievi e il fatto che non sempre lo ricevevano, tanto che Ovidio (*Fasti*, III, 829), parlando di loro, li definisce: "gente defraudata del guadagno".

Al maestro elementare ogni allievo pagava l'onorario, ben poca cosa veramente, appena otto assi, cioè mezzo denario, alle Idi (il 15) di ogni mese, secondo la lettura più comunemente accetta di Orazio (*Satire*, I, 6, 75): *octonos* (*asses*) *referentes idibus aeris*, "pagando alle Idi otto assi di bronzo". I grammatici e i retori, invece, stabilivano con i genitori, quando venivano ad iscrivere i loro figli, l'ammontare della retribuzione e la sua scadenza annuale, a lavoro compiuto. Ma questo sistema di pagamento non anticipato offriva ai genitori la scappatoia di non saldare il loro debito, protestando che i figli non avevano imparato nulla ed addossando la colpa al maestro[88]. Secondo un'altra cattiva abitudine, resa nota da S. Agostino (*Confessioni*, V, 12, 22), gli studenti - sta parlando di studenti di retorica -, per non pagare il compenso al proprio maestro, si trasferivano in massa presso altri maestri.

In un'iscrizione proveniente da Pompei (*CIL*, IV, 8562), un ignoto *ludi magister*, stanco delle diserzioni degli alunni con lo scopo di frodargli il misero onorario, invoca dagli dei ogni bene per quelli che gli restano fedeli: "Colui che mi darà la mercede per il mio insegnamento, possa ottenere dagli dei ciò che chiede".

Anche quando il compenso giungeva nelle mani del maestro – e solo una piccola minoranza degli allievi era puntuale nel pagare – non era raro che sia l'amministratore della casa, il *dispensator*, che nelle famiglie abbienti era incaricato di tenere la contabilità e di pagare, che il pedagogo dell'allievo vi avevano di già prelevato la loro parte, come attesta Giovenale (*Satire*, VII, 215-243), che sta descrivendo con amarezza la vita grama e frustante di un grammatico del suo tempo; a fronte di un lavoro noioso per dover insegnare sempre le stesse cose e che lo impegnava anche di notte, quando tutti gli altri dormivano, il grammatico doveva permettere che quel misero suo salario fosse decurtato dai prelievi non solo dell'amministratore della casa, ma anche del pedagogo che accompagnava l'allievo alle lezioni, e quest'ultimo non andava assolutamente contrariato, perché poteva dare un giudizio sfavorevole sull'insegnamento del maestro, cui assisteva, e i genitori del ragazzo potevano trasferirlo altrove. C'erano poi le insopportabili pretese dei genitori che pretendevano dal grammatico un sapere enciclopedico: "Ma voi avanzate pure pretese inumane, che il precettore (il grammatico) conosca tutte le regole della lingua, che sappia la storia, che conosca tutti gli autori come le unghie e le dita della sua mano che, interrogato per caso, mentre va alle terme o al bagno di Febo, sappia dire il nome della nutrice di Anchise, il nome e la patria della matrigna di Anchemolo, e quanti anni visse Aceste, quanti barili di vino siciliano regalò ai Frigi; esigete che plasmi, come con il pollice, i teneri caratteri (dei vostri figli), così come colui che plasma un volto di cera; esigete che faccia anche da padre alla sua classe, che impedisca che si abbandonino a giochi licenziosi e se ne facciano a vicenda". E tutto questo per guadagnare, dopo un anno di lavoro, quello che un vincitore dei giochi del Circo riceveva per una sola gara vinta.

Ulteriori cause della precaria condizione economica soprattutto del *ludi magister* erano il numero degli allievi a volte molto scarso, dal momento che i bambini delle classi privilegiate ricevevano in casa l'istruzione elementare, e una spietata concorrenza, poiché chiunque, in possesso di un minimo d'istruzione, poteva aprire una scuola elementare. Marziale (*Epigrammi*, X, 60) menziona un certo Munna, un povero maestro elementare che, abituato ad insegnare a soli due alunni, quando ne ebbe tre, chiese all'imperatore lo *ius trium liberorum* 'il diritto dei tre figli', privilegio che veniva concesso alle madri di tre figli, se di nascita libera, o di quattro, se liberte.

In genere, da questo punto di vista, migliore era la situazione del grammatico e del retore; a Roma, dalla metà del II sec.a.C. in poi, si aprirono molte scuole di grammatica che in certi momenti superarono il numero di venti, e tutte erano molto frequentate; i grammatici poi, che si erano fatti un nome, insegnavano non solo a molti alunni, ma a "molti alunni di nobile estrazione"[89].

Grammatici e retori potevano permettersi un assistente; già Cicerone (*Lettere ai Familiari*, IX, 18, 4) menziona un *hypodidascalus* 'sottomaestro', quando ironicamente invita un suo amico a diventare suo *hypodidascalus* , e nelle scuole di grammatica della tarda antichità figura il *subdoctor* o *proscholus*, un vicemaestro, un assistente del professore[90].

L'imperatore Vespasiano fu il primo a stanziare, a spese del fisco - la cassa imperiale – cento mila sesterzi annui ai retori latini e greci; ma in realtà tale disposizione concerneva solo Roma e solo due cattedre, una per la retorica greca ed una per la retorica latina, e di quest'ultima il primo titolare fu Quintiliano[91].

Più tardi, nel 301 d.C., l'Editto dei prezzi di Diocleziano fissò il salario mensile per i maestri dei tre ordini d'insegnamento: il *ludi magister* guadagnava mensilmente 50 denari per studente; il grammatico 200 e il retore 250, sempre mensilmente e per studente; sono indicati anche i salari del *calculator* e del *notarius*, che guadagnavano mensilmente 75 denari per studente[92].

Ci furono carriere eccezionalmente brillanti di alcuni grammatici e retori che dall'insegnamento, e soprattutto dalla pubblicazione di opere, trassero non solo gloria, ma anche una fortuna. Fra questi va annoverato Quintiliano, la cui attività di professore di retorica, seguita da allievi come Plinio il Giovane e forse Tacito e Giovenale, ebbe tale successo, che non solo egli rivestì la prima cattedra statale di retorica, ma, incaricato da Domiziano dell'educazione di due suoi pronipoti, fu insignito di onori consolari. Ci fu poi chi sfruttò appoggi politici, come Giunio Otone che, da semplice maestro elementare, divenne senatore, grazie all'appoggio del prefetto del pretorio Seiano, che godeva grande autorità presso Tiberio[93]. Ma accanto a questi casi, che rappresentano sicuramente l'eccezione, di regola i professori, pur traendo una certa fama dalla loro attività, non ne traevano ricchezza e molti finirono la loro vita in miseria, come accadde al grammatico Orbilio che, durante la sua lunga vecchiaia, visse sotto i tetti, come i più diseredati.

8. Ambienti adibiti a scuola

Il termine latino per indicare la scuola era *ludus*; accanto a questo comparve, verso la fine della Repubblica, il termine *schola*, da σχολή, termine greco che indicava in origine il 'tempo libero', successivamente l'impiego del tempo libero in discussioni filosofiche o lezioni e infine il luogo dove si svolgevano le discussioni o le lezioni. Il nuovo termine *schola* si impose sull'originario termine *ludus*, che rimase ad indicare solo la scuola elementare, mentre la scuola superiore del grammatico, del retore e anche del filosofo fu detta *schola*.

Maestri e professori si mantenevano con i compensi della loro attività e dalla consistenza di questi dipendeva la condizione dell'ambiente in cui insegnavano.

Il *ludi magister*, il meno pagato, spesso non aveva altra possibilità che fare lezione all'aperto e piazzarsi in un *trivium* – forse anche in un *quadrivium*, ma non è attestato –, ossia nello spazio creato dalla confluenza di tre (o quattro) strade, nonostante la confusione e il chiasso che vi regnavano; ma fare lezione all'aperto, ben in vista, offriva al maestro la possibilità di farsi conoscere e di attirare un numero maggiore di allievi.

Quintiliano (*Istituzione oratoria*, I, 4, 27), riferendosi al sapere acquistato dall'insegnamento elementare, lo definisce, con termini sprezzanti, '*scientia trivialis*', ossia il sapere che si acquista nei crocicchi delle strade.

In Grecia, l'insegnamento all'aperto doveva essere molto diffuso e Dione Crisostomo (*Orazioni*, XX, 9), nel II sec. d.C., ne dà una realistica descrizione: "Coloro che insegnano l'alfabeto, siedono sulle strade insieme con gli allievi e nulla impedisce loro, pur in mezzo alla calca, e d'insegnare e di apprendere". Di Dionigi, il tiranno di Siracusa, si narra che, nel radicale mutamento della sua condizione, da tiranno si ridusse ad insegnare l'alfabeto ai fanciulli di Corinto, città del suo esilio, e si precisa che insegnava 'in un trivio'[94].

Al maestro che teneva le sue lezioni all'aperto – e che in Grecia era conosciuto con il nome di "insegnante a terra" (χαμαιδιδάσκαλος) – erano sufficienti uno sgabello o una panca su cui sedere, un libro e qualche allievo che, appartenendo sicuramente alle classi più povere, lo pagavano pochissimo. Comunque, insegnare all'aperto era possibile solo quando le giornate erano soleggiate e non c'era minaccia di pioggia.

Tito Livio (*Storia di Roma*, III, 44, 6), nel raccontare l'episodio di Virginia, accenna alla presenza nel Foro Romano di scuole elementari (*litterarum ludi*) situate *in tabernis*, 'in botteghe', che fungevano quindi da aule scolastiche; ma gli editori moderni del passo citato di Livio, al posto di *in tabernis*, preferiscono leggere *in tabernaculis* 'in padiglioni', ossia in costruzioni improvvisate, coperte semplicemente da tende.

Altro luogo che fungeva da aula scolastica

Fig. 20. Scuola sotto i portici con scena di punizione, da una serie di pitture con scene della vita del Foro di Pompei. Napoli, Museo Archeologico Nazionale; Roma, Museo della Civiltà Romana (da *Vita e costumi dei Romani antichi*, 10, p. 79, Fig. 75).

era la *pergula*; sappiamo infatti da Svetonio (*Grammatici e retori*, XVIII, 2), che il grammatico Lucio Crassicio insegnava in una *pergula*.

Purtroppo sul significato del termine *pergula* i pareri degli studiosi moderni sono discordi; in genere, con questo termine si indica il soppalco, il mezzanino al piano rialzato di una *taberna*, raggiungibile mediante una scala per lo più di legno, che costituiva l'abitazione del commerciante o dell'artigiano. A Pompei, una scuola era collocata su un soppalco della *taberna* di Potitus, accessibile mediante una scala di legno, di cui rimane sul posto il primo gradino in muratura, e capace di ospitare al massimo quindici alunni. Che si tratti di una scuola, indubbiamente non elementare, lo si deduce dal fregio, conservatosi solo in parte, che gira intorno all'ambiente e che rappresenta una discussione fra filosofi, poi dai graffiti che alludono alle punizioni, tipo: "Che tu sia bastonato", "Io ricevo tre bastonate", e infine dal ritrovamento, sotto il soppalco, di una piccola biblioteca con depositi di astucci per conservare rotoli di papiro[95].

Ma, tenendo presente l'etimologia di *pergula*, che deriva dal verbo *pergere* 'proseguire', secondo cui il termine indicherebbe un'estensione, un prolungamento di un edificio, di un ambiente, si è pensato ad una di quelle botteghe con la facciata che sporgeva sulla via, restringendo lo spazio già così stretto delle strade romane e, in base a S. Agostino (*Confessioni*, I, 13, 22) che riferisce: "Sull'ingresso delle scuole di grammatica pendono delle tende", si ritiene che una tenda chiudesse l'entrata di queste botteghe per isolare la classe dalla confusione e dal chiasso esterno e proteggerla dalla curiosità dei passanti[96]. Risulta però, da diverse testimonianze, che non sempre la *pergula* si trovasse a livello della strada e si è pensato a locali costruiti sopra i portici, raggiungibili con scale, che venivano dati in affitto o anche messi a disposizione delle persone autorizzate dell'insegnamento[97].

Anche i pubblici portici potevano ospitare il maestro con il suo piccolo gruppo di allievi; ad esempio, in una delle diverse pitture murali, che illustrano realisticamente la vita che si svolgeva quotidianamente nel Foro di Pompei, è rappresentata la scuola cosiddetta del '*ludimagister Sema*', Fig. 20, con i suoi tre alunni seduti, molto compiti, che reggono sulle ginocchia una ta-

Fig. 21. Scena di scuola. Bassorilievo di Neumagen (Germania), III sec. d.C. Treviri, Rheinisches Landesmuseum (da *Vita quotidiana nell'Italia antica*, I, p. 267).

voletta, mentre un loro compagno viene punito dal maestro; sullo sfondo si vedono le colonne del portico, da cui fanno capolino dei viandanti incuriositi[98].

Anche a Roma è attestata la presenza di una scuola di un *ludi magister* sotto il portico della Basilica Argentaria nel Foro di Giulio Cesare, dove sono stati trovati dei graffiti, datati al II sec. d.C., la maggior parte ad altezza d'uomo, dovuti di certo a degli scolari, che riproducono due alfabeti latini incompleti, un' esercitazione alfabetica di scrittura greca ed un esercizio sulle declinazioni. Ma la parte assolutamente preponderante dei graffiti spetta alle citazioni di Virgilio, il che attesta la presenza, sotto lo stesso portico, anche di un insegnamento di grammatica[99].

Quei pochi fra grammatici e retori, che ne avevano la possibilità, ospitavano i loro studenti in casa propria; fortunato fu l'illustre grammatico Verrio Flacco, che Augusto scelse come precettore dei suoi nipoti, facendogli trasferire tutta la sua scuola sul Palatino, nell'atrio della sontuosa casa di Quinto Lutazio Catulo, che Augusto aveva comperato per ingrandire la sua, e dandogli un ricco salario annuale[100].

9. L'attrezzatura scolastica

L'arredo di un'aula scolastica era molto semplice e comprendeva la sedia munita di uno schienale a volte diritto, più spesso ricurvo, detta *cathedra*, posta su di una pedana (*pulpitum*), su cui sedeva il maestro e da cui poteva dominare tutto il suo uditorio. Cattedra e pedana erano riservate solo ai professori di grammatica, di retorica e di filosofia. L'iconografia li rappresenta sempre seduti sulla cattedra, avvolti nel mantello greco, il *pallium*, o nel mantello romano, la *toga*, a seconda che fossero professori di greco o di latino. A volte, sotto i piedi del professore è presente uno sgabello.

Gli studenti erano seduti su sgabelli o panche prive di schienale (*scamnum*); solo nelle scuole più distinte o quando le lezioni si tenevano in case private, gli studenti sedevano su sedie con schienale ricurvo, Fig. 21. In genere essi si disponevano a semicerchio intorno al maestro.

Non si usavano gli scrittoi; gli studenti poggiavano le tavolette su cui scrivevano (v. oltre) sulle ginocchia. Tutto il mobilio indispensabile per una *schola* si riduceva, quindi, ad una cattedra, ad una pedana, a delle panche.

In base all'interpretazione di un passo di Giovenale (*Satire*, VII, 225-227), che sta parlando della scuola di un grammatico: "purché non vada perduto l'aver respirato il puzzo di tante lucerne quanti erano gli allievi, quando Flacco (Orazio) era tutto sbiadito e la fuliggine ricopriva l'annerito Marone (Virgilio)", si ammette oppure no la presenza di busti o di quadri di celebri scrittori per adornare l'aula; l'atmosfera affumicata di cui parla Giovenale era dovuta alla presenza nell'aula delle lucerne degli allievi, necessarie sia perché le lezioni iniziavano quando fuori era ancora buio e sia nelle grigie giornate invernali. Ma l'opinione prevalente, che si basa sullo scolio a Giovenale – che così spiega il verso 226, menzionante Orazio e Virgilio: *codex ‹Horatii et Vergilii›, in quibus legebant* –, ritiene che ad essere sbiaditi o anneriti dalla fuliggine sarebbero i rotoli di papiro che contenevano le opere dei due scrittori[101].

Per scrivere gli allievi usavano, tenendole sulle ginocchia, tavolette di legno con bordi rialzati e con la superficie interna ricoperta di uno

Fig. 22. Tavoletta cerata; fori sul bordo superiore per far passare il cordoncino che teneva unite più tavolette a formare un codice. Pompei, deposito degli Scavi (da *Vita quotidiana nell'Italia antica*, I, p. 265).

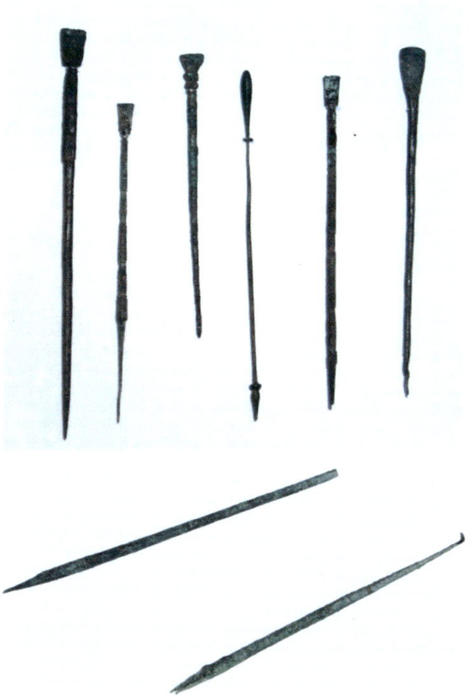

Fig. 23. Stili con spatole trapezoidali e *calami* 'penne'. Roma, Museo Nazionale Romano.

strato di cera, dette *tabulae ceratae*, Fig. 22; la cera spesso veniva artificialmente annerita per rendere più visibile la scrittura e le lettere venivano incise sulla cera con la punta di uno stilo (*stilus* o *graphium*), fatto generalmente di metallo (bronzo o ferro), ma anche di avorio, argento od osso; lo stilo era un'asticella a sezione circolare con una estremità appuntita e con l'altra a forma di spatola, in genere trapezoidale, che serviva per cancellare il solco inciso e livellare la cera, Fig. 23; la frase *stilum vertere* 'voltare lo stilo' divenne l'espressione per dire 'cancellare'.

Un altro tipo di tavolette era quello senza cera e si scriveva allora direttamente sul legno, di colore chiaro o imbiancato (*tabulae dealbatae*), con la penna e l'inchiostro. Più tavolette potevano essere riunite insieme mediante un cordoncino passato attraverso fori praticati sul bordo più lungo; a seconda del numero delle tavolette si avevano dittici, trittici, polittici. L'insieme di più tavolette, in antico, era detto *codex* 'codice', termine che in seguito designò i libri di pergamena, Fig. 24.

La penna era detta *calamus*, perché ricavata da una canna, che fu sempre il tipo più usato; anche la penna di bronzo era usata, ma molto più di rado; la punta di entrambi i tipi di penna presentano una sottile fenditura. La penna di canna si spuntava facilmente, per cui doveva essere spesso temperata, usando lo *scalpellum*, il 'temperino', ma in genere si tenevano diverse penne a portata di mano; Marziale (*Epigrammi*, XIV, 20 (19)) parla di *fasces calamarum* 'fasci di penne', conservate in un astuccio, detto *theca libraria* o *theca graphiaria*.

L'inchiostro di colore nero (*atramentum*) di solito era ottenuto, mescolando fuliggine di resina o di pece, feccia di vino, nero di seppia; se ne formava un impasto solido che, per l'uso, veniva ridotto in polvere e mescolato con acqua. Se l'inchiostro era troppo denso, stentava a colare dalla penna, se troppo fluido la penna faceva cadere le gocce a due per volta, provocando macchie; di questo inconveniente si lamenta uno scolaro in Persio (*Satira*, III, 12-14).

L'inchiostro era contenuto nel calamaio (*atramentarium*) di terracotta o di metallo, di forma prevalentemente cilindrica con al centro un foro per il passaggio della penna e spesso con coperchio; di essi si sono conservati diversi esemplari, Fig. 25.

Gli scolari dovevano portare a scuola tutto il materiale per scrivere e le tavolette, che riponevano all'interno di un astuccio detto *theca* o *scrinium*.

Altri materiali scrittori erano il papiro e la pergamena, su cui si scriveva con la penna e l'inchiostro.

Il papiro (*papyrus*, *charta*) era ricavato da una pianta acquatica che anticamente cresceva in abbondanza sulle rive del Nilo. Il fusto veniva sfaldato in strisce longitudinali (*phylirae*), sotti-

Fig. 24. Particolare di una pittura da Pompei, con raschietto e codice di tavolette, I sec. d.C. Napoli, Museo Archeologico Nazionale (da *Vita quotidiana nell'Italia antica*, I, p. 282).

Fig. 25. *Atramentaria* 'calamai' in bronzo e *calamus* 'penna'. Napoli, Museo Archeologico Nazionale (da *Vita quotidiana nell'Italia antica*, I, p. 267).

lissime e larghe il più possibile; uno strato di strisce, con le fibre in senso verticale, era steso su una tavola inumidita con l'acqua del Nilo, il cui limo agiva come una colla; su questo strato ne veniva soprapposto un altro con le fibre in senso orizzontale e i due strati venivano pressati insieme, formando dei fogli (*plagulae*, *chartae*), che si facevano seccare al sole e la cui superficie veniva levigata. I fogli così realizzati, tagliati della stessa dimensione, venivano incollati insieme per il lato più largo in modo da formare un rotolo continuo, detto *volumen* 'volume', che conteneva di regola venti fogli, detti anche *paginae*, *schedae*. Le fabbriche di papiro mettevano in commercio rotoli con pagine già incollate. Normalmente si scriveva sul lato, detto *recto*, in cui le fibre correvano in senso orizzontale, lasciando bianco il retro, detto *verso*. L'opera di un autore veniva trascritta in colonne verticali, larghe circa 5-10 cm., di solito due colonne per ogni pagina, per tutta la lunghezza del rotolo. La lettura si faceva svolgendo il rotolo in senso orizzontale, da sinistra verso destra: il lettore svolgeva il rotolo con la mano destra e lo arrotolava, man mano che procedeva nella lettura, con la sinistra, Fig. 26. La striscia di papiro si arrotolava iniziando dal fondo intorno ad un bastoncino di legno o di osso, ivi fissato, detto *umbilicus*; al bastoncino era attaccato il *titulus*, una targhetta di pergamena con il titolo dell'opera. I rotoli, i cui orli in alto e in basso, detti *frontes*, erano regolati con la pomice ed anche tinti di colori vivaci, venivano conservati verticalmente in astucci o foderi rotondi, detti *capsae* o *thecae*, di cuoio, di pergamena o di legno, chiusi da coperchi e muniti di cinghie per facilitarne il trasporto. Anche gli alunni che frequentavano le lezioni del grammatico, ma soprattutto del retore, avevano le loro piccole *capsae* con i libri, che di solito erano portate da schiavi, detti *capsarii*.

Il materiale alternativo al papiro era la pergamena – chiamata *membrana* a Roma, ove non fu mai largamente usata, dato il suo alto costo –, che deve il suo nome alla città di Pergamo, da cui se ne diffuse l'uso sotto Eumene di Pergamo (197-159 a.C.), quando l'Egitto proibì l'esportazione del papiro, per contrastare il crescente sviluppo della Biblioteca di Pergamo.

La pergamena era ricavata dalle pelli di montone, vitello, pecora, agnello, che venivano raschiate, private del pelo, levigate con la pietra pomice e fatte seccare, ben tese, all'aria. Il libro di pergamena per lungo tempo ebbe la stessa forma del libro di papiro, era cioè una lunga striscia di fogli di pergamena, che veniva arrotolata intorno ad un bastoncino, l'*umbilicus*.

A partire dal I sec.d.C. si cominciò ad usare una nuova forma di libro, il *codex*, in pratica il modello del libro moderno; esso era composto di fogli di papiro o di pergamena, tagliati in modo da formare quaderni (*quaternio* è il termine generale e corrisponde a 16 pagine dell'uso moderno), che cuciti insieme e rilegati con copertine di legno formavano un libro, il codice.

Il codice andò affermandosi a partire dal II-III sec. d.C., ma anche dopo il suo definitivo trionfo, non fece scomparire il rotolo, che rimase quale simbolo del sapere, dell'educazione libera-

Fig. 26. Particolare di una pittura da Pompei, con *atramentaria* 'calamai', *calamus* 'penna' e rotolo di papiro aperto su colonna di scrittura. Napoli, Museo Archeologico Nazionale (da *Vita quotidiana nell'Italia antica*, I, p. 282).

le e della vita intellettuale più colta. Ancora alla fine del IV sec. d.C., nelle scene in cui si voleva rappresentare il letterato, il filosofo o semplicemente l'uomo colto, era il rotolo che veniva raffigurato.

Papiro e pergamena erano usati dagli scolari? Le fonti dicono di sì; Persio (*Satire*, III, 10-11), nel corredo dello scolaro, menziona: *liber*, *bicolor membrana*, *chartae*, *nodosa harundo*, ossia il libro[102], la pergamena di due colori – perché la parte interna del foglio di pergamena e quella esterna avevano colori diversi –, carte di papiro e la penna (*harundo* 'canna') nodosa. Anche Quintiliano (*Istituzione oratoria*, X, 3, 31) attesta l'uso della pergamena nella scuola, ma la sua preferenza è per l'uso delle tavolette cerate, perché più facilmente vi si potevano fare le cancellature; inoltre scrivere sulla pergamena richiedeva più tempo, perché chi scriveva doveva continuamente intingere la penna nel calamaio; l'uso della pergamena era utile per chi aveva la vista imperfetta in quanto la scrittura su pergamena risultava più nitida e faceva meno affaticare gli occhi.

Di certo gli scolari avranno adoperato i fogli di papiro già usati sul *recto*, che costavano molto meno, e il cui *verso*, lasciato bianco, poteva essere sfruttato per scriverci gli esercizi scolastici. Marziale (*Epigrammi*, IV, 86, 9-11) augura al suo libretto di non finire come carta usata dai pizzicagnoli o essere dato ai ragazzi, perché scrivano sul rovescio della carta. Infatti, il triste destino di un libro non letto o che già iniziava a logorarsi o era imbrattato da sporche mani era quello di essere utilizzato negli empori o dai pescivendoli come carta da imballaggio o per avvolgere il pesce; nei migliori dei casi il libro veniva venduto alle scuole, perché il *verso* bianco dei fogli di papiro servisse per gli esercizi degli alunni[103].

10. Vita scolastica

L'anno scolastico iniziava a marzo, in origine il primo mese dell'anno, avendo Romolo, secondo la tradizione, diviso l'anno in dieci mesi, da marzo a dicembre; Numa Pompilio avrebbe poi aggiunto altri due mesi, gennaio e febbraio, inserendoli fra dicembre e marzo, rispettivamente l'ultimo e il primo mese dell'anno di Romolo; gennaio divenne così il primo mese dell'anno, ma la scuola continuò ad avere inizio a marzo, anche dopo che i consoli, dal 153 a.C., cominciarono ad assumere il loro incarico il primo gennaio.

Il giorno d'inizio delle lezioni cadeva subito dopo le *Quinquatrus*, feste in onore di Minerva, la dea protettrice delle arti e dei mestieri, che si estendevano dal 19 al 23 marzo. Il nome *Quinquatrus* sarebbe dovuto al fatto che l'inizio della festa, il 19 marzo, cadeva il quinto giorno dopo le Idi del mese, tenendo presente che i Romani, nel contare, comprendevano il giorno di partenza e quello di arrivo. Questa solennità era festeggiata particolarmente nelle scuole, tanto che le feste in onore di Minerva erano definite *feriae pueriles*, perché costituivano un tradizionale periodo di vacanza per tutti gli studenti[104].

Il 19 marzo, anche se giorno di festa, i genitori andavano ad iscrivere i loro figli al nuovo anno scolastico e gli insegnanti portavano una piccola offerta al tempio di Minerva per ringraziarla di ogni nuovo alunno e nella speranza di averne altri[105]; in compenso, ricevevano sia dai nuovi iscritti che dagli alunni che già frequentavano un dono, detto *Minerval* o *Minervale munus*[106]; la dea in questo giorno, come attesta Giovenale (*Satire*, X, 115-116), riceveva anche una modesta offerta di un solo asse da parte degli studenti che chiedevano il sapere.

Durante l'anno, le scuole rimanevano chiuse anche ai Saturnali, feste in onore di Saturno, che si celebravano dal 17 al 23 dicembre[107] e che corrispondevano alle nostre vacanze natalizie; anche in questa occasione gli insegnanti ricevevano un dono, e un altro dono, detto *strena calendaria*, lo ricevevano alle Calende di gennaio, il primo giorno del nuovo anno[108]. Di certo questi doni, che potevano essere sia in denaro che in natura, arrecavano un piccolo contributo alla loro situazione economica spesso molto precaria.

Ogni nove giorni, ossia ogni settimana, in occasione delle *nundĭnae* 'giorno di mercato', corrispondenti alla nostra domenica, c'era vacanza, come pure durante le grandi solennità religiose e durante i giochi pubblici che si svolgevano nell'Anfiteatro; Augusto, infatti, aveva riservato ai giovani in toga pretesta e ai loro pedagoghi posti speciali e vicini[109].

Il periodo di vacanza più lungo era senz'altro quello estivo, di cui Marziale (*Epigrammi*, X, 62, 10-12) attesta la data finale, il 15 ottobre; infatti, rivolgendosi ad un *ludi magister* che nell'infuocato luglio ancora faceva lezione, lo invita a mettere da parte le terribili strisce di cuoio e la funesta bacchetta e farle dormire fino alle Idi di Ottobre, concludendo: "d'estate i ragazzi, se stanno bene, imparano abbastanza"; evidente l'allusione al clima estivo, caldo-umido e malsano di Roma, nocivo soprattutto per i più giovani. Rimane incerto se le vacanze estive avessero inizio a metà giugno, almeno per le scuole elementari, con ben quattro mesi di libertà per gli studenti[110] o a luglio[111].

Le lezioni iniziavano alle prime luci dell'alba e Ovidio (*Amori*, I, 13,17-18), rivolgendosi all'Aurora, così la rimprovera: " tu sottrai i fanciulli al sonno e li consegni ai maestri, perché le teneri mani subiscano le crudeli sferzate". "Alzatevi! – rincalza Marziale (*Epigrammi*, XIV, 223) – già il fornaio vende ai ragazzi le frittelle grasse e i crestati uccelli annunziatori del mattino (i galli) cantano da ogni parte". Altrove, sempre Marziale (*ivi*, IX, 68, 34) se la prende con uno scellerato *ludi magister* che inizia a tuonare con la sua voce crudele e a punire gli allievi con la *ferula*, prima ancora che i galli inizino a cantare e tutta Roma era addormentata.

Andando a scuola così presto, soprattutto d'inverno, una lanterna portata dal pedagogo avrà rischiarato i loro passi e lungo la strada una sosta dal fornaio per comperare la colazione; per il pranzo, dato che le lezioni erano impartite anche nel pomeriggio, i ragazzi tornavano a casa verso mezzogiorno. Plinio il Vecchio (*Storia naturale*, IX, 25) racconta l'episodio, avvenuto al tempo di Augusto, del delfino del lago Lucrino, vicino alle coste della Campania, che, divenuto grande amico di uno scolaretto che dalla zona di Baia si recava a Pozzuoli per frequentare la scuola elementare, ogni giorno, a mezzogiorno, gli offriva il dorso per portarlo, attraverso il lago, da Pozzuoli a Baia e poi di nuovo da Baia a Pozzuoli, finché il ragazzo morì.

Costantemente presenti nella vita scolastica, per tutta l'antichità, furono le punizioni corporali, per le quali l'arnese più usato era la *ferula*, una bacchetta di canna, leggera e flessibile che presentava giunture nodose e dolorose; il suo nome vien fatto derivare dal verbo *ferire* 'colpire', perché con essa comunemente si picchiavano fanciulli e fanciulle[112].

Per gli antichi scuola e *ferula* erano talmente inseparabili che sia Ovidio che Giovenale trasferiscono tale associazione già nell'età eroica, rappresentando un Achille che teme la verga o nell'atto di offrire egli stesso le mani alle sferzate, su richiesta del maestro Chirone[113].

La *ferula* si abbatteva sulle mani – anzi sul palmo delle mani, la parte più delicata – degli alunni ad ogni lieve e banale mancanza: pigrizia nello studio, poca attenzione nello scrivere o nel leggere, indisciplina.

Ovidio (*Amori*, I, 13, 18) parla di "delicate mani" sottoposte alle crudeli sferzate; Giovenale, (*Satire*, I, 15), per dire che anche lui da ragazzo aveva frequentato la scuola, usa l'espressione *manum ferulae subducere*, ossia "tirar via la mano quando la bacchetta scende per colpire", e Marziale (*Epigrammi*, XIV, 80-81) definisce la *ferula* "assai odiata dai ragazzi e cara ai maestri".

Per le infrazioni più gravi il maestro ricorreva alla *scutica* 'lo staffile, lo scudiscio', fatto di strisce di cuoio, o alla *virga*, formata da un fascio di giunchi flessibili; per subire questa punizione il ragazzo era costretto a denudarsi spalle e natiche e veniva sollevato da due compagni, uno dei quali lo teneva ben saldo sulle sue spalle, afferrandolo per le braccia, mentre l'altro lo sorreggeva per le caviglie. Questo tipo di punizione era detto in latino *catomum* (dal greco κατ' ὦμόν) che significa 'sospensione sulle spalle di qualcuno per essere frustato'. La Fig. 20 dà una splendida raffigurazione della scena.

Questi mezzi di punizione erano usati di certo dal *ludi magister* e dal *grammaticus*; Orazio (*Lettere*, II, 1, 70-71), ad esempio, ricorda bene il grammatico Orbilio, uomo iracondo e manesco, da lui bollato come *plagosus* 'avvezzo a colpire' con la *ferula* ed anche con la *scutica*, come precisa il poeta Domizio Marso: "Tutti quelli che Orbilio ha colpito con la bacchetta e lo scudiscio"[114]. Di essi tutto lascia supporre che anche il retore si avvalesse; Giovenale, infatti, quando sottrae le mani alla bacchetta che sta per colpire, non era allievo di un maestro elementare o di un grammatico, ma di un retore: consigliando al dittatore Silla di ritirarsi dalla politica stava declamando una *suasoria*.

Nelle scuole romane la disciplina eccessivamente severa si mantenne inalterata attraverso i secoli, se ancora nel IV sec. d.C. Ausonio ci presenta la scuola di un grammatico, descrivendolo come un tiranno dal volto truculento e che brandisce la *ferula* come uno scettro; Ausonio esorta il nipote, che sta per iniziare lo studio di grammatica, a non aver paura se nella classe risuonano i colpi di numerose percosse, le grida dei colpiti e il terrore si diffonde fra gli allievi; la paura palesa un animo degenere, indice di bassezza, e l'alunno deve affrontare con coraggio questa triste esperienza, un male comune e necessario[115].

S. Agostino (*Confessioni*, I, 9, 14-15) confessa di non aver mai dimenticato le tribolazioni dei suoi anni di scuola, perché, non amando lo studio ed odiando di esservi costretto, veniva spesso picchiato e i genitori ridevano dei colpi che riceveva per la sua negligenza e che per lui costituivano una gravissima sofferenza. Anche Fulgenzio, un erudito del V-VI sec. d.C., ricorda le sue mani gonfie per i colpi della *ferula*, quando frequentava la scuola elementare[116].

Molti genitori davano per scontate le crudeli punizioni a scuola ed alcuni addirittura le incoraggiavano; d'altra parte, alcuni di essi pagavano le lezioni solo se soddisfatti del risultato raggiunto dai loro figli ed è quindi comprensibile che gli insegnanti ricorressero a metodi severi per ottenere che gli alunni imparassero, volenti o nolenti, ciò che veniva loro insegnato.

Dal momento che la pratica delle punizioni era così abituale, se il grammatico Orbilio è passato alla storia come particolarmente manesco è senz'altro perché egli si servì della *ferula* e della *scutica* con particolare frequenza e forse con un certo sadismo.

Comunque, anche nell'antichità si levarono voci contro queste punizioni corporali, voci evidentemente non ascoltate. Seneca (*La clemenza*, III,14, 3 [I, 16, 3]), ad esempio, si chiede: "Non sembrerà essere un pessimo padre quello che reprime i suoi figli, picchiandoli continuamente anche per i più futili motivi? E quale di due precettori sarà più degno di studi liberali (quindi sta parlando di grammatici e retori), quello che straziérà i suoi discepoli se la loro memoria viene meno o se i loro occhi poco agili esitano durante la lettura, o quello che preferisce correggere e insegnare attraverso consigli e moderazione?". Seneca è dell'avviso, quindi, che nell'educare i giovani, prima di ricorrere a provvedimenti severi, come le punizioni corporali, bisogna tentare di correggerli con ammonimenti, consigli, insegnamenti e rimproveri.

Anche Quintiliano (*Istituzione oratoria*, I, 3, 14) non approva i metodi brutali di cui si servivano i maestri, che riteneva degradanti e ingiuriosi, adatti solo agli schiavi, preferendo fare affidamento sui rimproveri, sull'emulazione, sullo spronare i ragazzi a raggiungere dei risultati e a premiarli, se li ottenevano, con doni.

11. Manuali scolastici bilingui

Con il nome di *Hermeneumata Pseudodositheana* 'Interpretazioni, spiegazioni dello Pseudodositeo', sono passati in letteratura dei manuali bilingui di conversazione e vocabolario, compilati ad uso delle scuole dell'Impero all'inizio del III sec. d.C. ed attribuiti per errore al grammatico Dositeo, vissuto un secolo dopo. Sono redatti in greco e latino, per permettere agli alunni greci d'imparare il latino e a quelli latini d'imparare il greco e di esercitarsi alla scrittura e alla lettura delle due lingue. Essi iniziano con un vocabolario greco – latino, con il vocabolo greco e l'equivalente latino o il vocabolo latino e l'equivalente greco, scritti su due colonne, e contengono poi, sempre scritti su due colonne, con testo greco e traduzione latina, piccoli testi elementari, brani aneddotici, conversazioni quotidiane, dialoghi familiari, rivelatori della vita romana in età imperiale[117].

Questi *Hermeneumata* ci fanno conoscere un ragazzo di buona famiglia che racconta, in prima persona, la sua giornata di scolaro.

"Prima dell'alba mi sveglio, chiamo lo schiavo, gli faccio aprire la finestra; egli l'apre subito; mi alzo e mi siedo sulla sponda del letto; chiedo fasce per coprire i piedi e le scarpe, perché fa freddo. Appena alzato, prendo un asciugamano; me ne hanno portato uno pulito. Chiedo acqua per lavarmi; mi portano l'acqua in una brocca: me la verso prima sulle mani poi sul viso e nella bocca; sfrego i denti e le gengive, sputo, mi soffio il naso e dopo mi asciugo le mani, e poi anche le braccia e la faccia per essere pulito come conviene ad un ragazzo di liberi natali.

Mi tolgo la camicia da notte, prendo una tunica e mi metto la cintura; mi profumo il capo e mi pettino. Avvolgo il mantello (*palla*) attorno al collo e m'infilo dalla testa la bianca mantella con cappuccio (*paenula* o *penula*)[118]. Esco dalla camera da letto con il pedagogo e con la nutrice per andare a salutare il padre e la madre; saluto e bacio tutti e due e sono baciato a mia volta.

Poi cerco lo stilo (*graphium*) e il libro (o il quaderno) di pergamena (*membranum*) e lo do al mio schiavo. Così tutto è pronto, esco di casa per andare a scuola; mi metto in cammino, con buon auspicio, seguito dal pedagogo, lungo il portico che conduce alla scuola. I miei compagni mi vengono incontro, li saluto e mi rispondono. Quando arrivo davanti alla scala, salgo i gradini lentamente, come si conviene e, nell'anticamera, depongo la *penula*; mi ravvio i capelli; entro e dico: "Salve, maestro", ed egli mi bacia e mi rende il saluto. Il mio schiavo mi porge lo *scrinium* (onde l'appellativo di *scriniarius* dato allo schiavo) – ossia l'astuccio, la cassetta ove si riponeva l'occorrente per scrivere –, le tavolette, il regolo e l'astuccio delle penne (*theca graphiaria*). "Salve, compagni, datemi il mio posto (*scamnum*). Stringiti! "Venite qui". "E' il mio posto!". "L'ho preso io". Mi siedo e mi metto al lavoro".

Seguono numerose e preziose notizie sull'insegnamento primario, riguardanti la copiatura da parte degli alunni del modello scritto prima dal maestro (*praesciptum*), la lettura, la dettatura, la recitazione e l'aritmetica. Ad esempio:

"Copio il modello; quando ho scritto, mostro al maestro; mi corregge; scrive in bella calligrafia...Io non so copiare; copia per me, tu che sai così bene. Cancello; la cera è dura, dovrebbe essere molle.

Fa bene i tratti delle lettere. Il tuo inchiostro ha poca acqua... ecco, ora va bene. Fa vedere la penna, il temperino (*scalpellum*). Fa vedere come hai scritto. Abbastanza bene. Meriti di essere bastonato. Via ti perdono".

Si conclude poi il racconto: "Ho finito d'imparare la lezione. Chiedo (al maestro) che mi lasci andare a casa per il pranzo ed egli mi fa andar via; io gli dico "Sta bene" ed egli mi rende il saluto. Entro in casa; mi cambio; prendo del pane bianco, olive, formaggio, fichi secchi e noci, bevo acqua fresca. Dopo mangiato torno di nuovo a scuola. Trovo il maestro che sta leggendo e che dice "Riprendete il lavoro".

La giornata del nostro scolaro termina con l'andata al bagno pubblico: "Bisogna andare al bagno. E' l'ora. Ci vado, faccio prendere i teli da bagno e seguo il servo. Corro incontro a quelli che vengono al bagno e li saluto e dico a tutti e ad ognuno "State bene! Buon bagno! Buona cena!"[119].

Si hanno notizie anche circa l'organizzazione del lavoro: a livello elementare, i più piccoli (*pusilli*) si esercitano nelle lettere dell'alfabeto e nelle sillabe con l'aiuto di un allievo più grande; altri, nella scuola secondaria, sono aiutati dal *subdoctor* il 'sottomaestro' e leggono versi. Nella classe gli alunni sono divisi in gruppi (*classes*) anche in base alle loro possibilità: i più lenti (*tardiores*) e i più svelti (*velociores*); inoltre si tiene conto delle loro attitudini, del profitto, delle circostanze e dell'età, in quanto diversi sono i temperamenti degli studenti e diversa la loro disposizione allo studio[120].

NOTE

[1] QUINTILIANO, *Istituzione oratoria*, I, 2, 1.

[2] H.I. MARROU, *Storia dell'educazione nell'antichità*, (tr.it.), Roma 1994, p. 310.

[3] Vedi sopra p. 23 s.

[4] CICERONE, *La repubblica*, I, 22, 36.

[5] Vedi E. JULLIEN, *Les Professeurs de la littérature dans l'ancienne Rome et leur enseignement depuis l'origine jusqu'à la mort d'Auguste*, Paris 1885, p. 17

[6] AULO GELLIO, *Notti Attiche*, I, 23, 4.

[7] AULO GELLIO, *ivi*, I, 23; MACROBIO, *Saturnali*, I, 6, 19-25.

[8] PLINIO il GIOVANE, *Lettere*, VIII, 14, 5.

[9] SVETONIO, *Augusto*, 38, 2.

[10] Così S.F. BONNER, *L'educazione nell'antica Roma. Da Catone il Censore a Plinio il Giovane*, (tr.it.), Roma 1986, p. 25 s.

[11] SVETONIO, *Augusto*, 64, 2-3.

[12] K.J. MARQUARDT, *Manuel des antiquités romaines. La vie privée des Romaines*, XIV,1. *Les enfants et leur education*, trad., franc. V. HENRY, Paris 1892, p. 106 s.

[13] DIONIGI di ALICARNASSO, *Antichità Romane*, XIX, 5, 1.

[14] PLUTARCO, *Vita di Paolo Emilio*, 5, 3.

[15] PLUTARCO, *ivi*, 6, 5.

[16] PLUTARCO, *ivi*, 28, 6.

[17] Vedi sopra p. 24.

[18] CICERONE, *Bruto*, 104.

[19] CICERONE, *ivi*, 211

[20] QUINTILIANO, *Istituzione oratoria*, I, 1, 6.

[21] CICERONE, *Lettere al fratello Quinto*, II, 4, 2.

[22] SVETONIO, *Grammatici e retori*, XVII, 2.

[23] PLUTARCO, *Vita di Pompeo*, 55, 1-2.

[24] SVETONIO, *Grammatici e retori*, XVI, 1.

[25] SALLUSTIO, *La congiura di Catilina*, 25.

[26] MACROBIO, *Saturnali*, II, 5, 2.

[27] VARRONE, in NONIO, *La dottrina abbreviata*, p. 718 ed. Lindsay.

[28] SVETONIO, *Claudio*, 2,

[29] La *proscriptio* 'proscrizione' era una lista - pubblicata – di cittadini romani dichiarati fuori legge, la cui proprietà era confiscata e venduta all'asta. I proscritti potevano essere uccisi impunemente dai soldati; si faceva ricorso a ricompense e a pene per incoraggiare i loro familiari e amici a tradirli. Questo procedimento, utilizzato nell'82-81 a.C. da Silla e nel 43-42 a.C. dai triumviri Marco Antonio, Emilio Lepido e Ottaviano, era un mezzo sia per liberarsi dei nemici che per procurarsi fondi.

[30] APPIANO, *Le guerre civili*, IV, 30.

[31] CASSIO DIONE, *Storia Romana*, XLVIII, 33, 1.

[32] ARISTOTELE, *Politica*, 8.

[33] Vedi sopra p. 4.

[34] DIONIGI di ALICARNASSO, *Antichità Romane*, XI, 28, 3.

[35] FESTO, pp.109; 470 ed. Lindsay.; QUINTILIANO, *Istituzione oratoria*, I, 6, 34.

[36] Vedi E. JULLIEN, *Les Professeurs* cit., p. 113 s.; S.F. BONNER, *L'educazione* cit., p. 79 s.

[37] GIROLAMO, *Lettere*, 107, 2.

[38] SENECA, *Lettere a Lucilio*, 94, 51; QUINTILIANO, *Istituzione oratoria*, I, 1, 27, che in V, 14, 31, parla di *praeformatae litterae* "lettere predisposte, abbozzate" per i bambini; GIROLAMO, *Lettere*, 107, 4.

[39] Come riferisce TERENZIO SCAURO, grammatico di età di Adriano, in H. KEIL, *Grammatici Latini*, VII, Lipsiae 1880, p. 13, 10.

[40] O. GUÉRAUD - P. JOUGUET, *Un livre d'écolier du IIIe siècle J.- C.*, Le Caire, 1938.

[41] S.F. BONNER, *L'educazione* cit., p. 222 ss.

[42] Il suo funzionamento è descritto in S.F. BONNER, *L'educazione* cit., p. 233 ss.

[43] VEGEZIO, *Epitome dell'arte militare*, II, 19.

[44] SVETONIO, *Grammatici e retori*, IV, 1, e il commento del passo di M.C. VACHER, *Svétone, Grammairiens et rhéteurs*, Paris 1993, p. 60 ss.

[45] CICERONE, *La divinazione*, I, 34; SVETONIO, *Grammatici e retori*, IV, 2.

[46] QUINTILIANO, *Istituzione oratoria*, II, 1, 4.

[47] Come mostrano le iscrizioni funerarie che menzionano i due tipi di grammatici; vedi S.F. BONNER, *L'educazione* cit., p. 79 e note 55-56.

[48] SVETONIO, *Grammatici e retori*, IV, 11; vedi anche *Digesto*, 50, 13,1. Il titolo di *professor* non spettava al *ludi magister*, *Digesto*, 50, 13, 6.

[49] QUINTILIANO, *Istituzione oratoria*, I, 4, 6.

[50] Vedi S.F. BONNER, *L'educazione* cit., p.246 s.

[51] SVETONIO, *Grammatici e retori*, XVI, 3.

[52] QUINTILIANO, *Istituzione oratoria*, II, 5, 1.

[53] QUINTILIANO, *ivi*, II, 5, 19-20.

[54] AUSONIO, *Esortazione al nipote*, XXI, 45-46; 56-58.

[55] QUINTILIANO, *Istituzione oratoria*, II, 5, 5-6.

[56] QUINTILIANO, *ivi*, I, 8, 4.

[57] QUINTILIANO, *ivi*, I, 8, 8; vedi anche I, 8, 6.

[58] GIOVENALE, *Satire*,VI, 187-191.

[59] OVIDIO, *Tristezze*, II, 369-370.

[60] CICERONE, *Bruto*, 104.

[61] SVETONIO, *Grammatici e retori*, XXV, 1.

[62] PLINIO il VECCHIO, *Storia naturale*, VII, 112; vedi anche CICERONE, *La repubblica*, III, 6, 9; PLUTARCO, *Vita di Catone Maggiore*, 22; QUINTILIANO, *Istituzione oratoria*, XII, 1, 35.

[63] SVETONIO, *Grammatici e retori*, XXV, 10; *Digesto*, 1, 13,1.

[64] SVETONIO, *ivi*, XXVI, 1; SENECA il RETORE, *Controversiae*, II, *prefazione* 5; QUINTILIANO, *Istituzione oratoria*, II, 4, 42.

[65] SVETONIO, *Grammatici e retori*, XXVI, 1.

[66] SVETONIO, *ivi*, XXV, 1; AULO GELLIO, *Notti Attiche*, XV, 11, 2.

[67] Vedi CICERONE, *Dell'oratore*, III, 93; TACITO, *Dialogo degli oratori*, 35, 1.

[68] TACITO, *ivi*, 35, 2.

[69] QUINTILIANO, *Istituzione oratoria*, II, 1, 4-5.

[70] SVETONIO, *Grammatici e retori*, IV, 6.

[71] SVETONIO, *ivi*, XXV, 8.

[72] SENECA il RETORE, *Controversiae* III, *prefazione* 15.

[73] TACITO, *Dialogo degli oratori*, 35, 1; 3-4.

[74] TACITO, *ivi*, 35, 4.

[75] SENECA IL RETORE, *Suasoriae* VI e VII; QUINTILIANO, *Istituzione oratoria*, III, 8, 46.

[76] GIOVENALE, *Satire*, VII, 162-163.

[77] PERSIO, *Satire*, III, 45.

[78] S.F. BONNER, *L'educazione* cit., p. 359.

[79] Così M.L. CLARKE, *Rhetoric at Rome, A Historical Survey*, London 1953, p. 85 s.

[80] SVETONIO, *Grammatici e retori*, XXV, 9.

[81] QUINTILIANO, *Istituzione retorica*, II, 2, 9; 12.

[82] QUINTILIANO, *ivi*, II, 7, 1; X, 5, 21.

[83] AGOSTINO, *Confessioni*, IX, 2,2; 2,4; 5,13.

[84] STORIA AUGUSTA, *Vita di Marco Antonio Filosofo*, II, 2-5.

[85] STORIA AUGUSTA, *Vita di Alessandro Severo*, III, 2-3.

[86] P. ANNIO FLORO, *Virgilio oratore o poeta*, 3,2 , a cura di H. MALCOVATI, Roma 1937, p. 225.

[87] SVETONIO, *Grammatici e retori*, XXIII, 1-5; IX (Orbilio).

[88] GIOVENALE, *Satire*, VII, 158-160.

[89] SVETONIO, *Grammatici e retori*, III, 4; XI, 2; XVIII, 3.

[90] AGOSTINO, *Confessioni*, VIII, 6, 13; AUSONIO, *Commemorazione dei Professori di Bordeaux*, XXII.

[91] SVETONIO, *Vespasiano*, 18, 1; ZONARA, *Epitome di storie*, XI, 17c.

[92] *CIL*, III, p. 831.

[93] TACITO, *Annali*, III, 66, 3.

[94] CICERONE, *Discussioni Tusculane*, III, 12, 27; VALERIO MASSIMO, *Fatti e detti memorabili*, VI, 9, *esempi stranieri*, 6.

[95] M. DELLA CORTE, *Case ed abitanti di Pompei*[3], Napoli 1965, p. 135 s.; ID., *Scuole e maestri in Pompei antica*, in *Studi Romani*, 7 (1959), p. 625 s.

[96] K.J. MARQUARDT, *Manuel des antiquités romaines* cit., p. 110 e not. 5; E. JULLIEN, *Les Professeurs* cit., p. 115.

[97] S.F. BONNER, *L'educazione* cit., p. 155 ss.

[98] M. DELLA CORTE, *Case ed abitanti* cit., p. 223 s.

[99] M. DELLA CORTE, *Le iscrizioni graffite della Basilica degli Argentari sul Foro di Giulio Cesare*, in *Bullettino della Commissione Archeologica Comunale di Roma*, LXI (1933), p.112 ss.

[100] SVETONIO, *Grammatici e retori*, XVII, 2 (Verrio Flacco);

[101] E. JULLIEN, *Les Professeurs* cit., p. 119; S.F. BONNER, *L'educazione* cit., p.164.

[102] Con il termine *liber* veniva indicata la corteccia interiore di alcune piante, sulla quale si scriveva nella fase iniziale della scrittura romana; il termine *liber* si è conservato anche dopo aver cessato di scrivere su questa corteccia per usare il papiro; A. ERNOUT - A. MEILLET, *Dictionnaire étymologique de la Langue Latine*[4], Paris, s.v, *liber*.

[103] ORAZIO, *Lettere*, I, 20, 17-18; PERSIO, *Satire*, I, 41-43.

[104] SIMMACO, *Lettere*, V, 85, 3.

[105] OVIDIO, *Fasti*, III, 829-830; TERTULLIANO, *Idolatria*, 20.

[106] E. JULLIEN, *Les Professeurs* cit., p. 181 e nt. 6; S.F. BONNER, *L'educazione* cit., p. 191.

[107] PLINIO il GIOVANE, *Lettere*,VIII, 7, 1; MARZIALE, *Epigrammi*, V, 84.

[108] TERTULLIANO, *Idolatria*, 10.

[109] VARRONE, in NONIO, *La dottrina abbreviata*, p. 193 L.; TERTULLIANO, *ivi*; SVETONIO, *Augusto*, 44.

[110] E. JULLIEN, *Les Professeurs* cit., p. 128.

[111] K.J. MARQUARDT, *Manuel des antiquités romaines* cit., p. 112, not. 2 (dal 15 luglio); H.I. MARROU, *Storia dell'educazione* cit., p. 357 (dalla fine di luglio); incerto S.F. BONNER, *L'educazione* cit., p. 177.

[112] ISIDORO DI SIVIGLIA, *Origini o etimologie*, XVII, 9, 95.

[113] OVIDIO, *L'arte di amare*, I, 15-16; GIOVENALE, *Satire*, VII, 210.

[114] SVETONIO, *Grammatici e retori*, IX, 3. Domizio Marso, poeta contemporaneo di Orazio, più volte menzionato da Marziale, che lo ammirava.

[115] AUSONIO, *Esortazione al nipote*, XXI, 24-32.

[116] FULGENZIO, *Mitologie*, I, 608, ed. R. HELM, Lipsiae 1898, p. 8.

[117] Gli *Hermeneumata Pseudodositheana* sono editi in *Corpus Glossariorum Latinorum*, III, a cura di G. GOETZ, Lipsiae 1892 (abbreviato *CGL*).

[118] Questa è la traduzione letterale: il vocabolo greco ἀναβόλαιον 'mantello'è tradotto in latino con *palla*, termine indicante un mantello femminile, corrispondente al *pallium* maschile; il vocabolo greco φελόνες (φαινόλες) corrisponde al latino *paenula*, una mantella di spessa lana, usata per riparasi dal freddo, dalla pioggia e in viaggio, simile ad un moderno poncho.

[119] I brani letti sono tratti dalle seguenti pagine di *CGL*, III: 377, 55 ss.; 378, 1 ss; 379, 74-78; 380, 1 ss; 637, 3; 638, 6-8; 640, 7; 10; 645 s., 2.

[120] *CGL* III, 226, 2 ss.; 382, 1-15; 49-52; 646. Vedi H.I. MARROU, *Storia dell'educazione* cit., p. 362; S.F. BONNER, *L'educazione* cit., p. 171.

5 GIOCHI E PASSATEMPI INFANTILI

1. L'importanza del gioco

Per i bambini romani, come per i bambini di ogni luogo e di ogni tempo, l'attività più importante era il gioco, poiché il gioco è l'essenza stessa dell'essere bambino.

"Il bambino è un essere che gioca, e niente altro. Domandarsi perché il bambino gioca, è domandarsi perché è un bambino"[1].

Ovidio (*Rimedi all'amore*, 23-24), rivolgendosi al piccolo Eros, gli dice: "Tu sei un bambino e solo i giochi ti si confanno".

Una bimba morta a 5 anni, 7 mesi e 22 giorni, lascia questo ricordo della sua brevissima vita: "Finché ho vissuto, ho giocato"[2].

I bambini devono sempre fare qualcosa, non possono star fermi e sfogano la loro inesauribile vitalità e la loro irrequietezza, i più piccoli nel muoversi, nel camminare prima carponi, poi in piedi con frequenti cadute senza conseguenze, i più grandicelli nei loro giochi continui anche faticosi, da cui non possono essere distolti neppure con le percosse[3].

Attraverso il gioco l'indole del bambino, sin dalla prima infanzia, si mette completamente a nudo ed è per questo che essa, essendo perfettibile, deve essere guidata o, dove occorre, modificata in vista dell'età futura e della sua definitiva realizzazione nel mondo degli adulti.

"Ai fanciulli non diamo il permesso di giocare in qualsiasi modo – scrive Cicerone (*I doveri*, I, 103) –, ma soltanto nella misura in cui esso non diparta da ciò che la costumatezza richiede, così il gioco stesso porti l'impronta della moralità e della gentilezza".

Di qui la necessità di modificare o eventualmente estirpare un comportamento errato da un punto di vista etico; certe abitudini, certi comportamenti non corretti, rivelatisi nel gioco e non corretti, emergeranno poi spontaneamente nell'età adulta, che non è altro che il risultato dei principî e del tipo di educazione ricevuti sin dalla prima infanzia.

"Anche le abitudini e le tendenze si scoprono meglio durante il gioco – afferma Quintiliano (*Istituzione oratoria*, I, 3, 12) – a condizione che nessuna età sembri così debole e incerta, da non essere in grado di capire subito che cosa sia il bene e che cosa sia il male; il momento di plasmarla è proprio quello, in cui essa non sa fingere e cede con molta arrendevolezza ai suggerimenti. Si fa prima, in realtà, a recidere i difetti che a correggerli quando ormai sono incalliti".

Un padre, sul letto di morte, rivela ai suoi due figli di aver intuito le loro naturali inclinazioni, osservandoli giocare: l'uno, nel portare gli astragali e le noci nella piega allentata della veste, nel regalarli e perderli nel gioco, manifestava la sua innata prodigalità; l'altro, nel contarli e nasconderli nelle buche, palesava la sua natura di avaro[4].

Plutarco, narrando la vita di Catone Uticense, scrive come costui dimostrasse fin da piccolo, anche nei giochi infantili, un carattere rigido, poco emotivo e fermo[5].

Il gioco doveva essere presente anche in età scolare. "Che i ragazzi giochino – afferma Quintiliano (*Istituzione oratoria*, I, 3, 10-11) – non mi pare sbagliato... Però le interruzioni (dello studio) abbiano un limite per evitare che, se non sono concesse, provochino odio verso gli studi, e, se sono eccessive, abituino al dolce far nulla, alla pigrizia".

Dello stesso parere anche Seneca (*L'ira*, II, 20, 3): "Gioveranno anche i giochi; un piacere misurato rilassa e ritempra gli animi".

Lo studio stesso poteva diventare un gioco per il fanciullo che stava imparando l'alfabeto, se le lettere, ritagliate in avorio o nel più economico legno di bosso, diventavano dei piccoli giocattoli[6].

S. Agostino rimprovera a se stesso l'amore per il gioco, quando era in età scolare, che lo portava ad essere svogliato e negligente nello studio, corrispondendo male alle attese e ai sa-

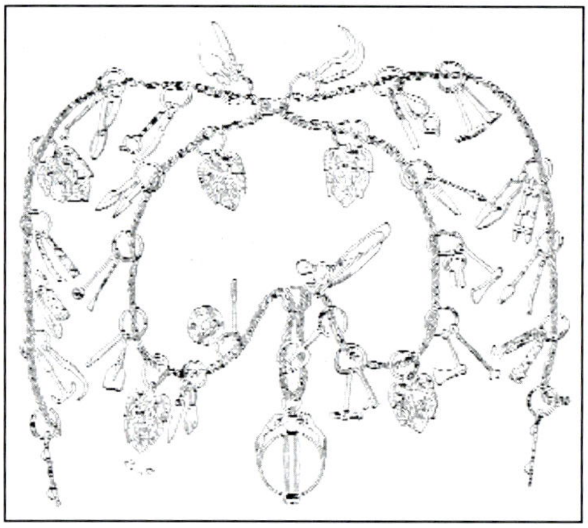

Fig. 27. *Crepundia*. Vienna, Museum für Kunst und Industrie (disegno da *Dictionnaire des Antiquités*, s.v. *Crepundia*, p, 1561, Fig. 2066).

crifici dei genitori e meritando severe punizioni da parte dei maestri. Le bande di adolescenti, di cui faceva parte, protraevano i loro giochi nelle piazze fino a notte fonda e a volte, dopo i giochi, compivano azioni disoneste, come il furto[7].

Quasi tutti i giochi con cui si divertivano i bambini romani erano giochi importati dalla Grecia e di cui uno scrittore greco del II sec. d.C., Giulio Polluce, ci ha lasciato una minuziosa descrizione. La diffusione dei giochi greci a Roma va attribuita non solo al contatto che Roma ebbe con la cultura greca nel corso del II sec.a.C., ma soprattutto ai numerosi schiavi orientali, in particolare le nutrici, che nelle famiglie altolocate romane si prendevano cura dei bambini.

2. Giochi e giocattoli dalla prima infanzia alla puerizia.

Molte delle nostre conoscenze sui giochi e giocattoli dei bambini romani le dobbiamo al fatto che, se un decesso prematuro interrompeva la vita del bambino, i suoi giocattoli venivano chiusi per sempre nel suo sepolcro e spesso i bassorilievi, che ornano i monumenti funerari di piccoli defunti, rappresentano alcuni dei giochi e dei giocattoli più comuni.

I crepundia

Le festività familiari e le festività religiose offrivano le occasioni per fare dei regali, soprattutto dei giocattoli, ai più piccoli e ai più grandicelli.

Si iniziava con i regali nel giorno della nascita del bimbo, il suo *dies natalis*, regalo detto *natalicium* 'dono natalizio', che veniva rinnovato ad ogni suo compleanno, e poi, dopo otto o nove giorni, nel suo *dies lustricus*[8].

Di solito in queste occasioni si regalavano degli amuleti, detti in latino *crepundia*, dal verbo *crepare* 'crepitare, scoppiettare, far rumore', che si credeva tenessero lontano il malocchio. Si tratta in genere di catenelle, alle quali venivano appesi piccoli oggetti come ciondoli, da mettere al collo del neonato o da portare trasversalmente sul petto; nella commedia di Plauto, *Il soldato fanfarone*, 1399, si legge: "farò in modo che (i suoi attributi) gli pendano come i *crepundia* (pendono) dal collo dei bambini". L'espressione *a crepundis* è spesso usata per indicare un bimbo ancora in culla[9].

Se il neonato veniva esposto, i *crepundia*, messi in una cassettina, detta *cistella*, *cistula*, deposta accanto al bimbo abbandonato, dovevano servire come mezzo per un suo eventuale riconoscimento[10]; è questa la funzione che i *crepundia* esplicano nella commedia latina; in *La gómena* di Plauto, la giovane Palestra, rapita da bambina, viene riconosciuta dal padre grazie alla *cistella* contenente i *crepundia* che, come la stessa Palestra descrive (vv. 1156-1171), consistono in un piccolo pugnale d'oro, una piccola scure a doppio taglio d'oro, un pugnaletto d'argento, due manine intrecciate, una piccola scrofa ed una bulla d'oro, oggetti che il padre le aveva regalato nel giorno della sua nascita.

Un'altra commedia di Plauto, *La commedia della cassetta* (*Cistellaria*), prende il titolo dalla *cistella* contenente i *crepundia*, che permetteranno alla giovane Selenio, esposta da neonata, di essere riconosciuta dai genitori[11].

Un bellissimo esemplare di *crepundia* è quello conservato nel Museum für Kunst und Industrie di Vienna, costituito da una catena d'oro, cui sono appesi più di 50 ciondoli, anch'essi d'oro, rappresentanti vari oggetti miniaturizzati, come piccoli forbici, coltelli, asce, strigili, tenaglie, scale, scarpette, manine, foglie, un uomo su una barca con un remo etc., ed una grossa bulla[12], Fig. 27.

I sonagli

Il primo giocattolo per i piccolissimi era il *crepitaculum* il 'sonaglio'- dal verbo *crepitare*, intensivo di *crepare* 'crepitare, scricchiolare ripetutamente, fare strepito' – che, facendo rumore se veniva agitato, attirava l'attenzione dell'infante, distraendolo e calmandolo, se immerso in capricci, pianti e strilli.

Gli scavi archeologici ci hanno restituito

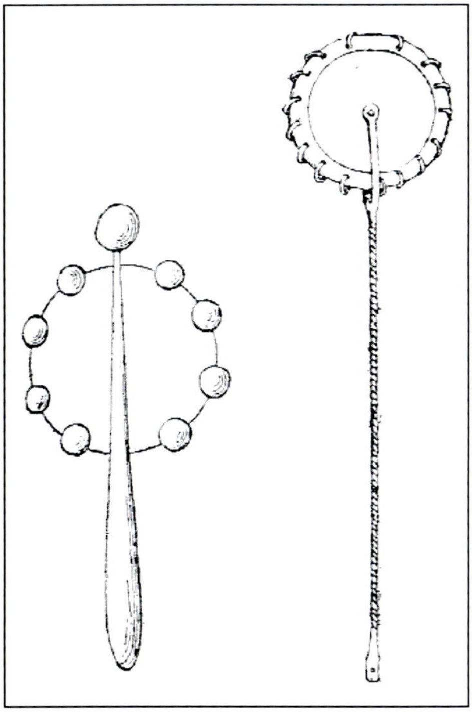

Fig. 28. *Crepitacula* 'sonagli' da Pompei e da Vulci (disegno da *Dictionnaire des Antiquités*, s.vv. *Crepitaculum*, *crepitacillum*, p. 1561, Fig. 2063-2064).

due sonagli di metallo, provenienti, uno da Pompei e l'altro da Vulci, Fig. 28; il primo, semplicissimo, è costituito da un cerchio metallico munito di sferette lungo la sua circonferenza e da un manico; se veniva agitato, produceva rumore; il secondo si compone di un disco formato da due placche rotonde di bronzo piuttosto sottili, con una serie di anelli mobili, anch'essi di bronzo, inseriti nel suo orlo; facendo ruotare il disco, gli anelli facevano rumore[13].

I più numerosi fra gli antichi sonagli sono di terracotta, alti in media sui 10 cm. o poco più, nel cui interno vuoto erano racchiusi sassolini o biglie che, sbattendo contro le pareti, se il sonaglio veniva agitato, producevano rumore. Essi rappresentano busti umani, Fig. 29, ma in prevalenza animali dalle forme tondeggianti, come il piccolo gufo, Fig. 30; il piccolo topo decorato con motivi vegetali, con le zampette appoggiate al muso allungato, Fig. 31; il maialino grasso grasso con le zampe appena accennate[14], Fig. 32, e poi galline, colombe etc. Erano oggetti economici, ma molto fragili, per cui nei primi tempi saranno stati agitati dalle persone adulte

Fig. 29. Sonagli romani. Copie in gesso. Roma, Museo della Civiltà Romana (da *Vita quotidiana nell'Italia antica*, I, p. 290).

Fig. 30. Sonaglio a forma di gufo. Londra, British Museum.

Fig. 31. Sonaglio a forma di topo, V sec. a.C. Siracusa, Museo Archeologico (da *Vita quotidiana nell'Italia antica*, I, p. 289).

Fig. 32. Sonaglio a forma di maialino. Londra, British Museum.

che si prendevano cura del piccolo; man mano che questo cresceva, lui stesso li avrà agitati e il più delle volte anche rotti.

Più sicuri nelle sue mani erano di certo i sonagli metallici, paragonati da Marziale (*Epigrammi*, XIV, 54) al sistro, una sorta di sonaglio metallico, usato in Egitto dai sacerdoti di Iside: "Sonaglino (*crepitacillum*)". "Se qualche schiavetto nato in casa ti si appende al collo frignando, fagli scuotere con la tenera mano questo chiassoso sonaglino".

Su di un vaso greco a figure rosse su fondo nero è raffigurato un bimbo che regge con la manina un sonaglio dal lungo manico, che di certo sta agitando; l'alto sedile su cui siede, che presenta due fori non molto grandi, da cui escono le grassocce gambette del bimbo, Fig. 33, è inteso o come un seggiolone dell'epoca o come *sella cacatoria*, un vasino.

Le figurine di terracotta

Si possono sicuramente classificare come giocattoli legati all'infanzia tutte quelle figurine di terracotta, giunte sino a noi in perfetto stato di conservazione, grazie all'uso degli antichi di porre nelle tombe dei defunti gli oggetti da loro usati in vita, quindi i giocattoli nelle tombe degli infanti.

Queste figurine, dette *sigilla*, venivano regalate ai bambini soprattutto durante i *Sigillaria*, festa delle immagini o delle statuette, celebrata nell'ambito dei *Saturnalia* in onore di Saturno, che si protraevano dal 17 al 23 dicembre. Secondo una consuetudine, fra i doni che venivano scambiati in questa occasione c'erano anche statuette di terracotta, che facevano la gioia dei bambini[15].

Fig. 33. Vaso greco a figure rosse su fondo nero, 440-430 a.C., da Atene, con bimbo con sonaglio su seggiolone dell'epoca o su *sella cacatoria*. Particolare della decorazione. Londra, British Museum (particolare della decorazione da *Vita e costumi dei Romani antichi*, 10, p. 26, Fig. 18).

Le figurine rappresentano diversi animali, come galli, galline, Fig. 34, maialini e soprattutto cavallucci, di cui alcuni bellissimi esemplari sono conservati nel British Museum di Londra; uno di essi è munito di quattro ruote e presenta

Fig. 34. Figurine di terracotta. Roma, Museo della Civiltà Romana.

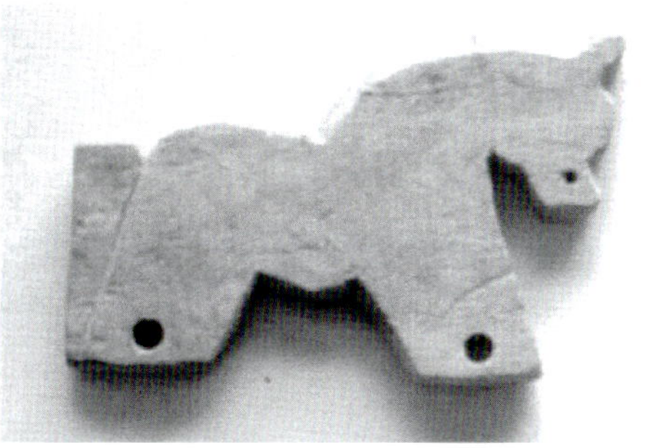

Fig. 35. Cavalluccio in legno. Londra, British Museum.

Fig. 36. Cavalluccio con rotelle e bimbo in groppa, III sec. a.C. Copia in gesso. Roma, Museo della Civiltà Romana (da *Vita quotidiana nell'Italia antica*, I, p. 292).

Fig. 37. Maialino in terracotta con rotelle, III sec. a.C. Lucera, Museo del Giocattolo (da *Vita quotidiana nell'Italia antica*, I, p. 292).

un foro sul muso che doveva di certo servire per farvi passare una cordicella e poterlo così trainare; un altro, in legno dipinto, presenta due fori alle zampe, attraverso cui far passare i perni cui attaccare le ruote, mentre un terzo foro sul muso serviva per la cordicella necessaria per il traino, Fig. 35.

Di un altro bel esemplare di cavalluccio, ritrovato a Colonia, munito di ruote con un bambino in groppa, esiste una copia in gesso nel Museo della Civiltà Romana, a Roma, Fig. 36.

Anche un roseo maialino in terracotta, proveniente da Lucera, Museo del Giocattolo, è munito di quattro ruote e di due fori nel muso per applicarvi una cordicella, Fig. 37.

La ruota

Nei primi anni di vita i bambini si divertivano a spingere dinanzi a sé una piccola ruota o un disco pieno di legno, ruotanti su di un asse al quale era innestato un lungo bastone. Questo semplicissimo gioco infantile a volte è raffigurato su monumenti funebri, come sul bassorilievo che orna il sarcofago della piccola Artemidora, Fig. 38, in cui a sinistra si vedono bimbi intenti a questo gioco, o come sul bassorilievo di un altro sarcofago, vedi oltre Fig. 58, che, a sinistra, presenta bambini ed amorini che giocano insieme con la ruota.

I carrettini

Giocattoli molto amati anche dai bimbi d'epoca romana erano i carrettini (il termine latino per indicare questo giocattolo è *plostellum*, diminutivo di *plostrum*, il carro da trasporto). Gli scavi archeologici ce ne hanno restituiti alcuni in bronzo o ceramica, mentre nessun esemplare in legno è giunto sino a noi, essendo il legno un materiale molto deperibile.

I bimbi più piccoli si divertivano a trascina-

Fig. 38. Bassorilievo del sarcofago della piccola Artemidora: a sinistra bimbi che giocano con la ruota; a destra il gioco dell'asse inclinato. Roma, Museo Nazionale Romano.

Fig. 39. Particolare del sarcofago di Marco Cornelio Stazio, con il bambino su biga trainata da un somarello, II sec. d.C. Parigi, Museo del Louvre (da *Vita quotidiana nell'Italia antica*, I, p. 291).

re il carrettino dietro di sé; i più grandicelli vi potevano aggiogare dei topolini, come dice Orazio (citato oltre), e il divertimento consisteva nel vedere le povere bestiole correre all'impazzata, terrorizzate, tirandosi dietro il traballante carrettino.

I bambini di famiglie abbienti avevano carrettini che erano delle vere e proprie bighe, anche se di piccole dimensioni proporzionate alla loro taglia, alle quali si attaccavano animali docili come capre, cani, somarelli, cavallini, e su cui il fanciullo poteva salire e comportarsi come se fosse un vero auriga. Questo tipo di carrettino è rappresentato sul sarcofago di Marco Cornelio Stazio (sopra Fig. 9), nella scena in cui il piccolo Marcus guida una piccola biga trainata da un asinello, Fig. 39.

A volte, al posto del paziente animale, erano i compagni di giochi a trascinare il carrettino e il suo piccolo guidatore, come mostra una pittura parietale proveniente da Ercolano, Fig. 40, in cui si vedono due amorini che fanno da traino, forse scontando la penitenza di un precedente gioco, mentre il terzo amorino, in piedi sulla piccola biga, tenendo saldamente le briglie, con aria di trionfo li guida.

In un mosaico della Villa di Piazza Armerina sono grossi uccelli a trainare i carrettini guidati da fanciulli che giocano alle corse del Circo, Fig. 41.

Ma il desiderio di provare l'ebbrezza della corsa su questi carrettini poteva esporre il fanciullo ad incidenti anche mortali: un bassorilievo su cui è rappresentato il piccolo defunto su una piccola biga che regge con la destra le redini e con la sinistra alza la palma della vittoria, reca, al di sotto della rappresentazione, questa iscrizione: "Io Floro, auriga fanciullo, qui giaccio. Presto volli correre, presto precipitai nelle ombre" (*CIL*, VI, 10078).

La fervida immaginazione infantile poteva trasformare in un veloce cavallo anche una semplice canna o un bastone che venivano cavalcati. Orazio (*Satire*, II, 3, 247-249): "Fabbricare casette, attaccare topi ad un carrettino, giocare a pari e dispari, cavalcare una lunga canna", nell'elencare alcuni giochi infantili, menziona proprio l'*equitare in harundine longa* "cavalcare una lunga canna", ossia immaginare che una lunga canna palustre sia un veloce destriero da cavalcare e su cui correre, anche brandendo una frusta.

Le fonti antiche tramandano due scherzosi episodi che videro protagonisti due importanti personaggi greci, Socrate e Agesilao, re di Sparta nel IV sec.a.C. Costoro non si vergognavano, quando giocavano con i loro piccoli figli, di inforcare una canna, come se fosse un cavallo e tutti insieme si divertivano a girare per la casa. Agesilao, sorpreso da un amico in tale circostanza, lo pregò di non farne parola con nessuno, finché non avesse avuto anche lui dei bambini, mentre Socrate non arrossì quando, visto da Alcibiade, il grande stratega, ne suscitò le risa[16].

Fig. 40. Amorino su biga trainata da due compagni. Pittura da Ercolano, Casa dei Cervi (IV, 21), I sec. d.C. Napoli, Museo Archeologico Nazionale.

Fig. 41. Particolare di un mosaico della Villa di Piazza Armerina, raffigurante fanciulli che giocano alle corse del Circo, IV sec. d.C. (da *Vita quotidiana nell'Italia antica*, I, p. 293).

Fig. 42. Trottola, V-IV sec. a.C. Londra, British Museum.

La trottola

Anche la trottola rientrava fra i giocattoli con cui i bambini si divertivano, ma per farla girare con velocità, occorrevano forza ed una particolare abilità, per cui veniva usata solo dai più grandicelli, che si affrontavano in vere e proprie gare. Persio (*Satire*, III, 51) non esita a confessare che il suo più grande desiderio, quando era in età scolare, era quello di essere il più bravo di tutti nel far roteare a colpi di frusta la trottola di bosso.

Quello della trottola è un gioco antichissimo, già noto all'epoca di Omero, che lo menziona nell'*Iliade* (XIV, 413), e molto diffuso nell'antichità.

I termini latini per indicare la trottola sono *turben* o *turbo*, termine indicante tutto ciò che si muove con moto vorticoso, o *buxum/buxus* 'bosso', perché la trottola poteva esser fatta di legno di bosso, oltre che di terracotta o di bronzo.

Molte trottole sono conservate nei Musei, come il bellissimo esemplare del British Museum di Londra, Fig. 42, oppure sono raffigurate in pitture vascolari.

Le trottole hanno forma di cono molto appuntito e intorno alla superficie conica, che può essere decorata con motivi vegetali, così come la base circolare del cono, presentano delle incisioni parallele in cui si avvolgeva o una semplice cordicella fissata ad un dito o il cordoncino della frusta (*flagellum*), che poi, tirati a strappo con forza, imprimevano alla trottola un rapido movimento rotatorio e, per far mantenere più a lungo possibile questo movimento, con la frusta si assestava alla trottola una buone dose di sferzate.

Virgilio (*Eneide*, VII, 378-384) è riuscito con pochi versi a dare la più bella descrizione, insieme realistica e altamente poetica, del movimento della trottola, che corre volteggiando colpita dalla frusta, sotto gli occhi dei fanciulli, disposti in cerchio, stupiti, perché non comprendono il misterioso motivo del movimento della trottola, da loro stessi impresso.

Tibullo (*Elegie*, I, 5, 3-4), per il quale l'amore per Delia diventa tormento dei sensi e dell'animo, si sente spinto come una trottola che un fanciullo, esercitato a questo gioco, fa girare velocemente con la frusta su un suolo pianeggiante.

Il cerchio

Un giocattolo antichissimo era il cerchio, detto in latino *trochus*, che è la forma latinizzata del termine greco τροχός e per questo Orazio (*Odi*, III, 24, 57) lo ritiene importato dalla Grecia.

A Roma i cerchi più belli erano di bronzo; ve ne erano anche di ferro e di legno, i più economici; la sua forma rotonda permetteva di farlo rotolare in luoghi liberi e spaziosi, servendosi di una bacchetta diritta, Fig. 43, che, con il tempo, assunse un aspetto ricurvo, costituita da una verghetta di ferro con la punta incurvata e il manico di legno, detta *clavis adunca* 'chiave a forma di uncino'[17]. Questa verghetta permetteva di moderare la corsa del cerchio e di fargli compiere con grazia delle curve.

Il cerchio poteva essere guarnito lungo la sua circonferenza di piccoli anelli metallici che, scivolando liberi tutt'intorno ad esso, ne allietavano le evoluzioni; la presenza di questi anelli non solo dava gioiosità al gioco, ma serviva anche a mettere in guardia, con il loro tintinnio, i passanti, perché si facessero da parte, come afferma Marziale (*Epigrammi*, XIV, 169): "Cerchio". "Perché il garrulo anello gira nel largo cerchio? Per far sì che i passanti si scansino davanti ai cerchi sonori", e ancora (*Epigrammi*, XI, 21,2): "come il cerchio veloce che risuona con i suoi sonori anelli di bronzo".

L'altalena, il dondolo, la fune

Fra i giochi alla portata di tutti i bambini è da annoverare l'altalena, due semplicissime corde appese ad un robusto ramo d'albero che reggono una tavoletta come sedile o un piccolo sgabello; bastava una semplice spinta per mettere in movimento l'altalena e farla oscillare, e proprio dal suo oscillare avanti e indietro l'altalena derivava il suo nome latino *oscillatio*, da cui l'espressione *oscillatione ludere* 'giocare all'altalena'[18].

Si poteva oscillare anche con il dondolo, costituito da un asse posto in equilibrio su di un sostegno centrale; due giocatori, sedendosi o stando in piedi alle estremità dell'asse, lo facevano dondolare, in modo che mentre uno scendeva in basso, l'altro saliva in alto.

Anche una semplice corda poteva procurare un gran divertimento: una pittura parietale proveniente da Ercolano, Fig. 44, rappresenta due amorini che tengono tesa una corda con cui cercano di catturare un terzo amorino per ridurlo alla immobilità, ma questo si difende a colpi di frusta.

Le noci

A Roma il gioco delle noci era il più diffuso e il più noto fra i giochi dei fanciulli, tanto che le espressioni *nuces relinquere* o *nuces ponere* 'abbandonare, lasciare le noci' assunsero il significato di 'abbandonare i giochi dell'infanzia', perché l'infanzia era ormai finita ed era tempo di volgersi a più serie e gravi occupazioni. Persio (*Satire*, I, 10), per esprimere lo stesso concetto, che cioè l'infanzia era finita, usa la frase *nucibus relictis* "avendo abbandonato le noci".

Questo concetto spiega l'antica usanza romana, secondo la quale, nel giorno delle nozze, giunto il corteo nuziale dinanzi alla casa dello sposo, i fanciulli presenti alla cerimonia lo invitavano con insistenza a lanciare loro delle noci; fra le tante spiegazioni che gli stessi antichi danno di questo rituale lancio di noci, forse la più interessante è che lo sposo, lanciando le noci, simboleggiava la sua rinuncia agli spensierati giochi dell'infanzia[19].

Le noci erano alla portata di tutti i bambini e ognuno di essi aveva il suo tesoretto di noci che gelosamente custodiva, cercando di aumentarlo con il vincere al gioco i compagni; l'avidità di noci dei bambini è paragonata da Seneca a quella che gli adulti nutrivano per l'oro, e sempre Seneca afferma che i fanciulli "piangeranno allo stesso modo per la perdita dei genitori che per

Fig. 43. Interno di coppa attica con ragazzo che ha un cerchio ed una bacchetta diritta, inizi del V sec. a.C. Collezione privata (da *Vita quotidiana nell'Italia antica*, I, p. 294).

quella delle noci"[20], mentre Marziale (*Epigrammi*, XIV, 19) annota, con amarezza, che per avere una manciata di noci il fanciullo si lascia convincere a seguire l'invito di un pederasta.

Gli adulti regalavano noci ai bambini soprattutto durante i Saturnali; donare noci in questa occasione non solo ai bambini, ma anche a parenti ed amici[21] era un'usanza talmente tipica, che Marziale (*Epigrammi*, VII, 91, 1) parla di *Saturnaliciae nuces* "noci che si donavano nei Saturnali".

Al termine di queste festività, durante le quali le scuole rimanevano chiuse, i fanciulli dovevano mettere da parte le noci e tornare al loro dovere scolastico. "Ormai il ragazzo triste per aver lasciato il gioco delle noci – scrive Marziale (*Epigrammi*, V, 84, 1-2; 6) – viene richiamato dalle grida del maestro [...]. I giorni dei Saturnali sono tutti passati".

L'ignoto autore del breve componimento poetico intitolato *Nux* 'Noce' – in cui è un albero di noci a parlare in prima persona –, componimento che alcuni manoscritti attribuiscono ad Ovidio, ci ha tramandato la descrizione di alcuni giochi che si potevano fare con le noci.

Uno di questi richiedeva soltanto quattro noci, non di più, con le quali si doveva formare una specie di castelletto: tre noci venivano poste a terra una accanto all'altra a formare la base, la quarta noce doveva essere lanciata dal giocatore con molta leggerezza e abilità, in modo da farla

Fig. 44. Amorini che giocano con corda e frusta. Pittura da Ercolano, Casa dei Cervi (IV, 21) I sec. d. C. Napoli, Museo Archeologico Nazionale.

Fig. 45. Fanciulli e fanciulle che giocano con le noci al *ludus castellorum* il 'gioco dei castelli'. Roma, Musei Vaticani, Galleria Chiaramonti (da *Civiltà dei Romani*, p. 186, Fig. 245).

rimanere in equilibrio sulle tre della base, sì da formare una piccola piramide o, come si diceva, un *castellum*; il gioco in latino è detto *ludus castellorum*, il 'gioco dei castelli'.

Questo gioco è raffigurato su alcuni bassorilievi che ornano sarcofagi di piccoli defunti. Uno di questi, Fig. 45, presenta, nella parte destra, un folto gruppo di ragazzini che attornia il giocatore, accovacciato, che sta per lanciare la sua noce; in terra ci sono tre *castella*; uno dei compagni di gioco regge in mano un sacchetto in cui tiene le sue noci, un altro le tiene in un lembo rialzato della veste; nella parte sinistra del bassorilievo è raffigurato un gruppo di fanciulle intente allo stesso gioco e quella che sta per lanciare la sua noce è seduta su un basso sgabello; le due scene sono separate dalla presenza, al centro, di due ragazzini che litigano fra di loro ed uno ha già afferrato le folte chiome dell'altro.

Fig. 46. Disegno del bassorilievo di un sarcofago, con bambini occupati nel gioco dell'asse inclinato, e fanciulle che fanno rimbalzare la palla contro un muro, a destra (disegno di K. FREDLANDER, *Fanciulli giuocanti*, tav. d'agg. B.C.).

Un altro gioco prescriveva di far rotolare una noce su un asse inclinato in modo che la noce, rotolando fino a terra, toccasse una delle noci poste a terra come bersaglio.

Anche questo gioco è raffigurato su bassorilievi di sarcofagi di piccoli defunti, come quello di cui la Fig. 46 riproduce il disegno[22]: in esso, a sinistra, si vedono quattro fanciulli occupati in questo gioco, anche se gli oggetti da far rotolare non sono noci, ma rassomigliano a piccole palle; il primo fanciullo sta per far rotolare la sua palla (?) su di un piano in posizione obliqua, appoggiato ad un sostegno, nella speranza che questa, rotolando, ne tocchi una delle tre poste in terra; di fronte a lui un altro giocatore sta per appoggiare a terra la sua palla; gli altri due aspettano il loro turno; nella parte destra del bassorilievo, tre fanciulle giocano a far rimbalzare la palla contro un muro.

Il gioco dell'asse inclinato è raffigurato anche nel bassorilievo che orna il sarcofago della piccola Artemidora, sopra Fig. 38, in cui, nella parte destra, quattro amorini giocano non con noci, ma con oggetti rotondi e forati. Evidentemente il gioco dell'asse inclinato si poteva fare con qualsiasi oggetto rotondo in grado di rotolare.

Un gioco molto divertente, anch'esso menzionato nel poemetto *Nux*, doveva essere il 'gioco del delta', così detto perché il delta, la quarta lettera dell'alfabeto greco, in carattere maiuscolo e quindi avente la forma di un triangolo, era disegnato in terra con il gesso e nel suo interno veniva tracciato un certo numero di linee orizzontali, parallele alla base del triangolo; il gioco consisteva nel lanciare da una distanza stabilita una noce entro la figura e nel farle oltrepassare più linee possibili, senza uscire dalla figura stessa. I giocatori vincevano tante noci quante linee avevano toccato.

Con le noci si poteva anche giocare a '*par impar*' a 'pari e dispari': un ragazzo nascondeva delle noci , o anche astragali o altri piccoli frutti, nella mano e l'avversario doveva indovinare se il numero degli oggetti chiusi nella mano era pari o dispari; se vinceva, li guadagnava, altrimenti ne perdeva in numero uguale.

Se giocato fra ragazzi, questo era un gioco molto innocente, ma se al posto di noci, astragali o altro si usavano monete, anche d'argento o d'oro, come facevano gli adulti, diventava un gioco d'azzardo, in cui si potevano perdere grosse somme. Augusto, scrive Svetonio (*Augusto*, 71, 6), durante i suoi banchetti, era solito mettere a disposizioni dei convitati notevoli somme di denaro, qualora avessero voluto giocare fra loro a 'pari e dispari' e lo stesso Augusto ne era un accanito giocatore.

Oppure con le noci si poteva *ludere tropa* 'giocare a buca o a fossetta', gioco che consisteva nello scavare in terra una piccola buca nella quale, da una certa distanza, con abile mano, si doveva far cadere la noce; al posto della buca si poteva usare un vaso e centrare con la noce la sua imboccatura[23]. Forse non c'era differenza fra quest'ultimo gioco e quello detto dell'*orca*, in cui il vaso, detto in greco ὄρχη e in latino *orca*, aveva una imboccatura alquanto stretta. Persio (*Satire*, III, 50) confessa che uno dei suoi più grandi desideri di quand'era fanciullo, era quello di "non sbagliare l'imboccatura della stretta *orca*".

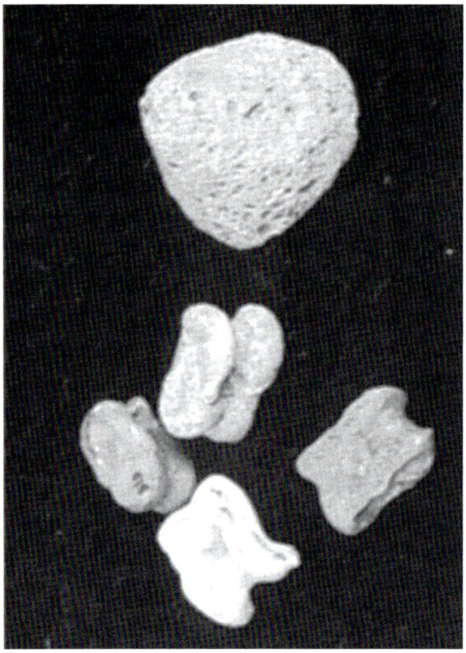

Fig. 47. Astragali rinvenuti a Roma nell'area sacra di Sant'Omobono, VI-V sec. a.C. Roma, Antiquarium di Sant'Omobono.

Fig. 48. Disegno su marmo con giocatrici di astragali da Pompei, I sec. d.C. Napoli, Museo, Archeologico Nazionale (da *Vita quotidiana nell'Italia antica*, I, p. 299).

Gli astragali

Il gioco degli astragali è fra i giochi più antichi; lo menziona già Omero (*Iliade,* XXIII, 88), quando racconta che Patroclo, quando era fanciullo, vi giocava e una volta si arrabbiò talmente con il compagno di gioco da ucciderlo.

Astragalo è detto un piccolo osso che, nel piede dell'uomo e di alcuni animali, si articola con la tibia e il perone in alto e con il calcagno in basso; ricavato dall'omonimo ossicino soprattutto di capre e montoni, l'astragalo, oggetto ludico, era detto in latino, *talus* 'calcagno', 'tallone', e poteva anche essere realizzato con altri materiali, come pietra, terracotta, bronzo e persino con materiali preziosi, come l'avorio[24], Fig. 47. Gli astragali, infatti, venivano utilizzati non solo nei giochi infantili, ma anche dagli adulti e in questo caso il giocare agli astragali rientrava fra i giochi d'azzardo, come giocare ai dati, il *tesseris ludere*.

Gli astragali, come le noci, rientravano fra i doni che si facevano molto volentieri ai fanciulli ed anche agli scolari come premio per la loro bravura; un epigramma dell'*Antologia Palatina* (VI, 308) recita; "Ben ottanta astragali ebbe in premio Connaro per aver vinto una gara di calligrafia".

In molti giochi dei ragazzi gli astragali potevano sostituire le noci, come nel gioco a ' *par impar*' e nel gioco 'a buca o a fossetta' o dell'*orca* (vedi sopra).

Anche nel gioco detto in greco ὤμιλλα 'omilla', ossia 'il getto di astragali dentro un cerchio' si potevano usare sia astragali che noci; il gioco consisteva nel tracciare in terra un cerchio e i giocatori, dopo essersi posti ad una distanza convenuta, dovevano non solo cercare di piazzare i loro astragali dentro il cerchio, ma anche di scalzare e far uscire dal cerchio gli astragali che gli avversari vi avevano piazzato.

C'era poi il gioco detto in greco πεντάλιθα 'gioco delle cinque pietre o dei cinque astragali', in cui si lanciavano in alto cinque pietruzze o cinque astragali che, voltata la mano, si dovevano ricevere sul dorso della mano stessa; se una parte di essi cadeva in terra, il giocatore doveva di nuovo lanciare in aria gli astragali che aveva sul dorso della mano e contemporaneamente raccogliere, in un sol colpo, quelli caduti in terra e ricevere quelli lanciati in aria nel cavo della mano, prima che toccassero terra. Questo gioco è raffigurato in un disegno su marmo, del I sec. d.C., proveniente da Pompei, Fig. 48.

La palla

Il gioco della palla è menzionato già nell'Odissea, ove è Nausica, la giovanissima figlia del re dei Feaci, che viene presentata da Omero (*Odissea*, VIII, 379) mentre gioca a palla con le sue compagne; essendo Nausica la prima eroina che la tradizione antica ci mostra intenta a questo gioco, ad essa – fra le diverse ipotesi – viene attribuita l'invenzione del gioco.

Giocare a palla non era un divertimento legato esclusivamente all'infanzia e alla puerizia, perché, a Roma, a palla giocavano anche gli adulti, persone serie e meno serie, soprattutto nei momenti liberi per rilassarsi dopo impegni gravosi; giocare a palla era infatti ritenuto un ottimo esercizio fisico, una sana ginnastica ideale per mantenersi in forma.

La palla in greco è detta σφαῖρα 'sfera'; in latino *pila lusoria* 'palla da gioco' o più semplicemente *pila*; raramente *sphaera* 'sfera'; era costituita da un involucro rotondo di stoffa o di pelle composto di più pezzi cuciti insieme e riempito di crine o di sabbia o di piume o d'aria. Le palle erano colorate con vivaci colori, in prevalenza rosso, verde, giallo-oro, e decorate anche con motivi geometrici per celare le cuciture dei vari pezzi.

A Roma ve ne erano diversi tipi, che prendevano nomi differenti a seconda della loro grandezza e di come erano fatti ed ogni tipo era adatto ad un particolare gioco.

I bambini, e gli anziani, giocavano con il *follis* il 'pallone', la più grande fra le palle, riempita d'aria, quindi molto leggera, che di certo rimbalzava, per cui la si poteva palleggiare in terra o contro un muro, da soli o fra due o più giocatori. Era questo un gioco molto tranquillo, adatto ai più piccoli e... ai vecchi, come afferma Marziale (*Epigrammi*, XIV, 47): "giocare con il *follis* si addice ai bambini; giocare con il *follis* si addice ai vecchi".

Una varietà del *follis* era il *folliculus*, una palla più piccola del *follis*, sempre gonfiata con l'aria, che si riteneva fosse una palla veramente romana, inventata e fabbricata da un certo Attico di Napoli, l'allenatore di Pompeo Magno, come aiuto negli esercizi fisici.

Da Svetonio (*Augusto*, 83, 1) veniamo a sapere che Augusto, con il passar degli anni, smise le esercitazioni militari e passò prima al gioco con la palla (*pila*), poi a quello con il pallone (*follis*), più tranquillo e meno stancante.

Altri tipi di palla, adatti a giochi molto movimentati e anche violenti, in cui si cimentavano ragazzi ed anche adulti, erano il *trigon* e l'*harpastum*.

Il *trigon* era una palla dura, compatta, pesante, riempita di crine pressato, di piccole dimensioni sì da poter essere afferrata con una sola mano; il gioco richiedeva tre giocatori che formavano un triangolo, disponendosi ai suoi vertici, e per questo la palla usata nel gioco era detta anche *pila trigonalis* 'palla per il gioco a tre' o 'palla per il gioco del triangolo' o semplicemente 'palla da triangolo'.

Il gioco del *trigon*, il più diffuso presso i Romani in epoca imperiale, doveva richiedere l'uso di più palle, dal momento che se ne potevano ricevere due per volta, una per mano, che si dovevano subito rinviare a ciascuno dei due giocatori; evidentemente la palla non era lanciata dall'uno all'altro in una successione prestabilita, ma a propria scelta, cercando di cogliere di sorpresa gli avversari[25].

Il 'gioco a tre' era quindi un gioco di destrezza e di agilità, in cui la mano sinistra era impegnata tanto quanto la destra, anzi i lanci tirati con la sinistra erano maggiormente apprezzati, come indizio di maggiore abilità.

"Se sei capace di rilanciarmi con agili tiri di sinistra – è la *pila trigonalis* che parla (Marziale, *Epigrammi*, XIV, 46) – sono tua (hai vinto). Non sei capace? Imbranato, rinvia la palla". "Afferrerà con la destra e con la sinistra la calda palla", scrive sempre Marziale (*ivi*, XII, 82, 3), che usa l'espressione *tepidum trigonem*[26], perché la palla, nel corso della partita, si riscaldava.

I giocatori non potevano abbandonare il loro posto; c'erano pertanto dei servi incaricati di raccogliere le palle cadute che venivano messe in un sacco o in una reticella, da cui si tiravano fuori man mano che servivano; altri servi avevano il compito di segnare i punti dei giocatori, ossia le palle prese e quelle cadute[27].

L'*harpastum* 'arpasto' era una grossa palla, riempita di sabbia, che derivava il nome dal verbo greco ἁρπάζω 'prendo, afferro'; del gioco con questo tipo di palla non sappiamo quasi nulla; è probabile che un giocatore lanciasse in alto la palla e poi cercasse di afferrarla, mentre gli altri giocatori cercavano di impedirglielo e si disputavano con furia la palla, travolgendosi a vicenda e creando un gran baccano.

Si è ipotizzato che il gioco con l'arpasto rassomigliasse in qualche modo al moderno rugby o 'palla ovale', in cui i giocatori si dividevano in due squadre e colui che aveva afferrato la palla, facendosi largo fra gli avversari e cercando di non perderla, nonostante le loro spinte e le loro finte, doveva lanciarla oltre i limiti del campo avverso; se era assalito dagli avversari e stava

Fig. 49. Particolare di pittura da una tomba della Via Portuense con ragazzi che giocano a palla. Roma, Museo Nazionale Romano.

per perdere la palla, la passava ad un compagno che non fosse strettamente marcato. Era quindi un gioco molto movimentato e chiassoso, perché in molti cercavano di afferrare la palla e poi correvano e cercavano di sopraffarsi a vicenda, sollevando nuvole di polvere.

"Afferra veloce l'arpasto sul polveroso terreno", scrive Marziale (*Epigrammi* XIV, 48, 1), e poiché la palla stessa, cadendo a terra, si impolverava, sempre Marziale[28] parla di *harpasta pulverulenta* 'arpasti coperti di polvere'.

Un altro tipo di palla era la *pila paganica* 'palla campagnola', forse creata in un *pagus* 'villaggio' e poi introdotta in città. Marziale (*Epigrammi*, XIV, 45) così la descrive: "Palla campagnola". "Questa palla campagnola, gonfia di piume fortemente pressate, è meno floscia del pallone (*follis*) e meno compatta della 'palla da triangolo' (*pila trigonalis*)".

I Romani conoscevano altri giochi con la palla; per esempio, l'espressione *datatim ludere* 'gettarsi reciprocamente (la palla)' probabilmente allude al gioco in cui due o più giocatori si lanciavano a vicenda la palla che veniva ricevuta e rinviata; a questo gioco forse allude Seneca in due brani (*I benefici*, II, 17, 3): "se la palla cade, non c'è dubbio che è per colpa o di chi la lancia o di chi la riceve; mantiene il suo ritmo quando si muove dalle mani dell'uno a quelle dell'altro, lanciata e ricevuta come si deve"; (*ivi*, II, 32, 1; 3): "come nel gioco (della palla) è già qualcosa ricevere la palla con abilità e destrezza, ma non si definisce provetto giocatore se non chi la rimanda bene e prontamente [...] il gioco si realizza compiutamente solo con l'alternanza di lancio e rilancio".

L'altra espressione *ludere expulsim* 'giocare rilanciando (la palla)' allude al gioco che noi chiamiamo 'pallavolo', in cui la palla deve subito essere rilanciata, senza essere trattenuta. "Vedrai a Roma nel foro, davanti alle macellerie, ragazzi che giocano rilanciando la palla"[29].

Forse una rappresentazione del *ludere expulsim* potrebbe ravvisarsi in una pittura di una tomba della via Portuense, che raffigura ragazzi che giocano a palla Fig. 49; secondo altri studiosi i ragazzi sarebbero impegnati nel 'gioco del triangolo', essendo tre.

Un gioco tipicamente femminile era la palla al rimbalzo, consistente nel far rimbalzare la palla sul terreno o contro un muro e colpendola di seguito, nel momento in cui rimbalzava, con il palmo della mano; si contava il numero dei rimbalzi e vinceva chi raggiungeva il numero più alto. Nel bassorilievo della Fig. 46 (vedi sopra), nella parte destra, sono raffigurate tre fanciulle che giocano a far rimbalzare la palla contro un muro. Altro semplicissimo gioco era lanciare in alto la palla e riprenderla mentre cadeva.

Gli adulti si rilassavano giocando a palla: Catone Uticense, che disprezzava onori e ricchezze, giocò a palla nello stesso giorno in cui, presentatosi alle elezioni, fu respinto[30]; a palla giocavano Cesare[31] e Augusto[32], e tanti, a detta di Seneca[33], erano quelli che avevano sciupato la vita giocando a palla.

Si giocava a palla nel Campo Marzio, il campo sportivo più esteso di Roma, oppure alle terme, prima di fare il bagno. Un appassionato del 'gioco del triangolo' era Mecenate, il generoso patrono di letterati e poeti, che lo giocava in Campo Marzio; anche Orazio, un suo protetto, frequentava il Campo Marzio, ma, come egli stesso scrive (*Satire*, I, 6, 125-126): "quando il sole più ardente invita me, già stanco, a recarmi alle terme, dico addio al Campo Marzio e al gioco con il *trigon*".

I ragazzi giocavano abitualmente per le strade e nelle piazze e la palla poteva a volte causare danni anche gravissimi; lo attesta un testo giuridico (*Digesto*, 9, 2, 11), ove si prevede il caso in cui la palla, lanciata con forza da un ragazzo, colpisca la mano di un barbiere, mentre stava radendo un cliente, con la conseguenza di tagliargli la gola; dal momento che il barbiere radeva in un luogo ove i ragazzi avevano l'abitudine di giocare a palla, era lui da ritenersi responsabile dell'accaduto, mentre il cliente, che si era affidato ad un barbiere che radeva in un luogo così pericoloso, doveva deplorare solo se stesso.

3. Giochi al femminile

La bambola

La bambola fu, in ogni tempo, un giocattolo tipicamente femminile, con cui si divertivano allora, come si divertono oggi e, si spera, si divertiranno in futuro, le bambine.

Le bambole antiche non hanno mai l'aspetto di un paffuto neonato o di una bambina, come le moderne bambole, ma rappresentano delle giovani donne nel fiore degli anni, ed anticipano quindi, di secoli, la Barbie dei nostri giorni.

Nel mondo greco le bambole hanno un'origine religiosa, in quanto rappresentano delle divinità e potevano essere esposte nei santuari per la pubblica venerazione, come potevano essere usate privatamente, in casa, come giocattoli per le bambine.

Fig. 50. Bambole greche di terracotta. Londra, British Museum.

A Roma, invece, la bambola non ebbe mai carattere religioso; fu unicamente un giocattolo, pur conservando l'aspetto di una giovane donna.

In Grecia, la materia usata per foggiare le bambole era l'argilla, plasmata da abili artigiani, detti χοροπλάθοι 'figurinai', fabbricanti di figurine e di bambole che poi, esposte sulle bancarelle, vendevano nell'agorà, la piazza pubblica della città, dove si svolgeva anche il mercato.

Le bambole greche di terracotta avevano braccia e gambe articolate e mobili, collegate al tronco tramite cordoncini o fili metallici o perni; in particolare le gambe erano collegate ad anomali prolungamenti del bacino, Fig. 50.

Questo tipo di articolazione è chiaramente attestato da una bambola di terracotta, conservata nel Museo Teatrale della Scala a Milano, che è un esempio di arte ellenica di epoca romana, Fig. 51; la bambola, alta 27 cm., di fattura alquanto grossolana, con membra non proporzionate, testa piccola rispetto al corpo, sostenuta da un collo tozzo e lungo, ha gli arti inferiori innestati, tramite perni, in appositi alloggiamenti ricavati nel bacino e ottenuti mediante prolungamenti di esso; anche le articolazioni delle ginocchia presentano lo stesso sistema; le braccia hanno fratture[34].

A Roma, le bambole, dette *pupae*, erano prevalentemente di avorio, quindi non fragili come le bambole di terracotta. Di certo esistevano anche bambole fatte più modestamente di

Fig. 51. Bambola in terracotta con braccia e gambe mobili, esempio di arte ellenica di epoca romana. Milano, Museo Teatrale della Scala (da *Vita quotidiana nell'Italia antica*, I, p. 305).

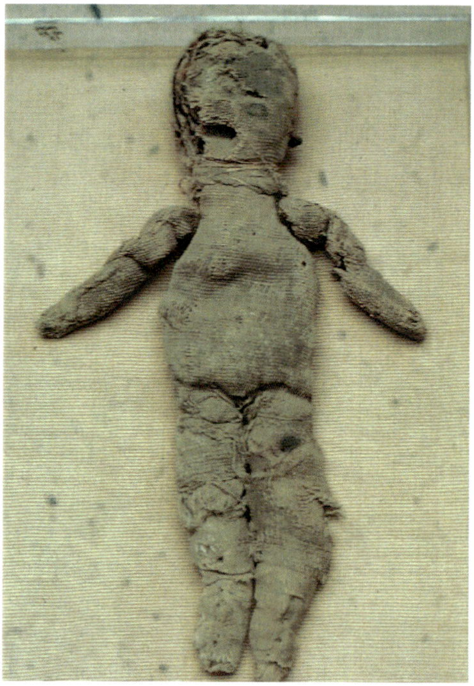

Fig. 52. Bambola di pezza di fattura grossolana, imbottita di stracci, dall'Egitto di epoca romana. Londra, British Museum.

pezza, con le quali avranno giocato le bambine appartenenti a famiglie povere; purtroppo questo tipo di bambola non ha resistito all'usura del tempo, ma per fortuna l'Egitto di epoca romana ce ne ha restituito un bellissimo esemplare perfettamente conservato, Fig. 52, ora al Britisch Museum di Londra.

Le bambole di avorio a noi pervenute hanno un'altezza che si aggira in media intorno ai 15-30 cm. e provengono non solo da tombe di bambine, ma anche di giovani donne; in questo caso la presenza della *pupa*, che si ritiene simbolo di verginità, sta ad indicare che la defunta era ancora vergine, e pertanto non aveva ancora celebrate le nozze, quando fu ghermita dalla morte.

Infatti, secondo un'antica usanza, introdotta a Roma dalla Grecia, le fanciulle, alla vigilia delle nozze, offrivano i loro giocattoli, in particolare le bambole, alla divinità, in un primo momento ai Lari, gli dei protettori della casa: "Erano soliti i fanciulli, quando uscivano dalla puerizia, consacrare ai Lari le loro bulle[35], ugualmente le fanciulle consacravano le loro bambole"[36], e poi a Venere: "le bambole che le fanciulle offrono a Venere"[37].

Anche le *pupae* romane hanno le articolazioni snodate: le braccia sono collegate alle spalle mediante fili o piccoli perni metallici, le gambe sono innestate, sempre mediante perni, ai lati di un anomalo prolungamento al centro del bacino, di forma rettangolare, articolazione tipica che si mantenne fino al tardo antico e ad epoca cristiana. Anche le articolazioni dei gomiti e delle ginocchia sono ottenute mediante piccoli perni.

Una bambola che presenta questo tipo di articolazioni è la bambola nota come 'bambola della Vestale Cossinia', perché a lungo fu creduta appartenere alla Vestale Cossinia, il cui monumento funerario fu trovato a Tivoli, lungo la via Valeria. Ma, dopo più attenti esami, è risultato che i resti mortali ivi ritrovati non appartengono alla Vestale Cossinia, morta in età molto avanzata, ma ad una giovane donna, il cui monumento funerario era accanto a quello della Vestale, ma non allo stesso livello[38]. È alla giovane donna, quindi, che apparteneva la bambola, che continua ad essere indicata come 'bambola della Vestale Cossinia'.

La bambola, Fig. 53, alta 30 cm., è di avorio, articolata alle spalle, alle anche, alle ginocchia e ai gomiti mediante perni; il suo volto ha subìto restauri, per cui ha perduto la sua originaria espressione; il corpo è esile, eccessivamente allungato, i seni sono molto piccoli, le braccia e le gambe lunghe e sottili, le mani particolarmente curate, mentre i piedi calzano scarpe alte, allacciate nella parte anteriore. La sua pettinatura, caratterizzata da una scriminatura centrale e da una ricca chioma molto ondulata, che scende sul collo e si raccoglie in un'ampia crocchia a matassa, è tipica delle donne di età severiana – in particolare si rifà alla prima pettinatura di Giulia Domna, moglie dell'imperatore Settimio Severo – e data la bambola tra la fine del II e l'inizio del III sec.d.C.[39].

Un'altra bambola con lo stesso sistema di articolazione è la bambola che giaceva nel sarcofago di una bambina di circa 8 anni, ritrovato a Roma sulla via Cassia, angolo via di Grottarossa, indicata come 'bambola della mummia di Grottarossa', perché il corpo della piccola defunta era stato imbalsamato[40].

La bambola, Fig. 54, di accurata esecuzione, alta 16, 5 cm., fu creduta di ebano per il suo colore quasi nero, mentre è di avorio scuro; ritrovata in perfetto stato di conservazione, all'infuori della parte superiore delle braccia (di restauro), presenta sproporzioni fra le varie parti del corpo: collo corto e massiccio, braccia trop-

Fig. 53. La cosiddetta "bambola della vestale Cossinia" in avorio. Roma, Museo Nazionale Romano.

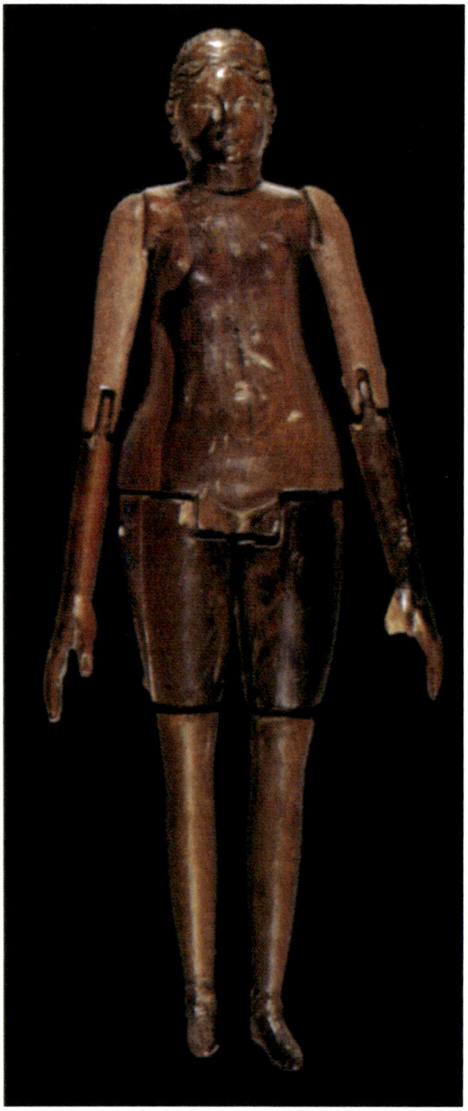

Fig. 54. Bambola in avorio dalla tomba di Grottarossa, II sec. d.C. Roma, Museo Nazionale Romano.

po lunghe e mani enormi, fianchi poderosi, cosce grosse e corte rispetto alle gambe esili; i piedi calzano alte scarpe, chiuse con lacci nella parte anteriore. L'acconciatura del capo, che è ornato da un diadema, presenta i capelli che, divisi da una scriminatura centrale, scendono in due masse ondulate che si raccolgono in una bassa crocchia sulla nuca.

In genere, la capigliatura delle *pupae* riproduce con fedele precisione il tipo di pettinatura di moda al momento della loro fabbricazione; nel nostro caso, la classica disposizione dei capelli della *pupa* non offre grandi possibilità di datazione, ma una certa affinità con le prime pettinature di Faustina Minore, moglie di Marco Aurelio, data la bambola alla seconda metà del II sec.d.C.[41].

Di certo la bambola più bella per la sua pregevole fattura, che l'antichità ci ha restituito, è tuttora la bambola di Crepereia, rinvenuta, durante i lavori per la costruzione del monumentale Palazzo di Giustizia a Roma, nel sarcofago di Crepereia Thryphaena, una giovane donna rapita alla vita ad appena 20 anni[42].

La bambola, Fig. 55, alta 23 cm., creduta a lungo di quercia o di ebano per la patina scura che la rivestiva, dopo il recente restauro è risultata essere di avorio, quindi ai suoi tempi bianca e levigata. La bambola è esemplare non solo per la perfezione della sua esecuzione, ma soprattutto per il tipo di articolazione degli arti, studiato per permettere alle gambe e alle braccia movimenti anatomicamente corretti, e ciò testimonia una notevole maestria e precisione artigianali.

Questo tipo di articolazione prevede l'attacco delle gambe al tronco senza l'anomalo prolungamento rettangolare del bacino, ma con il loro innesto negli appositi alloggiamenti incavati all'interno del bacino stesso, grazie ad un sistema ad incastro fissato con perni perfettamente mimetizzati; lo stesso sistema ad incastro è applicato per le articolazioni dei gomiti e delle ginocchia, Fig. 55a.

Il corpo della bambola presenta piccoli seni e un morbido modellato del ventre; le braccia, sproporzionalmente lunghe, terminano con mani curate nei minimi particolari e la stessa cura si nota nella resa dei piedi, con sensibile arcuatura della pianta. La testa è un piccolo capolavoro: il volto ovale con i tratti ben disegnati che le conferiscono un'espressione assorta da persona adulta, è incorniciato dai morbidi capelli ondulati, raccolti in più trecce attorte intorno al capo, che si raccolgono dietro in una crocchia allungata, tipica pettinatura in auge nell'ultimo periodo del regno di Antonino Pio, morto nel 161 d.C., che permette di datare l'esecuzione di questa *pupa* negli anni fra il 150 e il 160 d.C.[43].

Se le *pupae*, a noi giunte nude, avessero vestiti da mettere e togliere, come le moderne Barbie, è una questione che non trova accordo fra gli studiosi. Alcuni lo ammettono, basandosi su testimonianze greche che ricordano dediche di bambole e dei loro vestiti alle divinità, come

Fig. 55. Bambola in avorio di Creperia Tryphaena, 150-160 d.C. Roma, Museo Centrale Montemartini.

Fig. 55a. Particolare delle sue articolazioni (da *Creperia Tryphaena*, Mostra, pp. 48, 64).

Fig. 56. Mobili in miniatura appartenenti al corredo ritrovato fra le rovine del tempio di Giove Anxur, a Terracina (da L. BORSARI, p. 206).

quella della giovane Timareta che, alla vigilia delle nozze, consacrò ad Artemide, per impetrarne la protezione, gli oggetti a lei più cari, i tamburelli, l'amata palla, la reticella con cui tratteneva i capelli, e le bambole con i loro vestiti[44]; anche la poetessa Saffo parla di offerta alla divinità dei veli purpurei della bambola[45]; la presenza di vestiti spiegherebbe la maggior cura che l'artigiano poneva nell'eseguire la testa e le mani della *pupa*, le parti del corpo che rimanevano scoperte; si ritiene poi che la bambola trovata nel sarcofago scoperto presso la basilica di S. Sebastiano a Roma (ora ai Musei Vaticani) portasse un vestitino molto ricco, di cui rimangono alcuni resti di tessuto con qualche filamento d'oro[46], resti però che, secondo alcuni, apparterrebbero ad un velo che avvolgeva la defunta[47].

Che le *pupae* avessero i loro piccoli gioielli, con cui erano ornate, è invece cosa certa; la cosiddetta 'bambola della Vestale Cossinia' ha una collana d'oro a giro collo, composta di piccoli anelli doppi a forma di otto, che entrano l'uno nell'altro; un braccialetto d'oro ad ognuno dei polsi e cerchietti alle caviglie, formati da un semplice filo d'oro annodato.

La bambola di Crepereia ha i lobi delle orecchie forati, il che presuppone che avesse degli orecchini, che potrebbero essere due piccolissime perline forate ritrovati nel sarcofago insieme con altri gioielli appartenenti alla defunta; anche due piccoli anelli, costituiti da un filo d'oro a sezione circolare, tenuti insieme da un minuscolo anellino pure esso d'oro, potrebbero appartenere alla bambola come *armilla*, ornamento delle braccia. Al momento del rinvenimento, la bambola aveva infilato al pollice della mano sinistra un piccolissimo anello a chiave, cioè un anellino costituito da un sottile filo d'oro con infilata una piccolissima chiave pure d'oro, del tipo usato dalle donne romane per i loro scrigni porta gioielli; e come esse, anche la bambola aveva il suo scrigno portagioielli, miniaturizzato, realizzato in avorio ed osso su struttura di legno, oggi restaurato[48].

Anche le bambole dell'antichità, come quelle moderne, avevano i loro mobili, il loro vasellame da tavola ed utensili da cucina, oggetti in miniatura, che non superano i 3 o 4 cm. di altezza, perfettamente in scala con loro. Uno di questi corredi è stato trovato a Terracina, fra le rovine del tempio di Giove Anxur o Anxurus[49], Fig. 56. Si tratta di oggetti di piombo miniaturizzati, ottenuti mediante fusione del metallo negli stampi, che rappresentano vari tipi di piatti per il servizio da tavola e mobili per l'arredamento, come una *cathedra*, tipica sedia femminile con alta spalliera arcuata, decorata da ambo le parti da una testa giovanile in rilievo, mentre sul prospetto della sedia è raffigurato un festone con al centro una *patera*, il piatto per i sacrifici; una tavola rotonda a tre piedi a forma di zampe e teste leonine, detta *mensa tripes*; una tavola rettangolare a quattro piedi con sbarre, che poteva servire come *repositorium* su cui si disponeva il vasellame per cibi e bevande necessario al banchetto; una base cilindrica con scanalature sormontata da un piano rotondo, forse anch'essa un *repositorium*; un candelabro, costituito da un'asta ritorta su tre piedi, che sostiene un largo piatto su cui si poteva appoggiare una lucerna, probabilmente di quelle grandi a più becchi; completa il corredo una statuetta raffigurante un fanciullo che sorregge un vassoio per i cibi.

Assai simile a questo corredo, è quello trovato, tra le ceneri e le ossa, nella tomba di una fanciulla di Brescello, Giulia Grafide, che visse 15 anni, 2 mesi, 11 giorni[50], composto da tredici oggetti di piombo miniaturizzati (oggi al Museo di Reggio Emilia), tra cui una *cathedra*, la cui spalliera presenta su ambo i lati la stessa decorazione con la testa giovanile; una *mensa tripes*, mancante di un piede; una base cilindrica, che doveva sorreggere un piano e funzionare probabilmente come *repositorium*, e poi vari tipi di piatti, tondi ed ovali, per il servizio da tavola, e utensili come una *situla*, secchiello con manico arcuato, una cesta con coperchio ed una lucerna a forma di pigna.

Il corredo di Terracina è datato tra la fine della repubblica e l'inizio dell'impero; quello della bambola di Giulia Graffide alla seconda metà del II sec.d.C.[51].

4. Giochi d' imitazione

I ragazzi osservavano gli adulti, li imitavano, trasportando nel gioco ciò che vedevano fare da loro. Si improvvisavano, ad esempio, magistrati, facendosi precedere dai littori che reggevano i fasci con le scuri, le insegne dei magistrati forniti d'*imperium*, il potere militare, come attesta Seneca (*La costanza del saggio*, 12, 2): "i fanciulli gestiscono fra di loro le magistrature ed imitano la toga pretesta, i fasci e il tribunale".

Imitati erano anche i giudici e il gioco era detto *ad iudices ludere* 'giocare a fare i giudici'; questo era il gioco preferito, anzi l'unico cui si dedicava il futuro imperatore Settimio Severo, come si legge nella sua biografia: "Nella sua prima fanciullezza, prima di essere avviato allo studio delle lettere latine e greche – nelle quali fu eruditissimo – a nessun altro gioco si dedicò con gli altri fanciulli, se non a quello del giudice, nel quale egli, preceduto dai fasci e dalle scuri, sedeva e giudicava attorniato dalla schiera dei compagni"[52].

A proposito di questo gioco, Plutarco racconta il seguente episodio che vide protagonista Catone Uticense[53]: un parente aveva invitato a pranzo, in occasione del suo compleanno, il piccolo Catone insieme con altri ragazzi, i quali si misero a giocare, piccoli e più grandicelli, in un'ala della casa. Il gioco consisteva nell'inscenare processi, accusandosi a vicenda e conducendo in carcere coloro che risultavano condannati; fra questi ultimi ci fu un ragazzino di singolare bellezza che uno più grandicello condusse in una cameretta, chiudendo poi la porta; il condannato, quando si rese conto del pericolo che stava per correre, cominciò a chiamare in suo aiuto Catone, che accorse subito e, spinti da parte coloro che volevano impedirgli di entrare, condusse fuori il compagno e poi, tenendolo per mano, tornò a casa con lui, pieno di ira e furore.

Si giocava anche a fare i soldati, come era naturale per ragazzi che appartenevano ad un popolo avvezzo alla guerra. Orazio (*Lettere*, I, 18, 60-64)) racconta come l'amico Massimo Lollio, quand'era fanciullo, imitasse, giocando nel podere del padre, la battaglia d'Azio, la battaglia decisiva fra Marco Antonio e Ottaviano, combattuta, nel 31 a.C., al promontorio d'Azio, nel mare Adriatico: "Si schierarono le navi su due fronti e sotto la tua guida si rappresenta, fra fanciulli, la battaglia d'Azio; l'avversario è tuo fratello, lo specchio d'acqua è il mare Adriatico, finché la vittoria alata incoroni con la sua fronda l'uno dei due".

Giocando a fare i soldati i piccoli romani disponevano sicuramente di armi a loro portata, come i bambini moderni. Sappiamo da Giovenale (*Satire*, V, 154-155) che venivano fabbricate armi in miniatura per le piccole scimmie dei giocolieri che, munite di elmo e scudo, per paura della frusta, imparavano a lanciare il giavellotto stando sopra la schiena di un'irsuta capretta, per il divertimento degli spettatori.

Tacito (*Storie*, IV, 61,1) riferisce che correva voce che Giulio Civile, capo dei Batavi, popolazione germanica, dopo la strage delle legioni romane, assediate nel loro accampamento nel 70 d.C., avesse dato al figlioletto alcuni prigionieri, perché si divertisse a trafiggerli *sagittis iaculisque puerilibus* "con frecce e giavellotti da bambino".

In Grecia era molto diffuso il gioco detto βασιλίνδα, in cui uno dei ragazzi veniva a sorte designato re e in quanto tale ordinava il da farsi e colui, cui era capitato in sorte di essere servo, doveva eseguire gli ordini[54].

Una variante di questo gioco presso i Romani era quello che Svetonio (*Nerone*, 35,5) chiama *ducatus et imperia ludere* 'giocare al generale e all'imperatore'; egli racconta che Nerone, fra le sue tante atrocità, comandò ai servi del suo figliastro Rufio Crispino, figlio di Poppea, di af-

Fig. 57. Giocare a nascondino. Pittura da Ercolano, Casa dei cervi (IV, 21), I sec. d.C. Napoli, Museo Archeologico Nazionale (da *Rosso Pompeiano*, p. 164).

fogarlo mentre pescava, perché si diceva che, ancora impubere, giocasse a fare il generale e l'imperatore, attirando i sospetti del patrigno.

Si potevano imitare anche altri mestieri e, in alcuni casi, la preferenza per l'uno o l'altro mestiere che si imitava poteva rivelare la personalità e la naturale predisposizione del ragazzo.

Racconta Luciano[55], che, quand'era ragazzo, nutriva una vera passione di modellare animali, cavalli e anche uomini con la cera che estraeva dalle sue tavolette cerate e per questo era sovente punito dai maestri, i quali però non potevano non lodarlo per la sua bravura; il padre, che era carente di mezzi finanziari, decise allora di fargli imparare il mestiere di marmista presso lo zio materno, che era ritenuto in quel tempo un bravo scultore; ma l'apprendistato del piccolo Luciano durò pochissimo, perché rivelò subito così scarse doti da rompere una lastra di marmo che doveva scalpellare e, dopo una solenne bastonatura, venne rimandato a casa.

5. Giochi senza giocattoli

I giochi infantili sono fuori del tempo, lo trascendono e questo spiega come molti giochi che divertono i bambini di oggi, di certo di ieri, divertivano anche i bambini di tanti secoli fa.

Uno fra questi è 'fare a nascondino', come attesta una graziosa pittura parietale ritrovata ad Ercolano, Fig. 57, in cui sono raffigurati tre amorini intenti a questo gioco: un amorino, a destra, rivolto verso la parete, si copre gli occhi con le mani per non vedere dove il compagno corre a nascondersi, mentre il terzo amorino è già dietro una porta socchiusa.

Anche il montare a cavalluccio sulle spalle di un compagno, l'*(h)umeris vectari* 'l'essere portato a cavalcioni sulle spalle' di cui parla Orazio (*Epodi*, XVII, 74), era un gioco molto popolare fra i ragazzi, come il farsi portare sul dorso di un compagno, gioco magistralmente raffigurato sul lato destro del bassorilievo di un sarcofago del III sec. d.C., Fig. 58.

In Grecia, essere portati sul dorso di un compagno era un gioco noto con il nome di *ephedrismós* 'efedrismo', ritenuto una punizione per chi perdeva nel gioco e doveva pagar pegno[56].

I più discoli, poi, si divertivano a tirare sassi, anche a rischio di solenni rimproveri; nell'*Antologia Palatina* (IX, 3) un noce si lamenta, perché lungo la via viene preso come bersaglio di sassaiole di bambini, che spezzano i suoi rami e fanno cadere i frutti.

"I fanciulli – dice Seneca (*La costanza del saggio*, 12, 2) – sulle spiagge costruiscono con la sabbia modellini di case". Di questo divertimento infantile parla già Omero (*Iliade*, XV,

Fig. 58. Sarcofago con scene di giochi infantili: a sinistra, bambini e amorini che giocano insieme con la ruota; a destra, il farsi trasportare sul dorso, III sec. d.C. Roma, Musei Vaticani Chiaramonti (da *Civiltà dei Romani*, p. 191, Fig. 246).

361), perché sin d'allora i bambini si divertivano a fare costruzioni con la sabbia per poi "distruggere nuovamente, giocando, con la mano e il piede" ciò che avevano costruito.

Un gioco greco, noto anche ai *pueri* romani, era il gioco 'del rimbalzello', consistente nel lanciare a fior d'acqua un ciottolo piatto, levigato dallo sciacquio delle onde, in modo da farlo rimbalzare il maggior numero di volte. Una minuziosa e poetica descrizione di questo gioco di abilità ci ha lasciato l'apologista Minucio Felice (*Ottavio*, 3, 5-6), che un giorno lo vide fare da un gruppo di ragazzi sul lido di Ostia.

Il gioco che noi chiamiamo 'mosca cieca' era detto in greco χαλκῆ μνῖα 'mosca di rame' ed era giocato anche a Roma: un bambino, bendato, doveva cercare di afferrare uno dei compagni che gli schiamazzavano intorno, e chi veniva preso, a sua volta veniva bendato.

In uno degli stucchi della cosiddetta Basilica di Porta Maggiore, si è creduto di riconoscere la rappresentazione del gioco infantile, detto con espressione moderna 'giocare alla cavallina', in cui: "i ragazzi si pongono curvi, con le mani appoggiate sulle ginocchia e la testa china, mentre uno di loro salta allargando le gambe ed appoggiando le mani aperte sulla schiena di un compagno e poi successivamente di tutti gli altri, per mettersi alla fine anch'egli con la testa china, mentre l'ultimo comincia a correre e a saltare; e così via sino a che non sono stanchi"[57].

C'era poi il gioco della morra, detto in latino *digitis micare* 'giocare alla morra' – espressione indicante il guizzare, ossia il rapido movimento delle dita che si stendono e si piegano – o semplicemente *micare*: due giocatori, uno di fronte all'altro, stendevano simultaneamente alcune dita della mano destra e nello stesso tempo dichiaravano a voce alta la somma delle dita stese da entrambi; vinceva chi indovinava.

Perché il gioco fosse leale, il gesto e la parola dovevano essere simultanei e succedersi con estrema rapidità, onde impedire che i giocatori avessero il tempo di fare mentalmente la somma delle dita stese. In questo gioco era facile imbrogliare, soprattutto quando a giocarlo erano gli adulti, e così, se si voleva lodare l'onestà e la lealtà di qualcuno, si diceva che con lui si poteva *in tenebris micare* , ossia 'giocare alla morra al buio', e a proposito di questa espressione Cicerone (*I doveri*, III, 77) dice che era: "un proverbio già logorato dall'uso", cioè molto antico, come antico era il gioco stesso.

Si poteva poi giocare *capita aut navia* a ' testa o nave', gioco corrispondente al nostro 'testa e croce', che consisteva nel lanciare in aria una moneta e cercare di indovinare quale delle due facce, una volta caduta la moneta, sarebbe rimasta visibile.

L'origine dell'espressione latina *capita aut navia* risalirebbe, secondo Macrobio (*Saturnali*, I, 7, 21-22), all'inizio dell'età dell'oro, quando Saturno, cacciato dall'Olimpo dal figlio Giove, approdò nel Lazio, dove regnava Giano, che l'accolse; avendo da Saturno appreso l'agricoltura, Giano, come compenso, lo associò al regno e quando per primo coniò monete di rame, per tramandare ai posteri il ricordo di Saturno, fece imprimere su di un lato l'effigie della sua testa, sull'altro una nave, perché il dio era giunto nel Lazio via mare. "E che la moneta fosse così coniata – scrive Macrobio – si deduce ancora oggi

Fig. 59. Scherzo fra amorini. Pittura da Ercolano, Casa dei Cervi (IV, 21), I sec. d.C. Napoli, Museo Archeologico Nazionale (da *Rosso Pompeiano*, p. 165).

dal gioco d'azzardo, quando i ragazzi, gettando in alto le monete, gridano 'testa' o 'nave'; il gioco attesta l'antica tradizione".

6. Scherzi e smorfie

I ragazzi si divertivano anche a farsi degli scherzi, come attesta una pittura parietale ritrovata ad Ercolano, Fig. 59, in cui sono raffigurati tre amorini: uno di essi avanza, come appena uscito da una porta socchiusa alle sue spalle, verso i compagni, reggendo fra le mani una grande maschera di satiro, di colore rosso scuro, con l'intento di spaventarli, ma questi sembrano stare al gioco; un amorino, mostrandosi atterrito, cade all'indietro, sollevando le gambe e un braccio; l'altro, in piedi dietro quello caduto, alza un braccio, forse per minacciare o per spaventare a sua volta l'autore dello scherzo?

Quando i ragazzi volevano burlarsi di una persona, gli facevano dietro le spalle smorfie e gesti di scherno; solo Giano, il dio bifronte, non poteva essere schernito alle spalle.

"O Giano – scrive Persio (*Satire*, I, 58-60) – che nessuna cicogna beccò mai alle spalle (*O Iane, a tergo quem nulla ciconia pinsit*...), cui nessuno con abile mano imitò le bianche orecchie d'asino né allungò tanto la lingua, quanto una cagna di Puglia che ha sete".

L'espressione *ciconia pinsit*, usata da Persio, allude alla cicogna che becca, che i ragazzi cercavano di imitare, facendo forse il gesto di allungare, in direzione della persona schernita, il braccio destro, ad imitazione del collo dell'animale, mentre le dita della mano, riunite e volte verso il basso, ne raffiguravano il becco che ripetutamente colpiva; l'imitazione delle orecchie d'asino, dette bianche con riferimento alla loro parte interna, si otteneva, appoggiando i pollici alle tempie e muovendo le altre dita a mo' di orecchie, quasi facendo sberleffo[58].

Per rendere più comprensibile il gesto del cacciare la lingua a qualcuno, Persio si avvale del paragone con la cagna di Puglia, terra notoriamente arida e calda che, quando ha sete, fa penzolare dalla bocca la lingua in tutta la sua lunghezza.

Persio menziona poi altri due modi con cui si divertivano i monelli di Roma; ad uno dà il nome di *stloppus* o *scloppus*, termine indicante lo scoppio che fanno le guance gonfiate quando si percuotono; l'altro consisteva nel conficcare nel selciato della strada una moneta e ridere poi quando i passanti si chinavano nell'inutile sforzo di raccattarla. Persio, nella *Satira*, V, 13; 111, che in forma di epistola è diretta al suo maestro Anneo Cornuto, così scrive: "tu non pensi a far esplodere con uno scoppio le guance gonfie d'aria"; "e potresti passar oltre ad una moneta piantata nel fango", ossia senza chinarti a raccattare con fatica una moneta affondata nel fango.

Lo scolio a Persio spiega i due versi 13 e 111 del poeta, dicendo che si trattava di due giochi con cui si divertivano i ragazzi e, nel caso della moneta, precisa che essi erano soliti, per ridere, mettere una moneta nel selciato delle strade, saldandola con piombo, per cui i passanti che la vedevano e si chinavano per raccattarla, non ci riuscivano, nonostante i loro sforzi; allora i ragazzi gridavano, schernendoli.

Altro modo per prendersi gioco di una persona era quello di appendergli sulla schiena 'la coda', senza che se ne accorgesse; di questo scherzo parla Orazio (*Satire*, II, 3, 53-54): "A questo modo tu ritieniti pazzo, che chi ti deride, per nulla più savio di te, si tira dietro la coda"; Porfirione, scoliasta di Orazio, precisa che i ragazzi erano soliti appendere dietro la schiena delle persone, e a loro insaputa per metterle in ridicolo, della stoppa: "perché si tirino dietro la coda, come pecore".

NOTE

[1] J. Chateau, *Le jeu de l'Enfant après trois ans. Sa nature. Sa discipline*, Paris 1946, p. 18.

[2] *CIL*, VI, 1167.

[3] Così Cicerone, *I limiti del bene e del male*, V, 55; Quintiliano, *Istituzione oratoria*, I, 12, 10.

[4] Orazio, *Satire*, II, 3, 168-175.

[5] Plutarco, *Vita di Catone Minore*, 1.

[6] Girolamo, *Lettere*, 107, 4.

[7] Agostino, *Confessioni*, I, 9, 15; 10, 16; 19, 30; II, 4, 9.

[8] Vedi sopra, p. 16 s.

[9] Plinio il Vecchio, *Storia naturale*, XI, 270.

[10] Vedi sopra, p. 6.

[11] Nell'*Eunuco* di Terenzio, 753, si parla di *cistella cum monumentis*, ossia di una *cistella* con i segni di riconoscimento, quali erano i *crepundia*.

[12] E. Fernique, in *Dictionnaire des antiquités grecques et romaines d'après les textes et les monuments*, a cura di Ch. Daremberg- E. Saglio, s.v. *Crepundia*, p. 1561.

[13] E. Saglio, in *Dictionnaire* citato, s.v. *Crepitaculum, crepitacillum*, p. 1561.

[14] Il topo e il maialino sono stati interpretati, a nostro avviso poco verisimilmente, anche come 'poppatoi in terracotta' dal cui muso allungato e forato il neonato avrebbe succhiato il latte; così E. Salza Prina Ricotti, *Giochi e giocattoli*, in *Vita quotidiana nell'Italia antica*.I. *Vita di famiglia*, a cura di S. Moscati, Bologna 1993, pp. 287-288.

[15] Macrobio, *Saturnali*, I, 10, 24; 11,1; Seneca, *Lettere a Lucilio*, 12, 3.

[16] Plutarco, *Vita di Agesilao*, 23, 11; Valerio Massimo, *Fatti e detti memorabili*, VIII, 8 (*esempi stranieri*), 1.

[17] Properzio, *Elegie*, III, 14, 6.

[18] Petronio, *Satyricon*, 140, 9.

[19] Vedi oltre p. 114.

[20] Seneca, *La costanza del saggio*, 12, 2; *L'ira*, I, 12, 4.

[21] Si donavano noci anche agli adulti, perché durante i Saturnali era permesso il gioco d'azzardo e il gioco delle noci rientrava fra i giochi di azzardo, come il gioco dei dati o degli astragali, se giocato da adulti; la passione per simili giochi portava a dannose conseguenze per i patrimoni, per cui fu necessario fissare leggi che ne restringessero il permesso ai soli giorni dei Saturnali.

[22] Il disegno del bassorilievo è in K. Fredlander, *Fanciulli giuocanti*, (*Tav. d'agg.* B.C.), in *Annali dell'Istituto di Corrispondenza Archeologica*, 29 (1857), pp. 142 ss..

[23] E. Caetani Lovatelli, *Sopra di una statua marmorea rappresentante un fanciullo che giuoca alle noci*, in *Bullettino della Commissione Archeologica Comunale di Roma*, 10 (1882), p. 60, ritiene che nel vaso ogni fanciullo che partecipava al gioco metteva una noce; quello che, tirando, introduceva la sua noce nel vaso, vinceva tutte le altre in esso contenute.

[24] G. Lafaye, in *Dictionnaire* citato, s.v. *Talus*, p. 28 s.

[25] Vedi G. Lafaye, in *Dictionnaire* citato, s.v. *Pila*, p. 477; K.J. Marquardt, *Manuel des antiquitatés romaines. La vie privée des Romaines*, XV, 2. *Jeux et divertissement*, trad. franc. V. Henry, Paris 1893, p. 518 s.

[26] Vedi anche Marziale, *Epigrammi*, IV, 19, 5: "sia che tu prenda la palla per il 'gioco a tre' che si riscalda".

[27] Petronio, *Satyricon*, 27.

[28] Marziale, *Epigrammi*, IV, 19, 6; VII, 32, 10.

[29] Varrone, in Nonio, *La dottrina abbreviata*, p. 149 ed. Lindsay.

[30] Seneca, *Lettere a Lucilio*, 104, 33.

[31] Macrobio, *Saturnali*, II, 6, 5.

[32] Svetonio, *Augusto*, 83, 1.

[33] Seneca, *La brevità della vita*, 13, 1.

[34] M.R. Rinaldi, *Ricerche sui giocattoli nell'antichità a proposito di un'iscrizione di Brescello*, in *Epigraphica. Rivista Italiana di epigrafia*, 18 (1956), p. 126.

[35] Vedi sopra p. 39.

[36] Pseudo-Acrone *ad Orazio*, *Satire*, I, 5, 65-66.

[37] Persio, *Satire*, II, 70.

[38] Tutte le notizie riguardanti la cosiddetta 'bambola della Vestale Cossinia' sono tratte da G. Bordenache Battaglia, *Corredi funerari di età imperiale e barbarica nel Museo Nazionale Romano*, Roma 1983, p. 124 ss.

[39] G. Bordenache Battaglia, *Corredi*, citato, p. 134.

[40] G. Bordenache Battaglia, *Corredi*, citato, p. 115 ss., da cui sono tratte anche le notizie riguardanti la 'bambola della mummia di Grottarossa'.

[41] G. Bordenache Battaglia, *Corredi*, citato, p. 115.

[42] A. Mura Sommella, in *Crepereia Tryphaena. Le scoperte archeologiche nell'area del Palazzo di Giustizia, Catalogo della Mostra*, Venezia 1983, pp. 29-32; 49-56, da cui sono tratte le notizie riguardanti la bambola di Crepereia.

[43] A. Mura Sommella, *Crepereia Tryphaena*, citato, p. 51.

[44] *Antologia Palatina*, VI, 280.

[45] Il frammento di Saffo è riportato in Ateneo, IX, 410.

[46] B. Nogara, *Monumenti, Musei e Gallerie Pontificie nel triennio accademico 1939-40, 1940-41, 1941-42*, in *Rendiconti della Pontificia Accademia di Archeologia*, 18 (1941-1942), p. 238; M.R. Rinaldi, *Ricerche*, citato, p. 122; A. Mura Sommella, in *Crepereia Tryphaena*, citato, p. 50.

[47] G. Bordenache Battaglia, *Corredi*, citato, p. 116.

[48] E. Talamo, *Cofanetto in avorio ed osso*, in *Crepereia Tryphaena*, citato, p. 66.

[49] L. Borsari, *Terracina. Del tempio di Giove Anxure, scoperto sulla vetta di Monte S. Angelo, presso la città*, in *Notizie degli Scavi di Antichità*, 1894, p. 105 ss.; M.R. Rinaldi, *Ricerche*, citato, p. 106 ss.

[50] G. Degani, *I giocattoli di Giulia Grafide, fanciulla brescellese*, in *Bullettino della Commissione Archeologica Comunale di Roma*, 74 (1951-1952), p. 15 ss.; M.R. Rinaldi, *Ricerche*, citato, p. 104 ss.

[51] L. Borsari, *Terracina*, citato, p. 105.

[52] Storia Augusta, *Vita di Settimio Severo*, 1, 4.

[53] Plutarco, *Vita di Catone Minore*, 2, 6-8.

[54] Polluce, *Onomastico*, 9, 110.

[55] Luciano, *Il sogno o La vita di Luciano*, 2-3.

[56] Polluce, *Onomastico*, 9, 119.

[57] P. Mingazzini, *Tre giochi infantili antichi*, in *Rendiconti della Pontificia Accademia di Archeologia*, 32 (1959-1960), p. 82, che precisa di non essere riuscito a trovare il nome latino del gioco, che tuttavia nella Roma antica doveva essere conosciuto, dal momento che ancora oggi a Roma i ragazzi lo giocano con il nome di 'salto alla quaglia'.

[58] Le spiegazioni dell'espressione *ciconia pinsit* e dell'imitazione delle orecchie d'asino si leggono nello scolio a *Persio*, *Satire*, I, 58-59.

6 LE RELAZIONI SOCIALI*

1. Essere puberi

Sin dai tempi più antichi e fino all' epoca classica, era il *pater familias* ad accertare, caso per caso, se i suoi *filii familias* d'ambo i sessi avevano raggiunto la pubertà e quindi l'effettiva capacità sessuale e procreativa.

Per quanto riguarda il ragazzo, accertata la sua pubertà mediante l'*inspectio corporis* l''esame dell'aspetto fisico', l'avvenimento veniva celebrato con la solennità della toga pura, la *sollemnitas togae purae*, che sanciva la fine della *pueritia* del ragazzo, ad un'età che oscillava in media fra i 14 e i 16 anni[1].

A partire dall'inizio dell'impero sorse una controversia fra le scuole di diritto dei Sabiniani e dei Proculiani[2], riguardante soprattutto il problema della cessazione della *tutela impuberum* con il raggiungimento della pubertà del pupillo[3]: i Sabiniani esigevano l'*inspectio corporis*, i Proculiani, invece, erano del parere che si dovesse stabilire un'età, e precisamente il compimento dei 14 anni, indipendentemente dall'*inspectio corporis* e dall'assunzione della toga pura. Fra queste due tesi, una terza riconosceva essere pubere solo colui che avesse compiuto i 14 anni e presentasse le modifiche morfologiche apportate dalla pubertà, tesi questa che godette di grande fortuna[4], fino a quando, nella legislazione giustinianea, VI sec.d.C., non si parla più d'*inspectio corporis*, ritenuta un'indecente indagine, poiché solo il compimento dei 14 anni determinava l'inizio della pubertà dei ragazzi.

Anche per quanto riguarda la pubertà delle ragazze, facilmente accertabile con la comparsa del menarca, la prima mestruazione, che poteva avvenire fra i 12 e i 14 anni, il diritto fissò un'età, il compimento dei 12 anni, perché la ragazza potesse contrarre matrimonio, senza però considerare che a 12 anni non sempre la fanciulla aveva raggiunto la pubertà e non tenendo in alcun conto le opinioni dei medici antichi, soprattutto di Sorano di Efeso, il più celebre dei ginecologi dell'antichità, che ritenevano che sia i ragazzi che le ragazze raggiungessero la maturità fisiologica verso i 14 anni e che soprattutto le ragazze dovevano rimanere vergini fino alla loro completa formazione, in modo che l'organo in cui si creava la vita fosse pronto a sopportare il concepimento[5].

L'aver fissato a 12 anni l'età matrimoniale per le ragazze non riuscì a sradicare la pratica molto diffusa fra i Romani di far sposare le figlie non solo al compimento dei 12 anni, ma ancor prima.

Plutarco fa risalire addirittura all'epoca regia la pratica delle unioni precoci con fanciulle ancora impuberi; facendo il confronto fra il legislatore spartano Licurgo e Numa Pompilio[6], sottolinea la profonda differenza della concezione del matrimonio nell'ordinamento greco e in quello romano: i Greci, ritenendo la procreazione il fine principale del matrimonio, facevano sposare le ragazze quando erano fisiologicamente mature e piene di desiderio, sicché il rapporto con l'uomo era fonte di piacere e d'amore, anziché di odio e di paura, come avviene quando le ragazze sono costrette all'atto sessuale prima ancora che la natura risvegli in loro il desiderio; per i Romani, invece, era di somma importanza che lo sposo trovasse nella sua sposa la purezza, l'integrità del corpo e la castità dei costumi, qualità tanto più facilmente reperibili quanto più giovane fosse la fanciulla; inoltre la giovane età della sposa permetteva all'uomo di formarne il carattere onde assicurare una convivenza senza contrasti.

In base alla testimonianza di Plutarco, è convinzione molto diffusa in dottrina che l'età dei 12 anni fosse adottata sin dai tempi antichi per indicare che una ragazza era pubere e in età da marito; ma un'opinione più recente ritiene più verosimile che il concetto di pubertà femminile legato all'età dei 12 anni, anziché risalire nel tempo, si sia andato diffondendo sul finire dell'età repubblicana e si sia consolidato poi nei giuristi classici, almeno a partire dal II sec.d.C.

Se sin dai tempi più remoti grande era, in seno alla famiglia agnatizia, la discrezionalità del *pater familias* nel dichiarare, dopo l'*inspectio corporis*, il raggiungimento della pubertà del figlio e nel presentarlo pubblicamente come cittadino romano mediante la *sollemnitas togae purae*, amplissima dobbiamo supporre che fosse la sua discrezionalità nel dichiarare la pubertà della figlia, che era un fatto esclusivamente privato. Il *pater* decideva quando fidanzarla, quando darla in moglie, senza riguardo ad un anno preciso e non sempre tenendo conto se fosse mestruata o no e così la figlia, ancora bambina, veniva consegnata all'uomo che l'aveva scelta o che il padre aveva scelto per lei e il suo scontato obbedire valeva come consenso alle nozze, consenso necessario per la validità dell'unione[7].

Poi si delineò il concetto di pubertà femminile legato alla maturità fisiologica, soprattutto nei riguardi del matrimonio, e si stabilì che questo fosse valido se la donna fosse divenuta *virípotens* 'viripotente', termine che indicava *quae virum pati potest* "colei che è in grado di soggiacere ad un uomo", ossia colei che è idonea al rapporto sessuale e anche a procreare; successivamente si fissò a 12 anni l'inizio della viripotenza e i 12 anni divennero l'età legale, perché la donna potesse contrarre legittimo matrimonio.

Già in antico si è cercato di giustificare il fatto che le ragazze fossero ritenute idonee al matrimonio prima dei ragazzi, e una giustificazione, palesemente falsa ed ipocrita, data da Macrobio[8], è che le ragazze avrebbero sentito prima l'esigenza, la premura, la spinta dei desideri carnali e quindi l'urgenza di sposarsi; ma di certo, come si è sottolineato[9], la fretta, l'impazienza di contrarre matrimonio non vanno tanto riferite alle ragazze, quanto piuttosto ai loro parenti: si tratta cioè della fretta che si aveva di far sposare al più presto le figlie.

L'aver fissato a 12 anni l'inizio della pubertà femminile avrebbe dovuto arrecare un forte limite alla discrezionalità dei padri, teoricamente tenuti a rispettare tale età nel maritare le figlie che avevano in potestà; ma in effetti le disposizioni dei giuristi sull'età pubere femminile non posero un freno all'uso molto diffuso delle unioni con ragazze non ancora dodicenni.

Sono soprattutto le fonti epigrafiche dei primi tre secoli dell'impero, in genere epitaffi posti dai mariti alle mogli, che attestano casi in cui la donna, ancora bambina, aveva iniziato a convivere con colui che sarebbe diventato suo legittimo marito al raggiungimento dell'età legale, i 12 anni; conosciamo casi di bambine che, all'età di 7 anni o poco più e di 10-11 anni, erano state condotte nella casa coniugale per iniziare a vivere una vita matrimoniale.

2. *Sponsalia* 'fidanzamento'

Presso i Romani, specialmente se appartenenti alle classi più elevate, sin dai tempi antichi era usanza che il matrimonio fosse generalmente preceduto dagli *sponsalia* 'fidanzamento', la promessa di future nozze.

L'istituto degli *sponsalia* attraverso i secoli ha subìto notevoli cambiamenti, per cui il fidanzamento di età più antica, il fidanzamento arcaico, differiva dal fidanzamento classico della fine della repubblica e dell'impero e questo era differente dal fidanzamento postclassico o arrale. Infatti, il fidanzamento arcaico si attuava mediante una solenne promessa, la *sponsio*, con l'obbligo dei fidanzati a sposarsi; il fidanzamento classico era una promessa di matrimonio priva di forma, basata su principî di assoluta libertà; il fidanzamento di età postclassica, il cosiddetto fidanzamento arrale, presenta di nuovo un carattere formale, perché in esso di fondamentale importanza era la consegna delle *arrae sponsaliciae* come garanzia dell'avvenuta promessa di matrimonio; la recessione dall'impegno preso era penalizzata.

Per fidanzarsi non fu mai previsto un limite d'età, contrariamente a quanto avveniva per il matrimonio; lo afferma chiaramente, nel III sec. d.C., il giurista Modestino (*Digesto* 23, 1, 4): "Nel contrarre fidanzamento non è fissata l'età dei contraenti come nel matrimonio; di conseguenza il fidanzamento può aver luogo anche in tenerissima età, purché da ambedue i contraenti sia compreso l'atto che compiono...".

2.1. *Fidanzamento arcaico*

Il termine latino *sponsalia* per indicare il fidanzamento deriva dal verbo *spondēre* 'promettere', perché il fidanzamento dei primi secoli esigevano una solenne promessa, la *sponsio*, usando il verbo *spondēre*; la *sponsio* la 'promessa di future nozze' era effettuata di norma dai *patres familias* dei sottoposti alla loro potestà, della cui volontà non tenevano minimamente conto.

Il *pater familias* del futuro fidanzato domandava al *pater familias* della donna se gli prometteva in matrimonio la figlia per il proprio figlio e questi rispondeva 'Prometto'; la formula della domanda e della risposta dei due *patres familias* era: *Spondes filiam tuam uxorem filio meo? Spondeo* "Prometti tua figlia in moglie a mio figlio?" "Prometto".

Se il futuro fidanzato era persona *sui iuris*, ossia non sottoposto alla potestà di un *pater familias* – o anche *alieni iuris* se autorizzato dal proprio *pater familias* - era lui a rivolgere al *pater* della donna la domanda: *Spondes filiam tuam uxorem mihi?* "Mi prometti tua figlia in moglie?" e quello rispondeva: *Spondeo* "Prometto"[10].

La donna aveva un ruolo passivo in quanto era lei che veniva promessa in matrimonio e la sua volontà non aveva rilievo; anche il *filius familias* poteva ritrovarsi fidanzato dal *pater* che l'aveva in potestà. e, a volte, contro la sua volontà.

Le commedie di Plauto e di Terenzio prevedono diversi casi in cui sia il *pater familias* della futura sposa sia il *pater familias* del futuro marito si fanno promotori del fidanzamento dei loro figli, anche a loro insaputa, e, nel caso del *filius familias*, anche contro la sua volontà.

Un esempio ci è offerto dalla '*Commedia della cassetta*' di Plauto (497 s.), ove il giovane Alcesimarco, che si era impegnato con giuramento a sposare una ragazza da lui amata, era stato costretto dal padre a fidanzarsi con un'altra e ad Alcesimarco non resta che sfogarsi: "Gli dei mi dannino...se mai sposerò la ragazza con cui mio padre mi ha fidanzato".

Che i *patres familias* fossero promotori del fidanzamento dei figli che avevano in loro potestà doveva essere una pratica corrente nella vita quotidiana, particolarmente quando i promessi sposi erano in tenera età; ma anche quando, non più bambini, essi venivano fidanzati, l'obbedienza che dovevano, soprattutto le figlie, ai loro *patres*, faceva sì che la scelta fatta per loro venisse sempre accetta. E in questa scelta anche la madre poteva rivestire un ruolo importante.

2.2. *Fidanzamento classico*

Nell'ultimo secolo della repubblica viene meno l'uso della solenne forma della *sponsio* per porre in essere il fidanzamento, ma ad essa non si sostituisce nessun' altra formalità, per cui il fidanzamento di epoca classica, dall'ultimo secolo della repubblica e durante l'impero, veniva costituito in modo informale e poteva essere liberamente sciolto; essenziale per la sua costituzione era la volontà di entrambi i fidanzati, che potevano esprimerla in maniera libera, sia di persona, sia tramite un intermediario, sia per lettera.

Infatti, per porre in essere il fidanzamento era sufficiente il *nudus consensus* il 'semplice consenso' il 'consenso senza formalità', come afferma Ulpiano (*Digesto* 23, 1, 4): *Sufficit nudus concensus ad costituenda sponsalia*. "Per fidanzarsi è sufficiente il consenso senza formalità".

Quando il fidanzato era *filius familias*, si richiedeva sia il suo consenso che quello del *pater* che lo aveva in potestà, poiché, essendo il fidanzamento una promessa di matrimonio, dovevano acconsentire ad esso le stesse persone di cui era richiesto il consenso per il matrimonio. Lo afferma il giurista Paolo (*Digesto* 23, 1, 7, 1): "Nel fidanzamento si deve richiedere anche il consenso di coloro di cui è richiesto per le nozze".

Il diritto classico, in via di principio, dava importanza anche alla volontà della *filia familias*, concedendole di opporsi al *pater*, se non fosse stata d'accordo nella scelta del fidanzato; ma in pratica, l'usanza di fidanzare le fanciulle in giovanissima età e il costume sociale, che imponeva alle donne estrema riservatezza e assoluta soggezione nei confronti del *pater*, avranno fatto sì che difficilmente la ragazza osasse rifiutare il fidanzato che le era stato scelto da chi l'aveva in potestà, e tanto più giovane era la fidanzata, tanto minore era l'eventualità che essa potesse opporsi a tale scelta, per cui il suo consenso era scontato, anzi neanche necessario che lo esprimesse oralmente; bastava il suo silenzio, in quanto il tacere equivaleva ad acconsentire. Il tacere delle *filiae familias*, quindi, si trasformava in una presunzione di consenso e ciò doveva accadere molto spesso data l'usanza di concludere fidanzamenti in cui, specialmente la fidanzata, non era che una bimba.

Una facoltà di scelta ed una più grande indipendenza dovevano avere, almeno in teoria, le fanciulle *sui iuris*: non più sottoposte alla potestà del *pater familias* o perché questo era morto o perché erano state emancipate[11], esse potevano scegliersi il futuro marito o accettare o respingere il candidato loro proposto dalla madre o dai parenti o dal tutore pupillare. Ma nella realtà di ogni giorno, anche la volontà delle fanciulle *sui iuris*, soprattutto se molto giovani, poco contava. Lo attesta una costituzione di Settimio Severo del 199 d.C.[12], in cui madre, parenti e tutore di una pupilla non riescono a mettersi d'accordo nello scegliere il fidanzato, evidentemente fra i vari pretendenti; fanno allora ricorso all'imperatore e questi decide che a risolvere il contrasto sia il governatore provinciale; della volontà della fanciulla nessuno si cura. Sicuramente si sarà trattato del fidanzamento di una fanciulla ricca e di alto rango, come il ricorso all'autorità imperiale sembra attestare.

Dal momento che per contrarre il fidanzamento non era fissata l'età dei contraenti, esso poteva aver luogo a qualsiasi età dei futuri sposi e i *patres familias* potevano fidanzare i loro figli anche *a primordio aetatis* "dall'inizio dell'età"[13].

Ad essere promesse spose quando erano ancora in tenerissima età erano le donne, soprattutto se appartenenti alle classi più elevate, presso le quali, in particolare nell'ultimo periodo repubblicano e nel primo secolo dell'impero, il fidanzamento era quasi sempre un mezzo per concludere alleanze politiche ed economiche fra famiglie ricche e potenti, per stabilire o consolidare amicizie, per assicurarsi appoggi politici con famiglie che detenevano il potere, che poi il matrimonio suggellava. Fidanzamenti e matrimoni si concludevano e si scioglievano a seconda degli interessi politici ed economici e le figlie venivano sacrificate alla convenienza della propria famiglia.

Il caso più noto di fidanzamento in cui la promessa sposa non era che una bimba è quello che Augusto stesso concluse fra la nipote di Pomponio Attico, Vipsania Agrippina, che aveva appena 1 anno, e il figliastro Tiberio, il futuro imperatore, che aveva allora 7 anni[14]. Sappiamo che a questo precocissimo fidanzamento seguì il matrimonio, dopo che la giovanissima fidanzata raggiunse l'età legale prevista per le nozze, ossia i 12 anni, matrimonio che fu molto felice e coronato dalla nascita di un figlio, Druso Minore. Purtroppo poi Tiberio fu costretto a ripudiare la diletta sposa di nuovo incinta, per sposare Giulia, la figlia di Augusto, e lo fece con grandissimo dolore; dopo il divorzio vide una sola volta Agrippina, in un incontro fortuito, e la seguì con sguardo appassionato e con gli occhi lucidi; da allora fu fatto in modo che non gli comparisse più davanti[15].

Anche Giulia, la figlia di Augusto, all'età di 2 anni, fu fidanzata dal padre a Marco Antonio Antillo, il figlio maggiore di Marco Antonio, allora decenne; poi, a 5 anni, fu fidanzata al cugino Marco Marcello, anche lui giovanissimo[16].

Appena 2 anni aveva anche Antonia Maggiore, quando fu fidanzata dal padre Marco Antonio a Lucio Domizio Enobarbo, il nonno di Nerone[17].

Ugualmente in tenerissima età, forse circa ad 1 anno, fu promessa sposa Ottavia, la figlia di Claudio e di Messalina, a Lucio Giunio Silano, anch'egli un fanciullo; ma il fidanzamento non si concluse con il matrimonio, perché Ottavia, a 9 anni, fu promessa al futuro imperatore Nerone, allora dodicenne[18].

Ma non solo le donne potevano essere fidanzate in età molto tenera; sappiamo, ad esempio, che Claudio Marcello, figlio di Ottavia, sorella di Augusto, fu fidanzato ad appena 3 anni alla figlia di Sesto Pompeo, ancora più giovane, per suggellare l'accordo di Miseno e la precaria pace che ne seguì[19].

Un'usanza attestata solo in epoca imperiale, ma che sicuramente risale ai tempi antichi e che non può non suscitare in noi incredulità e sdegnato stupore, è che non sempre la fidanzata attendeva in seno alla propria famiglia il raggiungimento dell'età legale per sposarsi; molto spesso essa veniva condotta nella casa del futuro marito, per cui, ancora bambina, veniva allontanata dalla propria casa, strappata da tutti i suoi affetti familiari per entrare a far parte di una famiglia estranea, nella quale si sperava, accogliendola in così tenera età, si sarebbe più facilmente incorporata, senza tener minimamente conto dei gravi traumi psichici che tale usanza poteva provocare nella fidanzata-bambina.

Alla domanda se queste precoci convivenze dei fidanzati comportassero un' intimità coniugale, si vorrebbe dare una risposta negativa, per un profondo rispetto dovuto alla purezza e all'innocenza della fanciullezza; ma purtroppo, anche se le fonti giuridiche non lo ammettono, ma lo fanno sottintendere, le unioni precoci con fanciulle non ancora dodicenni potevano essere consumate, senza che il fatto costituisse scandalo o suscitasse disapprovazione.

Significativo è il passo di Svetonio (*Claudio*, 26 ,1) che, parlando della vita privata dell'imperatore Claudio, riferisce che costui, ancora molto giovane, ebbe due fidanzate: la prima, Emilia Lepida, pronipote di Augusto, fu ripudiata 'ancora vergine', perché i suoi genitori avevano offeso Augusto; l'altra morì per malattia lo stesso giorno fissato per le nozze.

Il fatto che Svetonio abbia messo in risalto la verginità della fidanzata ripudiata sta ad indicare che ciò costituiva un caso eccezionale e meritevole di essere segnalato. Se la verginità delle fanciulle promesse, tanto più di quelle che, minori di dodici anni, convivevano con il futuro marito, fosse stata indiscussa o per lo meno sottintesa, Svetonio non avrebbe avuto alcun motivo di sottolineare il comportamento di Claudio, che ripudiò la fidanzata 'ancora vergine'; se lo ha fatto è perché tale comportamento esulava dalla norma.

La testimonianza di Svetonio conferma quindi l'aspetto negativo e riprovevole del costume romano, che permetteva le precoci convivenze di fidanzati quasi bambini, in cui il promesso sposo non doveva attendere che la fanciulla diventasse pubere per reclamare i suoi diritti di marito.

Eventualità anche più incredibile e sconcertante è il caso previsto dalle testimonianze giuridiche, che una minore di 12 anni, condotta in casa del futuro marito, abbia rapporti sessuali non con lui, ma con un estraneo[20].

2.3. *Fidanzamento postclassico o arrale*

A partire dal III sec.d.C. appare una nuova forma di fidanzamento che, nel IV sec. d.C., sembra già essersi diffuso. Ciò che caratterizza questa nuova forma è la consegna delle *arrae sponsaliciae* come garanzia dell'avvenuta promessa di matrimonio.

L'espressione *arrae sponsaliciae* 'arre di fidanzamento' – il termine *arra* è di origine semitica – non compare nelle fonti romane, giuridiche e letterarie, prima del IV sec. d.C. ed è usata ad indicare un istituto, quello delle *arrae sponsaliciae*, completamente estraneo al diritto romano classico, il cui riconoscimento nella legislazione romana deve collocarsi in epoca tarda, sotto gli imperatori cristiani del Basso Impero.

Con a*rrae sponsaliciae* si intendono i doni di un certo valore, denaro, gioielli, oggetti preziosi, che il fidanzato consegnava alla fidanzata o a chi la fidanzava, padre, madre, tutore pupillare - poiché continua l'usanza di fidanzare le fanciulle ancora in tenera età - o parente, come garanzia dell'avvenuta promessa di matrimonio.

Nel momento in cui le arre erano accettate, il fidanzamento si riteneva concluso e non era possibile recedere dall'impegno preso, se non subendo la pena stabilita per chi scioglieva il fidanzamento: il fidanzato perdeva le arre consegnate, la fidanzata, o chi l'aveva fidanzata, doveva restituire le arre ricevute nella misura prima del quadruplo, poi ridotta al doppio. Le *arrae*, quindi, dirette alla conclusione del matrimonio, funzionavano come pena per chi veniva meno alla promessa data.

Le costituzioni imperiali prevedevano una serie di distinzioni, come l'età della fanciulla fidanzata, ed altre condizioni, per determinare chi fosse costretto al pagamento. Fu poi introdotto il concetto delle *iustae causae* di recesso incolpevole, per cui se, dopo la conclusione del fidanzamento, interveniva un valido motivo che impediva il matrimonio, era possibile sciogliere il fidanzamento senza incorrere nella pena stabilita, ma restituendo semplicemente le arre ricevute.

3. I riti sponsalizî: l'*anulus pronubus*

Sebbene il diritto classico non prevedesse nessuna formalità per porre in essere il fidanzamento, tuttavia non mancano testimonianze che attestano che il *dies sponsalis* il 'giorno degli sponsali' era un giorno importante, da solennizzare con alcune cerimonie.

Innanzi tutto si doveva fare molta attenzione nello scegliere tale giorno, perché assai numerosi nel calendario romano erano i giorni ritenuti nefasti sia al fidanzamento che al matrimonio[21].

Di solito si invitavano parenti ed amici, che potevano essere anche molto numerosi; Svetonio (*Augusto*, 53, 3) racconta che Augusto, che aveva mantenuto relazioni di amicizia con molti senatori, cessò di partecipare alle festività di ciascuno di loro dopo che, ormai in là con gli anni, fu sballottato nella folla in un giorno di fidanzamento.

Si compivano cerimonie sacre, si prendevano gli auspici e si invocavano la benedizione e la benevolenza degli dei. Non poteva poi mancare un banchetto per concludere nel miglior dei modi e in grande letizia il felice avvenimento, banchetto che Plinio il Vecchio (*Storia naturale*, IX, 117), denomina *sponsalium cena* 'banchetto di fidanzamento'.

Si solevano fare dei doni ed era generalmente la fidanzata a ricevere da parte del fidanzato dei doni, che dovevano consistere soprattutto in monili, capi di abbigliamento ed oggetti di vario genere. Fra questi doni aveva un particolare significato simbolico l'anello, detto *pronubus* 'nuziale'[22], che il fidanzato donava alla sua promessa sposa.

Dai tempi più antichi fino a tutto il I sec. d.C., l'anello nuziale fu di ferro senza pietre preziose a ricordo dell'antica austerità dei Romani[23], una verghetta di ferro che conservò la sua semplicità anche quando il lusso dilagò a Roma e le donne romane si caricavano le dita di anelli e pietre preziose. Poi, nel corso del II sec. d.C., s'introdusse l'uso dell'*anulus pronubus* d'oro.

Il dito in cui la fidanzata infilava l'anello era il quarto, quello vicino al mignolo della mano sinistra che, nella tarda antichità, fu detto *anularis*[24]. L'usanza di portare l'*anulus pronubus* in questo dito era dovuta alla credenza che da esso partisse un nervo sottilissimo, o una vena, che raggiungeva direttamente il cuore[25].

Alcuni scrittori antichi definiscono l'anello di fidanzamento un *pignus* 'pegno', dando ad esso il valore di pegno, di garanzia dell'avvenuta promessa di matrimonio[26], ma il diritto lo considera un dono al pari degli altri doni, che si solevano fare in occasione del fidanzamento, senza riconoscergli alcun obbligo al matrimonio.

Ma anche se giuridicamente irrilevante, il dono dell'anello sembra essere diventato, fra il II e III sec.d.C., la cerimonia più importante e caratteristica degli sponsali, tanto che, per indicare la solennità del fidanzamento, il termine *anulus* poteva essere usato al posto di *sponsalia*[27].

Forse gli anelli ritrovati in tombe di matrone romane o romanizzate del tardo periodo imperiale, formati da semplici verghette piatte d'oro, d'argento o di bronzo, sono da ritenersi anelli di fidanzamento, e c'è da chiedersi se la moderna fede nuziale, con la sua forma semplice e caratteristica, non derivi dall'*anulus pronubus*[28].

4. Matrimonio

Per dar vita ad una unione coniugale giuridicamente valida, ossia ad un *iustum matrimonium* 'matrimonio secondo il diritto' 'legittimo' o a *iustae nuptiae* 'nozze secondo il diritto' 'legittime', era necessario un unico e vero elemento costitutivo del matrimonio stesso, l'*affectio maritalis* il 'sentimento maritale', detto anche *consensus* 'consenso'.

Per *affectio maritalis* va intesa la volontà, l'intenzione dell'uomo e della donna di essere marito e moglie e di dar vita ad un'unione monogamica per tutta la durata della loro esistenza, con lo scopo di formare una famiglia per la procreazione e l'educazione dei figli nati dalla loro unione, fondata su mutui rapporti di protezione e di assistenza[29].

Una parte della dottrina riconosce anche alla convivenza o coabitazione o vita comune dell'uomo e della donna il valore di elemento essenziale per la costituzione del matrimonio e il mantenimento dell'unione coniugale, elemento d'ordine materiale, accanto all'*affectio maritalis*, elemento d' ordine spirituale.

Celebre è la definizione del matrimonio romano data dal giurista Modestino (*Digesto* 23, 2, 1): "Le nozze sono l'unione di un uomo e di una donna e la comunanza di tutta la vita e la partecipazione del diritto divino ed umano".

Nessun atto formale, nessuna solennità erano richiesti per la costituzione del matrimonio e neppure che la volontà dell'uomo e della donna di essere marito e moglie fosse espressa in una forma determinata. C'erano però elementi esteriori da cui poter desumere l'esistenza dell'*affectio maritalis* e la più diretta e alta manifestazione esteriore di tale esistenza era l'*honor matrimonii*, tradotto come 'rispetto del matrimonio' 'rispetto coniugale'; esso consisteva soprattutto nel reciproco comportamento dell'uomo e della donna, nel loro abituale contegno esteriore e nella piena partecipazione della donna al rango sociale del marito. Se costui era un console, un senatore, conferiva alla moglie la dignità consolare o senatoria, ed essendo egli un *clarissimus vir*, titolo corrispondente al nostro 'eccellenza', anche la donna diventava una *clarissima femina*.

Altro modo, senz'altro il più solenne e manifesto, quello che rendeva palese a tutti l'esistenza di un rapporto matrimoniale fra l'uomo, padrone di casa, e la donna che vi entrava, era la *deductio in domum mariti*, l'accompagnamento della novella sposa alla casa maritale, in cui lei faceva pubblicamente il suo ingresso, compiendo diverse cerimonie[30].

L'esistenza del matrimonio poteva essere desunta anche dalla solenne dichiarazione sotto giuramento che il cittadino romano faceva dinanzi ai censori, quando questi magistrati, effettuando ogni cinque anni il censimento dei cittadini, gli chiedevano se viveva con quella donna con il fine di procreare figli legittimi, in altre parole se voleva creare un'unione matrimoniale con quella determinata donna, avente come fine la procreazione della prole.

L'uso delle dichiarazioni giurate dinanzi ai censori non dovette oltrepassare l'età repubblicana, perché, nel I sec.d.C., la funzione censoria fu saltuariamente esercitata e con Domiziano, che prese a vita il titolo di censore, scomparve[31].

Vi era poi la dote che qualificava socialmente, ed anche giuridicamente, come matrimonio l'unione per la quale era stata costituita, mentre le scritture dotali, redatte per la sua costituzione, le *tabulae dotales* o *nuptiales* 'tavole dotali' o 'nuziali', così dette perché redatte prima su tavolette di legno cerate e poi su papiro o pergamena, fungevano da elementi di prova dell'esistenza del matrimonio in mancanza di ogni altro elemento.

Il diritto fino a tutta l'epoca classica non richiese mai la costituzione di dote né le scritture dotali o nuziali come elemento di validità del matrimonio, tuttavia le utilizzava in larga misura per accertare l'esistenza del matrimonio, quando si era in dubbio se un'unione fosse o no un legittimo matrimonio.

Invece, la costituzione di dote e le scritture relative avevano un altissimo valore sociale, tanto che nella vita di tutti i giorni si riconosceva nella costituzione di dote un elemento economicamente importante, perché la donna potesse trovare marito ed anche un elemento essenziale per classificare socialmente quell'unione come una unione legittima; per questo anche in povertà, si cercava ad ogni costo di dotare la donna, perché la sua unione non venisse confusa con un concubinato[31bis].

Concludendo, l'*honor matrimonii*, la *deductio in domum mariti*, la dichiarazione giurata dinanzi ai censori, la costituzione di dote e le scritture dotali o nuziali sono considerate, in dottrina, come manifestazioni esteriori dell'*affectio maritalis* o *consensus*, che servivano a rendere manifesta e sicura l'esistenza del rapporto matrimoniale.

Richiesti invece dal diritto, perché un'unione coniugale fosse giuridicamente valida, erano determinati requisiti e precisamente quelli che i moderni definiscono: capacità naturale matrimoniale, ossia l'età pubere; capacità giuridica o civile matrimoniale, detta dai Romani *conubium/connubium* 'connubio', che comportava necessariamente che i coniugi fossero persone libere, ed infine il consenso degli sposi, se persone *sui iuris*, o anche dei loro *patres familias*, se persone soggette a potestà. Naturalmente fra i due futuri coniugi non dovevano esserci impedimenti legali.

Si legge in un passo dei *Tituli ex corpore Ulpiani* 5,2: "Si ha legittimo matrimonio se fra coloro che si sposano vi sia il connubio e il maschio sia pubere e la femmina in età da marito, ed entrambi acconsentano, se sono *sui iuris*, o (acconsentano) anche i loro *patres*, se sono in potestà".

Per capacità naturale matrimoniale si intende che i futuri sposi dovevano essere puberi e quindi aver raggiunto l'effettiva capacità sessuale e procreativa; per essere considerati puberi l'uomo doveva aver compiuto i 14 anni e la donna i 12 anni[32].

La capacità giuridica o civile matrimoniale è la capacità di formare con una data persona di sesso diverso un'unione coniugale avente valore giuridico. I Romani chiamano questa capacità *conubium/connubium* (da *con* e *nubo,ĕre* 'sposarsi') 'connubio'.

Nell'età più antica solo i Romani avevano il connubio fra di loro; vigeva però il divieto di connubio fra patrizi e plebei, divieto che fu rimosso verso la metà del V sec.a.C. Il connubio venne poi concesso da Roma ai Latini e ai *peregrini* 'stranieri', singoli o collettività, e quando, nel 212 d.C., si estese la cittadinanza romana a tutti i sudditi dell'impero, il connubio perdette il suo significato e scomparve.

Al requisito del connubio era collegato il divieto di matrimonio fra determinate persone, innanzi tutto gli schiavi e poi coloro che erano uniti da vincoli di parentela o di affinità, il legame che il matrimonio creava fra un coniuge e i parenti dell'altro coniuge.

Rigorosamente vietato il connubio fra parenti in linea retta, fra ascendenti e discendenti, sicché i componenti di una stessa famiglia, anche se adottati, non potevano sposarsi fra loro.

Fra parenti in linea collaterale, ossia fra *cognati*, nei tempi più antichi vigeva il divieto di matrimonio fra primi e secondi cugini, fra zio e nipote, zia e nipote. Con il tempo furono consentite le nozze fra primi cugini e anche fra zio e nipote, provvedimento questo preso per permettere all'imperatore Claudio, che aveva allora 59 anni, di sposare Agrippina, la giovanissima figlia del fratello Germanico, madre di Nerone[33].

Ugualmente fra affini vigeva il divieto di matrimonio e, anche se il matrimonio che aveva creato il legame di affinità era venuto meno, era proibito sposare colei che era stata matrigna o figliastra o nuora o suocera e colui che era stato patrigno o figliastro o genero o suocero.

Il *consensus* 'consenso' era l'elemento costitutivo del matrimonio, era la volontà effettiva e durevole dell'uomo e della donna di essere uniti in matrimonio. Afferma il giurista Paolo (*Digesto* 23, 2, 2): "Le nozze non possono aver luogo se non acconsentano tutti, cioè coloro che si uniscono e coloro dei quali sono in potestà", ossia, se gli sposi erano *filii familias*, era richiesto anche il consenso dei loro *patres familias*, senza il quale l'unione dei figli in potestà non aveva valore giuridico, non era un *iustum matrimonium*. Non previsto era invece il consenso del *pater familias* per il matrimonio del figlio o della figlia che erano stati emancipati, quindi usciti dalla sua *patria potestas*.

In età postclassica, pur rimanendo sempre dominante il principio del diritto classico della non necessità di alcuna forma per la validità del matrimonio, in particolare della non necessità della dote e delle tavole dotali o nuziali – alle quali invece la valutazione sociale aveva dato una sempre più crescente importanza come elemento che qualificava un'unione come legittimo matrimonio –, il diritto postclassico, per quanto riguarda l'istituto del matrimonio, subì l'influenza di nuovi fattori, come il cristianesimo e gli usi sociali del tempo.

L'età postclassica, segnata dalla tendenza a conferire un valore decisivo e fondamentale al momento iniziale del consenso degli sposi e a prescrivere determinate forme per rendere palese tale consenso, attribuì molto rilievo agli *instrumenta dotalia* o *nuptialia* 'strumenti dotali o nuziali', la nuova denominazione delle *tabulae dotales* o *nuptiales*, presi in considerazione per avere la certezza dell'esistenza di una legittima unione coniugale e alla loro presenza si collegava la legittimità dell'unione stessa.

Nell'epoca postclassica la diffusione di questi strumenti crebbe enormemente e si moltiplicarono le testimonianze che ne documentano l'uso in tutti i territori dell'Impero, siano esse fonti letterarie che rappresentazioni su sarcofagi, che mostrano la coppia di sposi con l'uomo che tiene in mano un rotolo di papiro, contenente il documento nuziale.

Anche la Chiesa si fece propugnatrice dell'impiego degli strumenti dotali o nuziali, in quanto in essi vide uno degli elementi più utili per raggiungere la certezza dell'esistenza legale dell'unione e, dalla lettura degli strumenti, si intendeva iniziato il matrimonio.

5. Matrimonio e *conventio in manum*

La *conventio in manum*, espressione che indica l'assoggettamento della donna alla *manus* del marito, era un istituto applicabile unicamente alle donne e poteva attuarsi solo con la loro volontaria partecipazione; infatti, nelle fonti giuridiche e letterarie ove figura l'espressione *convenire in manum*, essa ha sempre come soggetto attivo la donna, sia che fosse *alieni iuris* o *sui iuris*.

La donna che compiva la *conventio in manum* con l'uomo a lei unito in legittime nozze, sottoponendosi alla sua *manus*, veniva a trovarsi nella condizione fittizia di figlia nata dal marito – il giurista Gaio, in vari passi delle sue *Istituzioni*[34], usa l'espressione "*filiae loco*" 'nella posizione di figlia' del marito – quindi sorella dei propri figli o dei figli che il marito aveva avuto in precedenti matrimoni, ed entrava a far parte, come *filia familias*, ossia come una discendente del capofamiglia, della famiglia del marito.

Poiché non si poteva appartenere contemporaneamente a due famiglie, la donna cessava di appartenere alla famiglia di origine: se era *alieni iuris*, la *conventio* da lei compiuta richiedeva l'*auctoritas* l' 'autorizzazione' del *pater* sotto la cui potestà si trovava, perché, occupando nella famiglia del marito la posizione di *filia familias*, si sottoponeva alla potestà di un altro *pater familias*: a quella del marito, se costui era *pater familias*, o a quella del di lui *pater familias*, se il marito era un *filius familias*.

Quindi, conseguenza immediata della *conventio in manum* era quella di porre la donna nella condizione fittizia di figlia legittima del marito e solo in quanto figlia del marito entrava a far parte, come *filia familias*, della famiglia di lui e si sottoponeva alla *patria potestas* del capofamiglia.

Se la donna era *sui iuris*, mutava la sua posizione da persona *sui iuris* a persona *alieni iuris*, poiché entrava nella famiglia del marito come *filia familias*; i suo beni passavano al marito, se costui era *pater familias*, o al suo *pater familias*, se il marito era *filius familias*.

La donna che compiva la *conventio in manum mariti*, non appartenendo più alla famigli di origine, recideva i legami civili che la legavano ai suoi agnati – conservando però la parentela di sangue con i membri della sua famiglia, i *cognati* – alla sua *gens* e perdeva il suo culto domestico, i suoi *sacra privata*, per acquistare gli agnati, i *gentiles* e i *sacra privata* della famiglia del marito.

La *conventio in manum* si compiva attraverso tre forme, la *confarreatio* 'confarreazione', la *coemptio* 'vendita' e l'*usus* 'uso', e la donna che, in una di queste tre forme, si assoggettava alla *manus* del marito, era detta *uxor in manu* e a lei spettava il titolo di *mater familias*.

Nei tempi più antichi, dalle origini fino a metà del V sec. a.C., al matrimonio si accompagnava di regola la *conventio in manum*, con l'assoggettamento della donna alla *manus* del marito e il suo passaggio nella famiglia di lui, perché, si è detto, era inconcepibile che, in antico, data la struttura della famiglia agnatizia, la sua ferrea coesione, l'assoggettamento di persone e cose al potere assoluto del *pater familias*, la donna, se *filia familias*, membro di un'altra famiglia e sottoposta alla *patria potestas* di un altro *pater familias*, sposandosi, potesse restare fuori dal gruppo agnatizio del marito, estranea ad esso.

In base a questa motivazione, si ritiene in dottrina che, in antico, matrimonio e *conventio in manum* fossero un unico istituto, quello del *matrimonium cum manu*, che si sarebbe effettuato attraverso una delle tre forme della *conventio in manum*, *confarreatio*, *coemptio* ed *usus*, ritenute cerimonie nuziali produttive della *manus* sulla donna; di queste forme la *confarreatio* è ritenuta una forma nuziale solenne e religiosa, riservata ai patrizi; la *coemptio* una forma civile, prescelta dai plebei e l'*usus* la forma più recente.

Verso la metà del V sec.a.C., sarebbe apparso un nuovo tipo di matrimonio, il *matrimonium sine manu*, che non avrebbe comportato l'assoggettamento alla *manus* maritale della donna, la quale avrebbe continuato ad essere *sui iuris*, se già lo era, oppure, se *alienis iuris*, sarebbe rimasta in potestà del proprio *pater familias* e in seno alla propria famiglia di origine. Questo matrimonio si sarebbe diffuso sempre più fino a prevalere sul *matrimonium cum manu*. Di qui la distinzione di due tipi di matrimonio, il *matrimonium cum manu* e il *matrimonium sine manu*.

Di contro, invece, si afferma che sin dalle origini matrimonio e *conventio in manum* fossero due istituti distinti e separati: il matrimonio sarebbe stato sempre libero da ogni forma costitutiva e basato sull'*affectio maritalis*, anche quando, nei tempi più antichi, ad esso si accompagnava di regola la *conventio in manum*, che si attuava nelle tre forme della *confarreatio*, della *coemptio* e dell'*usus*, forme esclusive della *conventio in manum*, che non avevano la funzione e l'efficacia di costituire il matrimonio.

Questa opinione, che ammette la diversità e l'indipendenza dei due istituti, è concordemente seguita in dottrina per il periodo medio repubblicano (dal III-II sec. a.C.) e per il periodo classico.

Divergenze di opinioni sono sorte fra gli studiosi anche sull'effettivo significato da riconoscere al temine *manus*: si sostiene che la *manus* fosse una *potestas* simile alla *patria potestas*, spettante solo al *pater familias*, ipotesi però che non spiega come la *manus* spettasse sempre al marito, anche se *filius familias*; oppure che fosse un potere domestico del marito sulla moglie, diverso dalla *patria potestas*, o addirittura che *manus* non abbia mai indicato un qualche potere dai contorni precisi e che fosse una formula 'immaginosa' che, diventata d'uso comune, assunse un certo valore giuridico[35].

Delle tre forme della *conventio in manum*, *confarreatio*, *coemptio* ed *usus*, la *confarreatio* deriva il nome dal farro, una qualità inferiore di frumento, conosciuto dai più antichi romani e il più antico alimento del Lazio; con la farina di farro si faceva una focaccia, detta *panis farreus* 'pane di farro' o semplicemente *farreum* 'focaccia' che, durante il sacrificio, veniva offerta a Giove Farreo; oltre al sacrificio si compivano molte altre cose, accompagnate dalla pronuncia di precise e solenni parole – cose e parole a noi sconosciute – alla presenza di dieci testimoni[36].

È opinione molto diffusa in dottrina che il *panis farreus* consacrato a Giove venisse poi spartito fra gli sposi e costituisse il loro primo pasto in comune.

Con l'offerta della focaccia di farro a Giove Farreo e con tutti gli altri rituali della *confarreatio*, la novella sposa si assoggettava alla *manus* del marito ed entrava a far parte della sua famiglia.

La *confarreatio* rimase in vigore per tutta l'epoca classica, poiché i sacerdoti detti *flamines maiores*, cioè i flamini di Giove, di Marte e di Quirino, ed il *rex sacrorum* il 're delle cose sacre', il sacerdote che in epoca repubblicana aveva ereditato le funzioni religiose del re, dovevano essere scelti fra coloro che fossero nati da genitori farreati, che cioè avessero compiuto il rito della *confarreatio*, e che avessero essi stessi effettuato tale rito.

Ma già nel I sec.d.C. la *confarreatio* veniva poco praticata, se durante il regno di Tiberio a malapena si riuscì a trovare tre patrizi che avessero compiuto il sacrificio del *panis farreus* e che fossero nati da genitori farreati, fra i quali sceglierne uno come flamine di Giove[37].

Altre notizie sul rituale della *confarreatio* provengono da Servio, che dà per certa la partecipazione di sacerdoti di rango elevato, come il *pontifex maximus* il 'pontefice massimo', la massima carica sacerdotale, e il *flamen Dialis* il 'flamine di Giove', e che in sacrificio venivano offerte *fruges* 'prodotti del suolo, primizie' e *mola salsa* 'farina di farro mescolata a sale', dalla quale, secondo Servio, la *confarreatio* avrebbe tratto il nome[38].

Ma queste notizie hanno poco credito, perché Servio è uno scrittore della tarda antichità (IV sec. d.C.), che non poteva avere una nozione precisa sulla *conventio in manum*, dal momento che questo istituto era caduto in disuso ai suoi tempi.

Sempre a proposito della *confarreatio*, Servio riferisce un'usanza degli antichi, secondo cui, quando il flamine e la flaminica si univano in matrimonio, venivano disposti due seggi 'aggiogati', forse accostati o legati insieme, sui quali veniva distesa la pelle della pecora offerta in sacrificio, perché vi sedessero con il capo velato il flamine e la flaminica che si sposavano con il rito della confarreazione[39]. É probabile che Servio descriva la *confarreatio*, che ai suoi tempi era tramontata, come forma di matrimonio del flamine e della flaminica, perché era rimasta più a lungo in vigore solo per loro.

Altra forma della *conventio in manum* è la *coemptio* 'vendita', una vendita non reale, ma simbolica che avveniva nella forma della *mancipatio* 'mancipazione'[40], la più solenne forma di compravendita dei Romani, mediante cui la donna si assoggettava alla *manus* del marito. Un problema che vari studiosi si sono posti, dando ad esso varie risoluzioni, riguarda chi fossero i protagonisti della *coemptio*: se il marito era *sui iuris*, comperava lui la donna; se era *filius familias*, era il *pater familias* di lui a comperarla, oppure, come attestano alcune fonti, che però sono della tarda antichità, se entrambi gli sposi erano *sui iuris*, si comperavano a vicenda; se *filii familias*, i protagonisti della *coemptio* erano i loro *patres familias*.

Per quanto riguarda la terza forma della *conventio in manum*, l'*usus* 'uso', si legge in Gaio, *Istituzioni*, I, 111: "Con l'uso si assoggettava alla *manus* colei che rimaneva maritata per un anno intero: infatti veniva usucapita come per un annuo possesso, passava nella famiglia del marito ed otteneva la condizione di figlia".

La donna sposata, dice Gaio, che rimaneva per un intero anno presso il marito, si assoggettava alla sua *manus* per usucapione, termine che indica l'acquisto di proprietà di una cosa per uso continuato e notorio di essa per un certo periodo di tempo. Se la donna voleva evitare che dopo l'anno di matrimonio avesse luogo la *conventio in manum mariti*, poteva ricorrere all'istituto del *trinoctium* (da *tres* e *nox*) 'periodo di tre notti', che consisteva nell'allontanarsi per tre notti consecutive, anno per anno, dalla casa del marito, interrompendo così l'usucapione. Sempre Gaio afferma che fu una legge delle XII Tavole ad offrire alla donna, che non desiderava fare la *conventio in manum* con il proprio marito, la possibilità di evitarla, ricorrendo ogni anno al *trinoctium*, e, secondo gli studiosi che ammettono, per l'epoca più antica, l'esistenza di due tipi di matrimonio, il *matrimonium cum manu* e il *matrimonium sine manu*, quest'ultimo avrebbe avuto origine dalla pratica del *trinoctium* nell'*usus*, che impediva il sorgere della *manus* sulla donna. Nel II sec.d.C. l'*usus* non era più in vigore.

6. I riti nuziali

Le cerimonie nuziali non erano che forme esteriori di manifestazione dell'*affectio maritalis* fra un uomo e una donna, assolutamente non necessarie da un punto di vita giuridico per la costituzione del matrimonio, che non richiedeva nessun atto formale, nessuna solennità.

Ma vigeva l'usanza che l'importante momento della vita umana, rappresentato dalle nozze, fosse solennizzato con la celebrazioni di riti, cui la società romana riconosceva la funzione di pubblicizzare il formarsi della nuova unione.

Innanzi tutto c'era la scelta del giorno per le celebrazioni nuziali, il *dies nuptialis* il 'giorno delle nozze', scelta che doveva esser fatta con molta cautela, perché piuttosto numerosi nel calendario romano erano i giorni ritenuti infausti al matrimonio, come al fidanzamento.

Da evitarsi erano i *dies festi* o *feriae*, giorni di festività religiosa, giorni che dovevano essere riservati esclusivamente agli dei con la celebrazione di cerimonie religiose pubbliche; i *dies religiosi*, giorni in cui bisognava sospendere ogni azione pubblica e privata, laica e religiosa, pieni di divieti, di cattivo augurio, dedicati alla commemorazione degli antenati defunti o in cui ricorrevano gli anniversari di gravi sconfitte. Anche le calende, le none e le idi, che erano le tre date fisse di ogni mese - le calende cadevano al primo del mese, le none al settimo o al quinto giorno del mese, secondo i mesi, le idi al quindicesimo o al tredicesimo giorno del mese, sempre secondo i mesi - erano giorni da evitarsi per la celebrazione delle nozze, perché, essendo le calende sacre a Giunone e le idi a Giove, erano *dies festi*, mentre i giorni successivi a queste tre date fisse erano *dies atri* 'giorni neri' cioè funesti, ugualmente da evitarsi.

Dovendo escludere i *dies festi*, i *dies religiosi* e i *dies atri*, le calende, le none, e le idi, e i mesi di marzo e di maggio e la prima metà del mese di giugno ritenuti tutti non idonei alla celebrazione di nozze, la scelta del *dies nuptialis* presso i Romani non doveva essere tanto facile.

Una volta fissato il giorno delle nozze, la futura sposa doveva osservare un particolare rituale sin dalla vigilia, che contemplava la deposizione della *toga praetexta* e, dobbiamo supporre, sebbene manchino testimonianze che l'attestino, anche della *bulla*, le insegne della *pueritia*[41], per sottolineare simbolicamente l'uscita dalla fanciullezza. La *toga praetexta* veniva consacrata alla dea Fortuna, detta *Fortuna Virgo* o *Fortuna Virginalis*[42], mentre i giocattoli, in particolare le bambole, erano consacrati, secondo due versioni riferite dalle fonti, o ai Lari della famiglia[43] oppure a Venere[44].

"Alla vigilia delle nozze – dice Festo – le

vergini si coricavano, per buon augurio, vestite con tuniche regille, bianche e con cuffie (?) (*reticulis*) lutee, ambedue dette 'diritte', tessute dal basso verso l'alto da coloro che stavano in piedi dinanzi al telaio; la stessa usanza si suole osservare nel dare le toghe virili"[45].

Da questa importante fonte apprendiamo che la futura sposa, alla vigilia delle nozze, indossava, per buon augurio, un particolare abbigliamento: una tunica bianca, detta *regilla*[46] e *recta* 'diritta', e un *reticulum luteum* 'luteo', anch'esso *rectum* 'diritto'.

L'appellativo 'diritto', attribuito sia alla tunica che al *reticulum*, è collegato dagli antichi al modo in cui i due capi venivano tessuti, usando ancora, anche dopo che si conobbe il telaio orizzontale, l'antico telaio verticale, con cui i Romani, nei primi tempi, cominciavano a tessere dal basso verso l'alto e stando in piedi.

Il *reticulum* o *reticulus* 'reticella' era un ornamento del capo femminile, che serviva a tenere raccolti i capelli; nell'abbigliamento della futura sposa non poteva trattarsi di una semplice reticella, perché il *reticulum* è detto *rectum*, tessuto cioè secondo l'antico modo di tessere; forse si può pensare ad una specie di cuffia confezionata con la stoffa tessuta sul telaio verticale, con cui la fanciulla raccoglieva i suoi capelli prima di coricarsi.

Il *reticulum* doveva essere *luteum*, cioè del colore rituale delle nozze; gli antichi, per indicare tale colore, usano, oltre al termine *luteus*, che fanno derivare da *lutum* 'guado', una pianta erbacea con piccoli fiori gialli, usata come colorante da pittori e tintori di stoffe[47], anche i termini *flammeus*, da *flamma* 'fiamma', del colore della fiamma, e *croceus*, da *crocus* 'croco' 'zafferano', dai cui stigmi giallo-arancio con sfumature rosse più o meno intense si ricavava una polvere profumata e colorante; inoltre il croco era considerato una pianta con proprietà che favorivano la fecondità della donna e il potere fecondante dell'uomo e il cui fiore era ritenuto afrodisiaco[48].

I tre termini, *luteus*, *flammeus*, *croceus*, indicavano lo stesso colore[49], un colore che aveva una tonalità cromatica legata sia al giallo che al rosso, un giallo con sfumature rosse, un arancio rossastro luminoso e splendente, se il *flammeum*, il velo nuziale (vedi oltre), aveva lo stesso colore della fiamma e della folgore di Giove[50], il colore tipico delle nozze[51].

La *tunica recta*, indossata alla vigilia delle nozze, con la quale la fanciulla aveva dormito l'ultimo sonno verginale, veniva stretta alla vita con una cintura di lana, legata con il *nodus herculeus* o *herculaneus* il 'nodo di Ercole', un nodo di difficile scioglimento, ritenuto per gli sposi un augurio di fecondità, dal momento che Ercole aveva avuto ben settanta figli; era compito dello sposo sciogliere questo nodo la sera delle nozze sul talamo nuziale[52].

Il giorno delle nozze la futura sposa, toltasi il *reticulum*, si sottoponeva ad una tipica acconciatura del capo, riservata solo alle spose, di cui l'unica notizia che abbiamo è quella di Festo: "Le fanciulle che stanno per sposarsi sono ornate con i *seni crines*, ornato antichissimo"[53].

Purtroppo sulla pettinatura nuziale dei *sex crines* 'sei capelli', nessun'altra notizia, oltre quella di Festo troppo vaga, ci è giunta che ci aiuti a capire in che cosa consistesse questa acconciatura. L'espressione di Festo '*seni* (distributivo di *sex*) *crines*', indicherebbe 'sei capelli per ciascuna sposa', ma, non potendo dare al termine *crinis* il significato di singolo capello, gli studiosi moderni interpretano *crines* o come 'ricci' 'boccoli', per cui questa acconciatura sarebbe consistita in tre ricci o boccoli pendenti a ciascun lato del capo, oppure come trecce, e si suppone che i capelli della fanciulla venissero divisi in sei trecce, tre da un lato, tre dall'altro, poi avvolte intorno alla testa, parallelamente l'una all'altra, a mò di diadema. Alle trecce erano intrecciate le *vittae*, piccole bende o nastri che servivano a mantenerne la compattezza e a legarle fra di loro.

Per ottenere l'acconciatura dei *sex crines* veniva usato un particolare arnese, l'*hasta caelibaris*, cui gli autori antichi, che la menzionano, non attribuiscono la stessa funzione, in quanto essa sarebbe servita o a 'pettinare' le chiome delle spose o a 'dividerle, spartirle' o ad 'accarezzarle, ravviarle'[54], il che fa supporre che, dimenticato con il tempo il suo vero uso, essa continuasse ad essere impiegata più per conservatorismo che per reale scopo.

Si spiegano così le diverse e, a volta, forzate congetture proposte dagli antichi per spiegare il significato di questo particolare ed ormai incomprensibile rituale. Ad esempio, si collega l'uso dell'*hasta caelibaris* al ratto delle Sabine a significare che le prime nozze erano avvenute con grande contrasto e bellicosamente; oppure si è detto che l'*hasta caelibaris* , con cui si pettinavano le chiome delle spose, doveva esser stata infissa nel corpo di un gladiatore, perché la sposa rimanesse congiunta al marito, come l'asta lo era stata al corpo del gladiatore[55]. Certamente non è da credere che nella realtà quotidiana l'*hasta caelibaris* dovesse avere questo raccapricciante requisito.

Fra le congetture degli studiosi moderni, alcune non ritengono essere l'*hasta caelibaris* un'arma vera e propria, ma uno degli arnesi usati per acconciare i capelli, oppure un ago crinale di foggia particolare, molto simile per forma all'asta dei gladiatori, o uno spillone, il cui scopo era quello di tenere ferme le chiome delle spose.

Il capo della sposa era coperto dal *flammeum* o *flammeus*, il velo nuziale, senz'altro l'indumento più caratteristico dell'abbigliamento della sposa, che, come attestano le fonti, era del colore rituale delle nozze, il rosso-arancio luminoso e splendente, e non 'rosso', come erroneamente ritengono alcuni studiosi; essendo un velo, scendeva sul viso della sposa, a nascondere il verginale pudore, che fa arrossire[56].

Nelle raffigurazioni di nozze romane, la sposa è rappresentata avvolta nel *flammeum* che le copre il capo e la fronte, ma che, per esigenze artistiche, le lascia scoperto il viso, contrariamente a quanto doveva avvenire nella realtà., Fig. 60. L'uso del *flammeum* come velo nuziale si protrasse fino al IV-V sec. d.C.

Sotto il *flammeum* la sposa portava, posata sui capelli, una piccola ghirlanda di fiori e di erbe sacre, alloro o mirto o olivo, che essa stessa aveva raccolto[57]. I fiori potevano essere quelli della odorosa maggiorana: "Cingi le tempie del fiore di maggiorana dal soave odore – scrive Catullo – indossa il *flammeum*, metti il candito piede nel calzare (*soccus*) di colore luteo e vieni, vieni qui"[58].

Catullo descrive l'abbigliamento reale della sposa – anche se da lui attribuito ad Imeneo, il dio delle nozze – e fornisce l'unica informazione, a noi giunta, che la sposa calzava i *socci* – una calzatura di origine greca, che copriva interamente i piedi a mò di pantofola e non aveva lacci – e che i *socci* erano di colore luteo, il colore rituale delle nozze.

Il giorno delle nozze le case degli sposi erano ornate con fronde ed illuminate con fuochi, fiaccole e lampade. Festoni floreali e tendaggi rosso-arancio erano sospesi come addobbi; fronde e bianche bende di lana erano appese agli stipiti della porta e ornavano la soglia. Incenso o altre essenze profumate si facevano ardere sulla fiamma del focolare, sicché tutta la casa odorava di profumi[59]. Le immagini degli antenati, le *imagines maiorum*, custodite in una delle due ali dell'atrio, erano rese visibili.

Il primo rito che si compiva all'alba era la presa degli auspici per consultare la volontà degli dei; anticamente, le divinità cui si richiedevano gli auspici delle nozze, espressamente menzionate dalle fonti, erano Tellus la 'Terra', divinità agraria, e due divinità minori Picumno e Pilumno che, come riferisce Varrone: "erano ritenute divinità che presiedevano agli auspici coniugali"[60]. In epoca storica queste due divinità minori erano quasi dimenticate; la dea matrimoniale per eccellenza era ormai Giunone, non in qualità di divinità che si invocava negli auspici, ma come *Iuno pronuba*, personificazione divina della pronuba (vedi oltre), che assisteva e dirigeva gli sposi; altre divinità protettrici delle nozze erano Cerere, dea della fecondità, e Venere, spesso associata a Giunone.

Nei tempi antichi gli auspici si prendevano, osservando il volo e il canto degli uccelli (*auspicia* da *aves* 'uccelli' e *specere* 'osservare'), poi, attraverso l'osservazione delle viscere delle vittime offerte in sacrificio, data la scarsa presenza di uccelli in un centro abitato.

Dopo aver preso gli auspici, se questi erano risultati favorevoli, seguivano diverse cerimonie, quali la redazione del contratto nuziale, le cosiddette *tabulae dotales* o *nuptiales*, relative alla costituzione di dote; la *dextrarum iunctio* l''unione delle destre', ritenuto il momento culminante della cerimonia nuziale; il sacrifico nuziale.

L'uso della redazione delle tavole dotali o nuziali era osservato soprattutto dagli appartenenti alle classi più elevate, ma il diritto classico, come si è sottolineato (§ 4), non riteneva assolutamente necessaria questa redazione per la validità dell'unione, anzi, essa nulla valeva, se mancava l'*affectio maritalis*, il consenso dei contraenti.

Un altro momento significativo della cerimonia nuziale era quello della *dextrarum iunctio*, che simboleggiava l'unione matrimoniale; la *pronuba*, una donna generalmente anziana, che assisteva e dirigeva gli sposi durante le cerimonie, sposata una sola volta, perché fosse di buon augurio per una perenne durata dell'unione che si stava formando[61], conduceva i due sposi l'uno di fronte all'altra e poneva la destra della sposa nella destra dello sposo.

La scena della *dextrarum iunctio* è rappresentata sia su monete che su sarcofagi del II-III sec. d.C., ove gli elementi essenziali di essa sono la coppia degli sposi che, uno di fronte all'altra, si danno la destra; fra di loro la pronuba, personificata da *Iuno pronuba*, e davanti un fanciullo, che rappresenta Imeneo, il dio delle nozze, con la fiaccola nuziale. Lo sposo regge con la sinistra un rotolo di papiro con iscritto il contratto nuziale, Fig. 60.

Alla cerimonia della *dextrarum iunctio* seguiva il sacrificio nuziale, che aveva luogo sicuramente nell'atrio della casa paterna della sposa, e, secondo la testimonianza di Varrone (*L'agricoltura*, II, 4, 9), nei tempi più antichi la vittima offerta dagli stessi sposi era un maiale, ma le sue parole escludono che ai suoi tempi si usasse ancora questo animale come vittima nuziale.

Le cerimonie della prima parte del *dies nuptialis* si concludevano con la *cena nuptialis*, cui dava inizio il grido *Feliciter* 'la felicità sia con voi' rivolto dai presenti agli sposi[62]. Di regola la *cena nuptialis* si svolgeva nella casa del padre della sposa, perché da qui prendeva le mosse la *deductio* della novella sposa alla casa dello sposo.

7. La *deductio in domum mariti*

Il sopraggiungere delle prime ombre notturne poneva termine alla cena e i convitati si alzavano per dare inizio alla festosa e solenne *deductio in domum mariti* della novella sposa.

Dava inizio alla *deductio* un finto rapimento della sposa dalle braccia della madre ove si era rifugiata o, in sua assenza, dalle braccia della parente più prossima, perché fosse condotta dallo sposo.

"Quando la sposa viene condotta dal marito – dice Festo - si finge di strapparla dal grembo della madre o, se questa non c'è, dalla parente più stretta, poiché certamente il rapimento ebbe un felice esito"[63]. Con questo figurato rapimento si perpetuava il ricordo del ratto delle Sabine e dell'esito felice delle nozze fra i Romani e le fanciulle rapite, da cui aveva avuto origine il popolo romano.

Erano i convitati a fingere di strappare la sposa dalle braccia della madre e, poiché lo scopo del rapimento era quello di dare inizio all'accompagnamento della sposa alla casa dello sposo, non poteva essere quest'ultimo a compiere tale gesto, come alcuni studiosi ritengono.

Subito dopo il rapimento si formava il corteo, che accompagnava la sposa alla nuova dimora; di esso facevano parte gli invitati alle nozze ed anche una folla rumorosa di estranei, che aveva atteso dinanzi alla casa paterna della sposa l'inizio della *deductio* e che ora, picchiando alla porta, tumultuando ed agitando le fiaccole, reclamava a gran voce i due felici sposi[64]. Indi il corteo si snodava lungo le vie della

Fig. 60. Particolare di un sarcofago con scena di *dextrarum iunctio*. Firenze, Museo degli Uffizi.

città, al suono dei flauti e alla luce delle torce. Secondo Giovenale (*Satire,* VI, 78), lungo gli stretti vicoli si innalzavano dei palchi per gli spettatori, ma dobbiamo supporre che ciò avvenisse solo in occasione di matrimoni particolarmente importanti.

Il corteo intonava i canti fescennini – la *procax fescennina iocatio* 'l'impudico scherzo fescennino' di Catullo (*Poesie*, LXI, 119 s.) –, canti piuttosto licenziosi e impudichi, con allusioni mordaci e maliziose, motteggi lascivi e pungenti nei confronti soprattutto dello sposo, bersaglio favorito di questi canti, anche se costui, secondo l'usanza tipicamente romana, non prendeva parte al corteo, ma lo precedeva per attendere in casa l'arrivo della sposa.

Il corteo intonava anche il canto in onore del dio Imeneo: " Evviva Imene Imeneo evviva, evviva Imene Imeneo"[65], e lanciava il grido rituale *Talasse* o *Talassio*[66], parola il cui significato doveva essere ignoto agli stessi antichi, che ne danno due diverse spiegazioni: una storica, collegando il termine al ratto delle Sabine[67], l'altra etimologica, collegando il termine al lanificio, termine che sarebbe servito come incoraggiamento ed esortazione alla filatura e alla tessitura della lana[68], a significare che questo era l'unico lavoro per il quale la sposa era condotta alla casa dello sposo.

La sposa avanzava nel corteo accompagnata da tre fanciulli con *la toga praetexta*, *patrími* e *matrími*, ossia con entrambi i genitori viventi, di cui due la tenevano per mano, mentre il terzo la precedeva, reggendo la fiaccola nuziale di biancospino, accesa al focolare della casa paterna della sposa[69].

Questa fiaccola, che aveva il precipuo scopo di illuminare il cammino della sposa, poiché la *deductio* avveniva di notte, non era, come tutte le altre torce di uso quotidiano, di legno di pino o di altro legno resinoso, ma di biancospino, poiché si attribuiva a questa pianta la proprietà di difendere e proteggere contro il malocchio, le stregonerie ed altre cattive influenze, cui la sposa era particolarmente esposta.

Quando il corteo raggiungeva la casa dello sposo, il possesso della fiaccola nuziale di biancospino era conteso dagli amici di entrambi gli sposi. A questo gesto era legata una superstizione che doveva avere origini remotissime, se gli stessi antichi non la conoscevano più e furono costretti a inventarne altre, come quella secondo cui coloro che fossero riusciti ad impadronirsi della torcia di biancospino, sarebbero vissuti più a lungo[70]. Alcuni studiosi ritengono che la fiaccola venisse spezzettata e i vari frammenti presi dagli invitati alle nozze, perché, si credeva, fossero di buon auspicio[71]; ma nelle fonti antiche non c'è alcuna allusione a questo spezzettamento della torcia, davvero poco pratico, dato l'inconveniente dell' insudiciamento delle mani.

Nel corteo nuziale erano portati una conocchia, elegantemente ornata, ed un fuso con su avvolto il filo di lana. Secondo Plutarco (*Questioni Romane* 31), sarebbe stata la stessa sposa a recare con sé la conocchia e il fuso, ma ciò contrasta con la notizia data da Festo[72], che la sposa teneva per mano i due *pueri paetextati* che l'accompagnavano; pertanto la conocchia e il fuso dovevano essere portati, sicuramente dietro la sposa, o da una fanciulla sua amica o da una *puella*, anch'essa *patríma* e *matríma*, la cui presenza nel cerimoniale nuziale è menzionata dagli antichi.

La conocchia e il fuso erano il simbolo delle attività domestiche dell'antica matrona; infatti il lanificio, filare e tessere la lana, era considerato virtù tipica della donna romana, come attesta il titolo elogiativo di *lanifica* o l'espressione equivalente *lanam fecit*, che si riscontrano in alcune iscrizioni sepolcrali di matrone[73]. Si continuò ad esaltare il lanificio fra le virtù di una donna proba, anche quando l'arte di filare e tessere la lana era caduta in disuso presso le donne romane.

Giunto il corteo dinanzi alla casa dello sposo, avevano luogo diversi atti rituali, fra cui il lancio delle noci: i fanciulli presenti invitavano lo sposo, che, avendo preceduto il corteo, era già a casa, a lanciare loro delle noci e, nel raccattarle, facevano un grande schiamazzo[74]. Anche di questa tradizionale usanza gli antichi non conoscevano più il vero significato e pertanto ci hanno tramandato varie ipotesi, tutte alquanto inverosimili. Sicuramente la più attendibile è quella secondo cui il gesto compiuto dallo sposo nel lanciare le noci significava che rinunciava agli spensierati giochi dell'infanzia e si assumeva la responsabilità del suo nuovo stato sociale, che richiedeva una diversa vita, un diverso modo di comportarsi.

Effettuato il lancio delle noci, la sposa ungeva gli stipiti della porta della sua nuova dimora e li ornava con bende di lana. Questo rito ci è fatto conoscere nella sua completezza da diversi autori, quasi tutti della tarda antichità, come Servio ed Isidoro[75], i quali fanno assurdamente derivare il termine *uxor* 'moglie', come se fosse *unxor*, da *ungere* 'ungere, spalmare'. Nei tempi più antichi le novelle spose per ungere gli stipiti della porta usavano il grasso di lupo, poiché, si credeva, tenesse lontano i malefici[76]; quando i lupi divennero rari, si diffuso l'uso del grasso di maiale e dell'olio.

Dopo che la sposa aveva unto ed ornato con bende di lana gli stipiti della porta, lo sposo, stando sulla soglia, le rivolgeva una domanda, cui ella, rimanendo dinanzi alla porta , rispondeva con la ben nota formula tramandata solo in greco: ὅπου σὺ Γάιος, ἐγὼ Γαΐα[77], formula tradotta in latino: '*ubi*' o '*quando*' *tu Gaius*, *ego Gaia*, ossia "dove tu Gaio, io Gaia", oppure, dando al latino '*quando*' un valore causale: "poiché tu sei Gaio, io sono Gaia".

L'ignoto Autore di '*I prenomi*', 7, riferisce che Gaia era il prenome più usato fra i prenomi delle donne antiche e che le novelle spose dinanzi alla porta del marito, interrogate come si chiamassero, dicevano di essere Gaia.

Si può ritenere che in origine al posto di *Gaius* fosse pronunciato il vero prenome del marito, che diventava anche il prenome della moglie e tale ipotesi trova conferma in una notizia che afferma che era usanza imporre i prenomi alle fanciulle non prima che si sposassero[78]. Con il tempo la formula, perduto il vero significato, si cristallizzò nella forma in cui è stata tramandata, divenuta incomprensibile agli stessi antichi, che hanno avanzato diverse spiegazioni; ad esempio, il nome Gaia, assunto dalle spose, è stato ricollegato al nome di Tanaquilla, moglie di Tarquinio Prisco, che, giunta a Roma insieme con il marito, mutò il suo nome in Gaia Cecilia; poiché fu una donna di grande bellezza e specchiate virtù, tanto da essere portata a modello a tutte le donne romane, le spose, interrogate dal marito come si chiamassero, rispondevano: '*Gaia*' *ominis boni causa*, ossia rispondevano di chiamarsi "Gaia per buon augurio", con l'augurio cioè di rassomigliare a Gaia Cecilia[79].

Dopo aver risposto all'interrogazione del marito, la sposa poteva finalmente entrare nella sua nuova dimora, ma doveva fare massima attenzione nel varcarne la soglia e per questo veniva aiutata dai *pueri praetextati* che l'accompagnavano e che sembra addirittura la sollevassero al di sopra di essa[80].

Anche sul significato di questo rituale gli antichi hanno tramandato diverse ipotesi, fra cui sicuramente la più verosimile è quella che la sposa doveva evitare la *pedis offensio*, l''inciampare', 'incespicare', 'mettere il piede in fallo', che era ritenuto un segno di cattivo augurio il giorno delle nozze.

Nel momento in cui la sposa varcava la soglia di quella che sarebbe stata la sua nuova dimora, la *deductio* vera e propria giungeva al termine, si esauriva il compito dei *pueri praetextati*, che venivano ora sostituiti dalla *pronuba*, e la folla festante e rumorosa che aveva preso parte al corteo si disperdeva. Ma la cerimonia nuziale non era ancora ultimata, poiché altri riti si dovevano compiere.

Varcata la soglia, la sposa veniva accolta con un'antichissima cerimonia, già in uso al tempo di Romolo[81], detta *aqua et igni accipere* (*novam nuptam*) "accogliere la novella sposa con l'acqua e il fuoco". Purtroppo non è chiaro come questa cerimonia si svolgesse. Secondo Varrone lo sposo accoglieva la sposa, appena entrata nella casa maritale, offrendole l'acqua in una brocca e il fuoco su un tizzone di legno, proveniente da un albero fruttifero e pertanto di buon augurio, che era stato acceso al focolare della casa della sposa[82]. Non c'è accordo fra le fonti antiche su come si svolgesse questa cerimonia: la sposa doveva 'toccare l'acqua e il fuoco'[83], espressione interpretata, per quanto riguarda il fuoco, nel senso che probabilmente la sposa doveva prendere il tizzone che il marito le offriva; per quanto riguarda l'acqua, con essa "la novella sposa veniva spruzzata ...perché casta e pura venisse presso il marito..."[84], o si spiega la presenza dell'acqua nelle nozze, "acqua attinta da una pure fonte da un fanciullo o una fanciulla con i genitori vivi, perché, secondo un'antica usanza, con essa si lavassero i piedi della sposa"[85].

Nessun dubbio che la cerimonia, comunque si svolgesse, essendo l'acqua e il fuoco gli elementi essenziali su cui si fondava ogni convivenza cittadina e domestica, stava a simboleggiare l'unione coniugale, la compartecipazione degli sposi alla nuova vita in comune ed anche la consacrazione della novella sposa al culto domestico del marito. La cerimonia poteva però anche essere un rito di purificazione, così come un rito di purificazione era quello che comportava l'uso dell'acqua e del fuoco per coloro che avevano preso parte ad un funerale e che dovevano passare sopra il fuoco ed aspergersi con l'acqua[86].

Nel frattempo la pronuba aveva preparato il *lectus genialis*, ossia il letto nuziale, detto *genialis*, perché veniva allestito in onore del *Genius*[87], il cui nome è fatto derivare dal verbo *geno*, forma arcaica di *gigno,ĕre* 'generare'; il *Genius* era quindi considerato dagli antichi una divinità della generazione, il 'generatore della vita', colui che è 'forza generatrice'[88]. Dice infatti Servio: "Sono propriamente *geniales* i letti preparati per le giovani che vanno spose, traggono il nome dalla generazione dei figli"[89].

Il *Genius*, in onore del quale era stato allestito il *lectus genialis*, non era un'indefinita divinità nuziale, bensì il *Genius mariti* il 'Genio del marito'[90], che veniva invocato dalla sposa, perché rendesse fecondo il matrimonio, dandole dei figli che perpetuassero la stirpe.

Nei tempi più antichi il letto nuziale veniva allestito nell'atrio della casa dello sposo, anch'esso decorato con ghirlande e festoni, ed era collocato di fronte alla porta d'ingresso, onde era detto anche *lectus adversus* 'letto posto di fronte'[91]. In età classica il vero letto nuziale venne trasferito in uno dei *cubicula* 'stanze da letto' che si aprivano sull'atrio o sul peristilio, il giardino interno; ma siccome gli autori antichi, parlando del *lectus genialis*, continuano ad alludere all'atrio[92], bisogna ritenere che il letto nuziale collocato nell'atrio fosse diventato un oggetto simbolico, un letto di parata, che veniva allestito, in occasione delle nozze, in onore del Genio; esso conservava grande importanza nello svolgimento dei riti nuziali, soprattutto presso le nobili famiglie.

Giunto il momento di collocare la sposa sul letto nuziale, era compito della pronuba prepararla per la notte. L'anonimo Autore dell'*Epithalamium Laurenti* – l'*epithalamium* 'epitalamio' è il canto per le nozze, che per lo più si cantava dinanzi alla camera nuziale – si preoccupa di dare qualche consiglio pratico alla pronuba, perché possa meglio assolvere il suo compito[93]; ella doveva provvedere a togliere dal corpo della giovane ogni ornamento che poteva risultare pericoloso al marito; via quindi gli aghi crinali o i ferma capelli, le collane pesanti, via gli anelli dalle morbide dita e i bracciali d'oro dalle bianche braccia per evitare che , durante i giochi erotici, lo scambio di baci e l'amplesso, il marito potesse essere ferito.

Appena la sposa era pronta, la pronuba si ritirava e lo sposo era invitato ad entrare nella camera nuziale: "Puoi venire, adesso, marito – dice Catullo (*Poesie*, LXI, 184 s.) –; la sposa è nel talamo per te".

Il giorno dopo le nozze, la sposa poteva ricevere dallo sposo un dono e Giovenale (*Satire* VI, 203-204), che è l'unico autore a menzionare l'offerta del dono, precisa che esso: *prima pro nocte datur* "era dato per la prima notte"; in questo dono si è vista la ricompensa della costatata verginità della sposa[94].

La sposa doveva poi offrire un sacrifico, come attesta Macrobio (*Saturnali,* I, 15, 22), quando scrive che il giorno dopo le nozze: "la sposa doveva acquistare autorità sulla casa del marito e compiere un sacrificio"; purtroppo Macrobio non indica la divinità alla quale il sacrificio doveva essere offerto; si può pensare ai Lari familiari della nuova casa, di cui la sposa doveva assicurarsi la protezione.

I Lari familiari della casa del marito, insieme con i Lari compitali[95] del quartiere del marito, figurano in un antico rito nuziale, di cui parla solo Varrone[96] e che ai suoi tempi non esisteva più; secondo questo rito, le spose, quando venivano condotte alla casa del marito, recavano con sé tre monete da un asse: un asse veniva dato al marito; uno veniva deposto sul focolare dei Lari familiari della nuova casa; il terzo era destinato ad essere consacrato ai Lari compitali del quartiere del marito. Ognuno dei tre assi aveva un significato simbolico. Per quanto riguarda l'offerta di un asse ai Lari familiari e ai Lari compitali, l'opinione dominante in dottrina le attribuisce la funzione di fare acquistare alla sposa la loro protezione, accettandola benevolmente, dal momento che essa entrava a far parte della casa e del quartiere del marito[97]. È probabile quindi che, anche dopo che l'antico rito nuziale cadde in disuso, la sposa continuasse ad offrire un sacrificio sia ai Lari della sua nuova dimora, che ai Lari del suo nuovo quartiere.

Dopo il sacrificio, aveva luogo, sempre nella casa coniugale, un banchetto, in evidente relazione con la *cena nuptialis* svoltasi il giorno prima nella casa paterna della sposa; questo banchetto era detto dagli antichi *repotia* 'secondo banchetto'[98], al quale la sposa prendeva parte in abiti matronali.

Un altro banchetto, anch'esso detto *repotia*, aveva luogo nella casa paterna della sposa, quando questa, nel settimo giorno dopo le nozze, andava per la prima volta a far visita ai suoi genitori[99].

Si credeva che i vari riti nuziali fossero posti sotto la protezione di un gruppo di minute divinità, i *dii nuptiales*, gli 'dei nuziali', e ciascun membro del gruppo era poco più di un nome, tratto dall'unica e precisa funzione cui era preposto[100]. Queste divinità si avvicendavano l'una dopo l'altra per facilitare lo svolgersi delle varie cerimonie nuziali e intervenivano con crescente indiscrezione anche nei momenti più intimi e delicati della coppia: la dea Afferenda - detta così *ab afferendis dotibus*, con riferimento all'apporto della dote da parte della sposa - presiedeva alla consegna della dote e quindi alla stipulazione del contratto matrimoniale, redatto sulle *tabulae nuptiales* o *dotales*; Iugatino e Iuga, divinità che congiungevano in matrimonio, intervenivano alla conclusione delle nozze; Domidúco, Domidúca e Iterdúca guidavano la sposa lungo il tragitto che la conduceva alla casa dello sposo; qui giunta Unxia l'aiutava ad ungere gli stipiti della porta e, una volta entrata in casa, Domizio ve la insidiava, mentre Manturna la tratteneva presso il marito; Cinxia e Virginensis le scioglievano la cintura che le serrava la *tunica recta*[101].

A questo punto intervenivano altre minute divinità che cooperavano all'unione fisica degli sposi, e la cui presenza nei momenti più intimi della coppia tanto scandalizzava gli scrittori cristiani: "Si abbia rispetto – scrive S. Agostino (*La città di Dio*, VI, 9) – dell'umana riservatezza; conduca a termine il resto il forte desiderio della carne e del sangue, rispettata la segretezza del pudore. Perché si riempie la camera da letto di una moltitudine di divinità, quando anche i paraninfi si ritirano?".

Di questa 'moltitudine' facevano parte il dio Súbigo, che collocava la sposa sotto il marito; la dea Prema, che la teneva ferma e le impediva di dibattersi; la dea Pertunda – da *pertundere* 'forare' – che assisteva il marito che deflorava la sposa; la dea Perfica - da *perficere* 'portare a compimento' – che portava a felice compimento l'amplesso.

"Se vi è negli uomini un po' di pudore, che gli dei non hanno – continua S. Agostino –quando i due coniugi pensano che sono presenti tanti dei d'ambo i sessi che partecipano a questa funzione, forse non provano vergogna, così che l'uomo si muove di meno e la donna fa più resistenza?....cosa ci sta a fare la dea Pertunda? Che arrossisca, che esca; anche il marito faccia qualcosa. È assai sconveniente che qualcuno, se non il marito, compia ciò per cui la dea è chiamata"[102].

Alcune delle funzioni di queste piccole divinità vengono dagli scrittori antichi attribuite a Giunone, la dea che guida le nozze, la personificazione della *pronuba*, per cui Domidúca, Iterdúca, Unxia, Cinxia non sono considerate divinità a se stanti, ma appellativi di Giunone (*Iuno Domiduca*, *Iuno Iterduca* etc.), indicanti le varie funzioni svolte dalla dea nel cerimoniale nuziale: Giunone che conduce la sposa a casa del marito, che l'aiuta ad ungere gli stipiti della porta e le scioglie la cintura.

Elemento costitutivo del matrimonio romano era l'*affectio maritalis*, la volontà, il consenso dell'uomo e della donna di essere marito e moglie e formare un'unione stabile.

Quest'*affectio maritalis*, che dava origine al matrimonio, era un sentimento che non aveva niente a che fare con l'amore, con l'attrazione fisica fra l'uomo e la donna; d'altronde i matrimoni nelle elevate classi sociali – alle quali purtroppo sono limitate le nostre informazioni, perché solo di esse si occupano le fonti di cui disponiamo – non erano mai il risultato di una scelta personale, ma voluti e combinati per ragioni politiche, economiche, di convenienza ed opportunità; data poi l'età acerba in cui facevano sposare le fanciulle, era naturale che esse non provassero alcun sentimento, se non di timore, nei confronti dello sposo, spesso più anziano e maturo di loro e che a volte non conoscevano neppure.

Questa doveva essere una situazione molto frequente fra le giovani spose, che venivano così rassicurate: "ora temi questo uomo, ma poi lo amerai"[103].

Secondo il modo corrente di pensare dei Romani, una donna onorata, bene educata e saggia, una volta sposata, si sarebbe abituata al marito, forse finendo con l'amarlo o semplicemente sopportarlo.

L'amore coniugale dei Romani non prevedeva la passione amorosa, anzi ci si augurava che fosse esente da questa passione, ritenuta pericolosa e irragionevole, che turbava il cuore degli uomini e sconvolgeva quello delle donne; si preferivano pertanto matrimoni tranquilli, basati sull'amicizia, sulla stima, sul rispetto reciproco e sulla devozione della sposa verso il marito[104].

L'uomo che sposava una donna giovanissima, talvolta ancora bambina, era portato a trattarla con il massimo rispetto per non offenderne il pudore e si avvicinava a lei solo per avere figli, per perpetuare la razza, mentre andava a cercare passione, erotismo ed appagamento dei sensi presso le cortigiane. E questo avveniva anche se la moglie non era una bambina.

Così Elio Vero rispose alla moglie che si lamentava delle sue avventure extraconiugali: "Lasciami sfogare con le altre le mie voglie, il nome di moglie è sinonimo di dignità, non di piacere"[105].

In nome di questa dignità e di una discutibile moralità, la moglie non doveva conoscere le gioie del sesso e dell'amore; a lei era riservato il compito della riproduzione – avere figli che perpetuassero la discendenza era lo scopo per cui i Romani di ogni tempo, seppure malvolentieri, si sposavano –; le donne per il piacere erano le 'altre', cortigiane, schiave, con le quali all'uomo era permesso fare ciò che voleva.

Recitava una famosa sentenza: " colui che ama con troppa passione la propria moglie commette adulterio"[106]; quindi l'amore nei confronti della propria moglie, quando era eccessivo, era un amore vergognoso. "Nulla vi è di più vergognoso che amare la propria moglie come se fosse un' amante", afferma Seneca, che aggiunge: "L'uomo saggio deve amare la propria moglie guidato dalla ragione, non dalla passione"[107].

Plutarco (*Vita di Catone Maggiore*, 7, 17) riferisce un episodio molto significativo di cui fu protagonista il senatore Manilio, che fu espulso dal senato per essere stato scoperto a baciare teneramente la moglie in pieno giorno, sotto gli occhi della figlia. Ora non importa se l'episodio sia veramente accaduto o sia stato inventato; ciò che importa è che esso viene menzionato come esempio di comportamento coniugale sconveniente, condannabile, quindi da evitare.

Comunque non era escluso che la convivenza facesse nascere l'amore fra coniugi all'inizio pressoché estranei fra loro, con il risultato che il loro matrimonio risultava ben riuscito e felice.

La tradizione offre diversi esempi di matrimoni che ebbero un buon esito e i cui protagonisti seppero amarsi teneramente e profondamente, anche se non si erano scelti di propria volontà.

Fra questi esempi, oltre al già menzionato caso di Tiberio e di Vipsania Agrippina[108], va ricordato l'amore che divampò fra Giulia, figlia amatissima di Cesare, e Pompeo Magno, lui di circa 47 anni con tre matrimoni alle spalle, lei ventiquattrenne o poco più. Cesare, che voleva imparentarsi con Pompeo, risolse il problema dandogli in moglie la figlia[109].

Nonostante la loro unione fosse stata combinata per ragioni politiche e nonostante la differenza di età, Pompeo e Giulia si amarono intensamente e, come racconta Plutarco (*Vita di Pompeo*, 48, 8), Pompeo si lasciò travolgere dalla passione che nutriva per la giovane sposa; a lei dedicò la maggior parte del suo tempo, trascurando sempre più l'attività politica e recandosi raramente al Foro. Fosse lui innamorato di lei o lei innamorata di lui, il fatto è che Pompeo non sopportava l'idea di separarsene; ma fu costretto a farlo, quando lei, ancora nel fiore degli anni, morì di parto[110].

Un amore appassionato, ma sfortunato, fu quello che provò Ottavia, la bella, dolce, virtuosa sorella di Augusto, da poco vedova di Gaio Claudio Marcello, per il secondo marito, Marco Antonio. Il loro fu un classico matrimonio politico, con il quale i due duumviri, Ottaviano, il futuro Augusto, e Marco Antonio, nel 43 a.C., si legarono con vincoli di parentela che avrebbero facilitato la loro intesa.

Non sappiamo se Ottavia venne interpellata prima dei frettolosi accordi nuziali; comunque ella finì per amare il suo bell'Antonio, comportandosi con lui come una moglie innamorata. Marco Antonio forse ricambiò questo amore o forse semplicemente lo accettò, in quanto gli offriva la possibilità di risolvere pacificamente il suo dissidio con Ottaviano. Ma su questa unione incombeva la presenza di Cleopatra, di cui lo stesso Antonio, quando sposò Ottavia, ammetteva di essere l'amante e che non riuscì mai a dimenticare; tornato in Asia per motivi politici dopo tre anni, riprese la sua relazione con la regina egiziana e dimenticò Ottavia. Nel 32 a.C. il legame coniugale fra Marco Antonio ed Ottavia fu spezzato in modo brutale; Marco Antonio, ormai in conflitto con Ottaviano, fece pervenire il ripudio alla moglie e mandò alcuni fedelissimi con l'ordine di cacciarla fuori dalla sua casa, come se si fosse trattato di una moglie indegna[111].

Augusto amò di un amore profondo la terza moglie, Livia Drusilla, già sposa di Tiberio Claudio Nerone, al quale la portò via ancora incinta. E sebbene Livia Drusilla non riuscì a dare ad Augusto il tanto sospirato erede, egli non volle separarsi da lei, come aveva diritto di fare, e le sue ultime parole sul letto di morte furono: "O Livia, vivi ricordando la nostra unione, addio!"[112].

8. Lo scioglimento del matrimonio

Le cause più comuni di scioglimento del matrimonio erano ritenute il divorzio e la morte, come si legge in una declamazione minore attribuita a Quintiliano[113]: "Il matrimonio si scioglie per due cause, il divorzio e la morte".

A queste due cause il giurista Paolo (*Digesto*, 24, 2, 1) aggiunge la prigionia di guerra, di regola del marito, o altre ipotesi di schiavitù di uno dei coniugi, in quanto, chi diventava schiavo, perdeva non solo la libertà e la cittadinanza, ma anche il *connubium*, la capacità civile matrimoniale (sopra § 4).

Anche il *pater familias* poteva imporre il divorzio alla figlia che aveva in potestà[114], ma poi, in piena epoca classica, la facoltà (o il diritto) del *pater familias* di sciogliere il matrimonio della *filia familias* subì una restrizione, in quanto Antonino Pio (II sec. d.C.) proibì al *pater familias* di sciogliere un *bene concordans matrimonium* 'un matrimonio in buona armonia', quando cioè c'era accordo fra la moglie, *filia familias*, e il marito. La norma, che vietava al *pater familias* di sciogliere i *bene concordantia matrimonia* dei sottoposti alla sua potestà, divenne diritto certo[115].

Il divorzio era una diretta conseguenza della concezione romana del matrimonio: essendo il matrimonio romano basato sull'*affectio maritalis*, la volontà continua ed effettiva dell'uomo e della donna di essere marito e moglie, quando questa volontà veniva meno in uno solo o in ambedue i coniugi, l'unione si scioglieva e dal momento che nessuna formalità era prevista per porre in essere il vincolo matrimoniale, nessuna formalità era richiesta per il suo scioglimento.

Le espressioni più consuete che gli antichi usano per indicare lo scioglimento dell'unione coniugale sono *divortium facere*, *repudium mittere*, *nuntiare*, *dicere*, *scribere*: il divorzio si fa; il ripudio si manda, si invia, si notifica.

Il termine *divortium* – da *divortere*, forma arcaica di *divertere* 'separarsi da', in cui la particella *dis* sottolinea la separazione, la direzione in senso opposto[116] –, era usato per indicare lo scioglimento di un matrimonio in atto, termine che sottolineava la separazione dei coniugi che, sciolto il matrimonio, andavano in direzioni diverse, ponendo fine alla loro convivenza.

"Divorzio fu detto – afferma Paolo (*Digesto* 50, 16, 191) – per il fatto che coloro che si dividono vanno in direzioni diverse"[117].

Il termine *repudium* - collegato dagli studiosi all'idea dello scacciare o respingere da sé, facendolo derivare da *re* e *pes*, quindi indicherebbe 'il respingere con il piede'- era il solo ad essere usato anche per gli *sponsalia*, in quanto si poteva rifiutare pure un futuro matrimonio.

"Il divorzio dicesi avvenire fra marito e moglie - scrive Modestino (*Digesto* 50, 16, 101,1) - il ripudio invero sembra inviarsi alla fidanzata, il che non inopportunamente avviene anche nella persona della moglie"; quindi il ripudio poteva essere inviato anche alla moglie. Infatti i due termini *divortium* e *repudium* sono usati dai giuristi di età classica ora promiscuamente, ora con significato diverso, come quando dichiarano che solo il ripudio si poteva inviare alla *sponsa* la 'fidanzata'.

Sull'uso da parte dei Romani dei termini *divortium* e *repudium* gli studiosi hanno avanzato diverse opinioni: si è detto che il termine *divortium* era adoperato per significare lo scioglimento del matrimonio di comune accordo, il termine *repudium* per indicare il divorzio unilaterale; ma si è fatto notare che le fonti chiamano divorzio anche la separazione unilaterale; oppure che *repudium* indicava il divorzio realizzato dal marito, che scaccia di casa la moglie, e *divortium* la separazione realizzata dalla moglie, che *divertit* "se ne va" abbandonando la casa coniugale, con la precisazione che solo nel *matrimonium sine manu* la donna poteva andarsene; ma si è obiettato che le locuzioni *divortium facere* e *repudium mittere* sono usate promiscuamente con riferimento sia all'uomo che alla donna.

In conclusione, dall'analisi delle fonti sia letterarie, che giuridiche che parlano dello scioglimento del matrimonio in Roma in epoca preclassica e classica, risulta che i due termini *divortium* e *repudium* erano usati nei testi con uguale significato.

Lo scioglimento del matrimonio non richiedeva nessuna formalità; tuttavia le fonti ricordano frequentemente delle formule che si usavano per manifestare la volontà di divorziare, in genere rivolte dal marito alla moglie, e fra queste le più frequenti sono: '*tuas res tibi habeto*' o '*tuas res tibi agito*' "prendi con te le tue cose" o "portati via le tue cose", che ritroviamo già in Plauto[118]; ad esse sono abbinate spesso altre formule, come '*i foras*', '*vade foras*' "va fuori", che indicano l'espulsione della donna dalla casa maritale.

Secondo Cicerone (*Filippiche*, II, 69) le formule del divorzio si potevano leggere già nelle XII Tavole; parlando infatti della cessazione del rapporto tra Marco Antonio e la sua amante, che egli con sarcasmo definisce 'divorzio', scrive: *illam suas res sibi habere iussit ex duodecim tabulis claves ademit exegit* "le ordinò di prendersi le sue cose secondo le XII Tavole le tolse le chiavi, la mandò via"; il testo di Cicerone può avere due diversi significati a seconda della punteggiatura adottata; infatti, se si pone una virgola (o un punto e virgola) dopo *iussit*, il senso della frase è: "le ordinò di prendersi le sue cose, secondo le XII Tavole le tolse le chiavi, la mandò via"; ponendo una virgola (o un punto e virgola) dopo *tabulis*, il senso della frase è: "le ordinò di prendersi le sue cose secondo le XII Tavole, le tolse le chiavi, la mandò via". Nel primo caso le XII Tavole avrebbero previsto solo i gesti simbolici del ripudio, ossia farsi riconsegnare dalla moglie le chiavi della casa – infatti alla moglie era affidata l'amministrazione della casa e dell'economia domestica ed era suo dovere custodire le chiavi di casa-e nello scacciarla di casa; nel secondo caso avrebbero previsto anche la pronunzia della formula di divorzio "*tuas res habeto*"; ma non tutti gli studiosi moderni ritengono che già le XII Tavole prevedessero, oltre ai gesti simbolici, anche la pronunzia delle formule di divorzio, considerate più recenti.

Ci si è chiesto in che consistessero 'le cose' che il marito divorziante permetteva alla moglie di portare via, dal momento che anticamente la *conventio in manum* accompagnava di regola il matrimonio, per cui la stragrande maggioranza delle mogli erano *uxores in manu* e prive di beni propri, dato che i loro beni erano entrati a far parte del patrimonio della famiglia del marito. Forse è probabile che, sulla base del verso di Giovenale (*Satire*, VI, 146): "*Collige sarcinulas*" *dicet libertus* "*et exi*", in cui il liberto, che parla a nome del marito, ordina alla moglie "Fai il tuo fagotto e vattene", le cose che la moglie poteva portarsi via, in seguito al divorzio, erano le sue cose personali, vesti, gioielli, anche regalati dal marito, se questi lo permetteva

Da Gaio (*Digesto* 24,2,2,1) apprendiamo che le formule '*tuas res tibi habeto*' o '*tuas res tibi agito*' erano *verba comprobata* "parole approvate dall'uso", conformi all'uso, quindi non necessarie giuridicamente; altro non erano che espressioni usuali, radicate nel costume sociale, aventi lo scopo di rendere esplicita la volontà di separarsi, così come le locuzioni *mittere repudium* o *nuntium*, menzionate da numerose fonti, che attestano che uno dei coniugi poteva far conoscere all'altro la sua intenzione di mettere fine all'unione coniugale servendosi anche di un intermediario, il *nuntius* – che nel verso di Giovenale è il liberto del marito –, per trasmettere verbalmente all'altro coniuge la sua dichiarazione di divorzio. Più tardo è l'uso della dichiarazione scritta di divorzio, il *libellus divortii* o *repudii*, il libello di divorzio o di ripudio, consegnato o inviato dal coniuge che voleva divorziare all'altro coniuge.

8.1 *Il divorzio di Spurio Carvilio Ruga*

La tradizione è concorde nell'asserire che il primo divorzio a Roma fu quello di Spurio Carvilio Ruga, che ripudiò la moglie, che pure amava teneramente, perché era sterile, dal momento che aveva giurato dinanzi ai censori che si sposava per procreare figli[119]. Purtroppo il divorzio di Spurio Carvilio è collocato in date diverse e, dal momento che è una vana impresa ricostruire la data esatta, in dottrina è generalmente accettata, come probabile, la data del 230 a.C.

Ritenendo il divorzio di Spurio Carvilio il primo divorzio in senso assoluto, le fonti sono d'accordo nel sostenere che per più di 500 anni dalla fondazione di Roma nessun matrimonio fu mai sciolto a Roma. Senonché Plutarco (*Vita di Romolo*, 22,3) attribuisce a Romolo una legge che permetteva al marito di ripudiare la moglie – da considerarsi *uxor in manu*, perché all'epoca cui lo storico si riferisce la *conventio in manum* si accompagnava di regola al matrimonio - solo in caso di avvelenamento della prole – forse da intendersi per procurato aborto all'insaputa del marito –; di sottrazione o falsificazione di chiavi – espressione che la maggioranza degli studiosi interpreta come riferita alle chiavi della *cella vinaria*, ove si conservava il vino, forse non consegnate alla moglie dal marito proprio per non darle l'occasione di bere vino ed ubriacarsi - e se la moglie commetteva adulterio. Se il marito ripudiava la moglie al di fuori di queste cause previste, subiva una pesante punizione pecuniaria, poiché perdeva tutti i suoi beni, dovendone dare metà alla moglie ingiustamente cacciata e metà consacrarla alla dea Cerere.

Anche Dionigi di Alicarnasso attribuisce a Romolo una legge che, per l'ubriachezza e l'adulterio della moglie, prevedeva non il ripudio, ma la morte, pena che il marito doveva infliggere assistito da un tribunale domestico costituito dai *cognati*, i parenti di sangue[120], forse del marito, o forse della moglie che, pur essendo una *uxor in manu*, non aveva reciso il legame con la parentela di sangue, o forse sia del marito che della moglie.

Dionigi e Plutarco sembrano quindi in contrasto fra loro; per mettere d'accordo le loro testimonianze si può ipotizzare che, in caso di adulterio non flagrante[121] e di ubriachezza, ad una punizione severa come la morte, si sia sostituita in epoca successiva una punizione più mite, come il ripudio; pertanto la disposizione riferita da Plutarco, messa a confronto con quella di Dionigi, dimostrerebbe un'avvenuta evoluzione da un sistema più risalente, in cui all'uccisione si sostituisce il ripudio; la legge di Plutarco sarebbe quindi posteriore a quella di Dionigi, sebbene i due storici le attribuiscono a Romolo[122].

Anche le XII Tavole, nel V sec.a.C., quindi circa due secoli prima del divorzio di Spurio Carvilio, trattavano del ripudio, come attesta Cicerone (vedi sopra), sia che si ritenga che le XII Tavole prevedessero solo i gesti simbolici del ripudio oppure anche la pronunzia delle formule.

Valerio Massimo (*Fatti e detti memorabili*, II, 1, 4), per il quale quello di Spurio Carvilio sarebbe stato il primo divorzio in assoluto, in un altro passo della sua opera (*ivi*, II, 9, 2), riporta l'episodio di Lucio Annio, espulso dal senato dai censori del 307 a.C., perché aveva ripudiato la moglie senza aver consultato il parere degli amici. E sicuramente precedenti ai divorzi di Lucio Annio e di Spurio Carvilio altri ve ne furono, anche se mancano testimonianze; comunque si può affermare che nei tempi più antichi i Romani nutrivano una certa avversione al divorzio, se Lucio Annio fu espulso dal senato e Spurio Carvilio non sfuggì al biasimo dei concittadini.

Valerio Massimo (*Fatti e detti memorabili*, VI, 3, 10-12) ricorda alcuni ripudi motivati non da vere colpe delle mogli, ma da semplici sospetti: Gaio Sulpicio Gallo ripudiò la moglie, perché era venuto a sapere che si era trattenuta fuori casa a capo scoperto, e si giustificò dicendo che la legge stabiliva che solo i suoi occhi dovevano sapere quale fosse la bellezza della moglie; Quinto Antistio Veto ripudiò la moglie, perché l'aveva vista in pubblico parlare segretamente con una liberta di dubbi costumi e in quel colloquio aveva scorto gli inizi di una colpa, per cui aveva anticipato la punizione alla colpa stessa; Publio Sempronio Sofo ripudiò la moglie, perché aveva osato assistere ai giochi senza che egli lo sapesse. Purtroppo le fonti non ci dicono quando questi ripudi ebbero luogo; per Plutarco (*Questioni Romane* 14) i ripudi di Gaio Sulpicio Gallo e di Publio Sempronio Sofo furono rispettivamente il secondo e il terzo dopo quello di Spurio Carvilio, il primo in senso assoluto.

8.2. *La pratica del divorzio a Roma*

In prosieguo di tempo i morigerati costumi dei Romani dei primi secoli cominciarono a corrompersi e, a partire dall'ultima epoca repubblicana, la pratica del divorzio, consensuale o per volontà di uno solo dei coniugi, si diffuse sempre più, soprattutto nell'aristocrazia, e dominante in dottrina è l'opinione che la frequenza dei divorzi sia dovuta al prevalere del cosiddetto *matrimonium sine manu*, in cui il vincolo matrimoniale si fece sempre meno stabile.

Grande sorpresa destò nei contemporanei il divorzio di Cicerone che, arrivato all'età di 57 anni, non esitò a ripudiare la moglie Terenzia, sposata trent'anni prima per interesse, nonostante il suo carattere dispotico ed irascibile, ma che sembra aver amato; sui motivi del ripudio non ci sono certezze; forse per motivi economici, dato che, dopo il divorzio, sposò Publilia, giovane avvenente e molto ricca; ma poco dopo divorziò anche da Publilia, perché lei sembrò rallegrarsi della morte di Tullia, l'amatissima figlia di Cicerone[123].

Giulio Cesare, dopo lo scandalo avvenuto in casa sua, quando il giovane Publio Clodio vi si introdusse, travestito da donna, in occasione della celebrazione dei riti della Bona Dea, dai quali erano rigorosamente esclusi gli uomini, ripudiò la moglie Pompea, di cui Clodio si era innamorato, dicendo che non credeva a ciò che si diceva, che la moglie fosse stata sedotta dal giovane, ma perché la moglie di Cesare doveva essere immune non solo dalla colpa, ma neppure sfiorata dal sospetto della colpa[124].

Le fonti attestano che quasi tutti i personaggi famosi ricorsero al divorzio, perché quasi sempre nelle classi più elevate il matrimonio era una forma di alleanza politica fra famiglie, per cui quando l' alleanza cambiava, cambiavano anche le mogli.

Silla, Pompeo, Marco Antonio, Augusto, solo per citarne alcuni, più volte si sposarono, più volte divorziarono sempre per motivi politici[125].

Spesso era l'impudicizia della donna a motivare lo scioglimento del suo matrimonio e numerosi sono gli esempi attestati dalle fonti, riguardanti mogli di illustri personaggi ripudiate, perché adultere o per il loro comportamento indecoroso. Si racconta che Marco Emilio Lepido, console nel 78 a.C, morì d'amore dopo aver ripudiato la moglie Apuleia, perché lo tradiva[126].

La società romana del primo periodo imperiale viene descritta dai moralisti e satirici dell'epoca, Seneca, Giovenale, Marziale, non certo in modo edificante: decadenza dei costumi e pratica del divorzio sempre più diffusa, con la variante che ora l'iniziativa della rottura del matrimonio era assunta sempre più spesso dalle donne.

Seneca (*I benefici*, III, 16, 2), che attribuisce al cattivo esempio, dato dalla classe aristocratica, la responsabilità di incoraggiare nel popolo i divorzi, gli adulterii, le nuove nozze, si lamenta che ormai nessuna donna si vergognava di porre fine al matrimonio, dopo che certe dame illustri e di nobili casati contavano i loro anni non dal numero dei consoli[127], ma da quello dei mariti: "e lasciano la casa (intesa o come casa paterna o del marito) per sposarsi e si sposano per divorziare".

Giovenale (*Satire*, VI, 224) racconta di una donna che in cinque anni ebbe ben otto mariti ed uno di seguito all'altro, e Marziale (*Epigrammi*, VI, 7) ci fa conoscere una certa Telesilla che in un mese si era sposata ben dieci volte, e per lui: "la donna che sposa tante volte non sposa, ma commette adulterio senza violare la legge".

In base a queste testimonianza anche gli studiosi moderni concordano nell'ammettere, a partire soprattutto dalla fine della repubblica e nella prima età imperiale, una crescente decadenza dei costumi e un dilagare della prassi del divorzio almeno nelle classi più elevate.

Di certo sono dati reali che, a partire dal I sec.a.C., i costumi dei Romani, un tempo semplici ed austeri, abbiano subìto una decadenza, di cui gli stessi antichi erano a conoscenza[128]; che la stabilità del matrimonio non era ben salda come un tempo, rendendone fragile il legame, e che le donne, acquistata maggior libertà, abbiano contribuito a questo mutamento; ma forse saremmo più vicino alla realtà, immaginando che il quadro della società romana di questo periodo non fosse così deludente e i costumi dei Romani non così depravati, come sembrano dipingerli gli scrittori del tempo, perché sono attestati anche numerosi esempi di virtù coniugali e di unioni che si mantennero salde.

Uno di questi esempi fu eternato nell'iscrizione funeraria di Turia, la cosiddetta *laudatio Turiae* 'l'elogio di Turia', databile agli ultimi anni del I sec. a.C.; in essa si narrano le vicende di due coniugi di classe elevata, di cui non conosciamo i nomi, che vissero negli anni torbidi delle guerre civili tra la repubblica e l'impero, rimanendo coinvolti da quei tragici avvenimenti, durante i quali la loro unione non aveva mai vacillato e soprattutto lei aveva sempre dato prova di una dedizione fedele, appassionata e coraggiosa. Nell'elogio il marito, rimasto vedovo, oltre ad esaltare le virtù della defunta, che erano le virtù previste per una donna romana: castità, rispetto, amabilità, arrendevolezza, assiduità al telaio, sobrietà nel vestirsi e nell'adornarsi, potè scrivere: "Sono rari i matrimoni che durano tanto da finire con la morte e non essere infranti dal divorzio; noi abbiamo avuto in sorte che il nostro sia durato quarantun anni senza mai un'offesa"; un matrimonio, quindi, lungo e ben saldo, senza mai uno screzio, in piena armonia, ma, per la sterilità di lei, senza figli, a lungo desiderati; per questo motivo lei, la moglie, era pronta a mettersi da parte per cedere il suo posto ad un'altra donna, capace di assicurare una discendenza al marito, ma alla sua proposta egli oppose uno sdegnato e netto rifiuto: "Potevo avere un desiderio, una necessità così forte di avere figli da deporre per questo la fedeltà coniugale e a cambiare il certo per l'incerto? Perché dilungarmi? Rimanesti al mio fianco, non avrei potuto assecondarti senza il mio disonore e senza fare l'infelicità di entrambi"[129].

Lo stesso Marziale, che si scaglia contro una Telesilla (vedi sopra) o contro una Proculeia, che aveva sposato un pretore privo di denaro e che lo ripudia, perché le spese connesse con la carica di pretore erano a suo carico, per cui il ripudio del marito fu per lei un guadagno[130], trova poi parole sincere e commoventi nel celebrare esempi di amore coniugale, come quello di Nigrina, moglie di Antistio Rustico, uomo politico del I sec.d.C., che, avendo unito i beni ereditati dal padre con quelli del marito, felice di avere nello sposo un socio e un compagno, aveva fatto sì che il suo amore non dovesse attendere la morte per essere testimoniato[131].

Altro esempio di unione felice immortalata da Marziale (*Epigrammi*, X, 38) è quella di Sulpicia e di Caleno, di età neroniana. A lui, rimasto vedovo, si rivolge il poeta: "Come sono stati dolci, o Caleno, i quindici anni di matrimonio, che un dio benevolo ti ha concesso di trascorrere con la tua Sulpicia! O notti, o ore tutte degne di essere segnate con le preziose perle del lido indiano! Che lotte d'amore, che schermaglie tra di voi hanno visto il fortunato letto e la lucerna ebbra dei profumi di Nicerote. Hai veramente vissuto per tre lustri, Caleno; solo questo è il tempo che per te conta, solo i giorni in cui hai vissuto come sposo tu consideri".

8.3. *La forma augustea del divorzio*

Nel suo programma di risanamento morale, rivolto soprattutto alla classe aristocratica, nella quale la corruzione dei costumi aveva raggiunto i livelli più alti, Augusto promulgò diverse leggi, fra cui la *lex Iulia de adulteriis coercendis* "la legge Giulia per la repressione degli adulterii", detta anche semplicemente *lex Iulia de adulteriis* "la legge Giulia sugli adulterii", del 18 a.C., con la quale l'adulterio, la cui punizione era rimessa finora all'iniziativa familiare, senza l'intervento dello Stato, fu considerato un crimine pubblico e quindi perseguibile pubblicamente.

Sin dai tempi antichi solo la donna violava la fedeltà coniugale e si rendeva colpevole di adulterio, mentre, se il marito aveva relazioni extraconiugali, purché non con donne sposate o con donne di liberi natali e rispettabili, non commetteva adulterio.

Nel caso in cui gli adulteri venivano scoperti in flagranza, la legge augustea riconobbe il diritto di uccidere entrambi al padre che aveva in potestà la figlia adultera e che fosse nello stesso tempo *pater familias* e padre naturale o adottivo di lei, e solo se coglieva sul fatto i colpevoli in casa propria o in casa del genero; il marito dell'adultera poteva uccidere solo il complice, che fosse di bassa estrazione sociale.

Quando gli adulteri non venivano sorpresi in flagrante, ma il loro crimine era noto o solo sospettato, subentrava, secondo la normativa augustea, l'accusa di adulterio, allo scopo di togliere agli adulteri ogni possibilità di sfuggire alla pena stabilita. Due erano le accuse stabilite dalla legge, distinte tra loro: l' "accusa di adulterio per diritto maritale o paterno", che spettava al marito o al padre dell'adultera; l' "accusa di adulterio per diritto estraneo" o "per diritto pubblico", che qualsiasi estraneo poteva intentare, se il marito o il padre non agivano.

Il marito e il padre avevano sessanta giorni di tempo per promuovere la loro accusa e poiché i sessanta giorni iniziavano a decorrere dal giorno del divorzio, vennero introdotte delle formalità ben precise per attuarlo, onde rendere sicura ed evidente la rottura del matrimonio. Queste formalità prevedevano che il divorzio si attuasse alla presenza di sette testimoni cittadini romani puberi, oltre al liberto di colui che divorziava, il quale, secondo l'opinione più diffusa, avrebbe dovuto comunicare il ripudio all'altro coniuge.

"Nessun divorzio è valido – scrive Paolo (*Digesto*, 24, 2, 9) – se non alla presenza di sette testimoni cittadini romani puberi oltre al liberto di colui che intende divorziare".

Non rispettare queste formalità faceva sì che il divorzio si considerasse come non avvenuto.

Le fonti giuridiche attribuiscono alla *lex Iulia de adulteriis* l'introduzione delle formalità del divorzio, e questo riferimento ha fatto ritenere alla maggioranza degli studiosi moderni che le formalità introdotte dal provvedimento augusteo non riguardassero il divorzio in generale, di cui rimase inalterata la piena libertà, potendosi contrarre e sciogliere il matrimonio senza formalità, ma il divorzio in casi di adulterio, allo scopo non solo di rendere manifesto e certo lo scioglimento del matrimonio dell'adultera e garantire il marito dal rischio di subire le pene previste dalla legge in caso di mancato divorzio dalla moglie adultera, ma anche di determinare il momento da cui cominciavano a decorrere i termini legali per intentare l'accusa per diritto maritale o paterno.

8.4. *Divorzio postclassico*

In età postclassica il regime classico del divorzio subì notevoli trasformazioni, miranti ad ostacolare lo scioglimento del matrimonio, e in genere si attribuiscono tali trasformazioni all'influenza della Chiesa sulla legislazione imperiale. Infatti, la campagna contro il divorzio inizia con un imperatore cristiano, Costantino, la cui costituzione del 331 d.C.[132] costituisce il primo intervento sul tema del divorzio; l'ostilità è rivolta contro lo scioglimento unilaterale dell'unione, il *repudium*, - termine che divenne tecnico per indicare il divorzio unilaterale -, mentre nessun ostacolo si oppose al divorzio consensuale, il divorzio per mutuo consenso; se i coniugi erano d'accordo nel porre fine al loro matrimonio, la loro congiunta volontà era rispettata.

Fu il divorzio unilaterale a subire pesanti restrizioni con l'introduzione delle *iustae causae*, imputabili all'uno o all'altro dei coniugi, che rendevano lecito il ripudio solo in alcuni casi tassativi e limitati. La normativa costantiniana, che prende le mosse dalla donna, pone come principio che a questa non era lecito divorziare dal marito, adducendo l'essere questo dedito al vino, al gioco o donnaiolo, ma solo se poteva provare che il marito era un omicida o dedito ad attività di tipo magico o un violatore di sepolcri. Di contro il marito poteva inviare il ripudio alla moglie solo se questa era un'adultera o dedita all'attività di tipo magico[133] o una mezzana.

Il ripudio inviato al di fuori delle *iustae causae*, veniva punito con sanzioni patrimoniali, riguardanti la dote e la donazione nuziale[134], e personali, che prevedevano, per la donna, la deportazione in un'isola e per il marito il divieto di risposarsi. Compare ora per la prima volta il concetto della pena del divorzio, in netta contraddizione con il notissimo principio classico della libertà del divorzio e della illiceità delle pene.

I successori di Costantino continuarono la lotta contro il divorzio unilaterale, ma, di fronte alle pressanti richieste della Chiesa per la proibizione assoluta del divorzio, si limitarono a porre dei freni alla libertà di divorziare, fissando alcune *causae*, che rendevano lecito il ripudio, e stabilendo sanzioni patrimoniali e personali – queste riguardanti la possibilità o meno di risposarsi – contro il coniuge che avesse inviato il ripudio al di fuori dei casi previsti dalla legge. Entrò in uso il *libellus repudii*, poiché si richiese che colui che intendeva divorziare manifestasse per iscritto questa sua volontà e la notificasse all'altro coniuge mediante l'invio del *libellus repudii*.

* Per gli argomenti trattati in questo capitolo, mi sono valsa di C. FAYER, *La familia romana. Aspetti giuridici ed antiquari. Sponsalia. Matrimonio. Dote. Parte Seconda*, Roma 2005; *La familia romana. Aspetti giuridici ed antiquari. Concubinato. Divorzio. Adulterio. Parte Terza*, Roma 2005.

1 Vedi sopra p. 39 s.

2 I giuristi fondatori delle due scuole di diritto furono Masurio Sabino e Proculo, vissuti sotto Nerone, I sec.d.C.

3 Vedi sopra p. 24 ss.

4 Non è possibile stabilire se questa terza tesi fu sostenuta da Nerazio Prisco o da Giovaleno Prisco, vissuti nel II sec.d.C.

5 SORANO, *Gynaecia*, I, 10; 20; 25; 33, edd. B. BURGUIÈRE- D. GOUREVITCH, *Soranos d'Éphèse. Maladies des femmes*, I, Paris 1988.

6 PLUTARCO, *Confronto tra Licurgo e Numa*, 26 (4).

7 Vedi sopra p. 107 s.

8 MACROBIO, *Commento al Sogno di Scipione di Cicerone*, I, 6, 70-71.

9 M. DURRY, *Sur le mariage romain. Autocritique et mise au point*, in *Revue internationale des droits de l'antiquitè*, 3 (1956) , p. 238.

10 Queste ed altre formule usate per mettere in atto il fidanzamento sono attestate soprattutto dalle commedie di Plauto.

11 Sull'emancipazione vedi sopra p. 6 s.

12 *Codice Giustiniano* 5, 4, 1.

13 Come afferma MODESTINO, *Digesto* 23,1, 14.

14 CORNELIO NEPOTE, *Vite degli uomini illustri*, *Attico*, 19, 4.

15 SVETONIO, *Tiberio*, 7, 2-3.

16 SVETONIO, *Augusto*, 63, 2; CASSIO DIONE, *Storia di Roma*, XLVIII, 54, 4.

17 CASSIO DIONE, *ivi*, XLVIII, 54, 4.

18 CASSIO DIONE, *ivi*, LX, 5, 7; TACITO, *Annali*, XII, 3, 2; 9, 1-2; SVETONIO, *Claudio*, 27,1; 5.

19 CASSIO DIONE, *ivi*, XLVIII, 38, 3.

20 ULPIANO, *Digesto*, 48, 5, 14 (13), 8.

21 Vedi sopra p. 110.

22 TERTULLIANO, *Apologetico*, 6, 4.

23 PLINIO il VECCHIO, *Storia naturale*, XXXIII, 12.

24 ISIDORO, *Origini o etimologie*, XI, 1, 71.

25 AULO GELLIO, *Notti Attiche*, X, 10, 1-2; MACROBIO, *Saturnali*, VII, 13, 7-8; ISIDORO, *ivi*, XIX, 32, 2.

26 Vedi GIOVENALE, *Satire*, VI, 27; TERTULLIANO, *Apologetico*, 6, 4.

27 TERTULLIANO, *Idolatria*, 16, 1.

28 L. ANNÉ, *Les rites des fiançailles et la donation pour cause de mariage sous le Bas-Empire*, Louvain, 1941, p. 11.

29 Così E. VOLTERRA, *La conception du mariage d'après les juristes romains*, Padova, 1940, p. 35.

30 Vedi p. 113 ss.

31 CASSIO DIONE, *Storia di Roma*, LXVII, 4, 3.

31 bi Il concubinato era un'unione di fatto manifesta e continuata di un uomo ed una donna, stretta non con intenzione maritale e quindi caratterizzata dalla mancanza di *affectio maritalis* e di conseguenza dell'*honor matrimonii*, per cui la donna non partecipava al rango e alla dignità dell'uomo e i suoi figli erano illegittimi.

32 Vedi sopra p. 101.

33 TACITO, *Annali*, XII, 6, 2-3; SVETONIO, *Claudio*, 26, 3.

34 GAIO, *Istituzioni*, I, 111; 114; 115b; 116 etc.

35 J. GAUDEMET, *Observations sur la manus*, in *Revue internationale des droits de l'antiquité*, 2° s., 2 (1953), p. 330 s.

36 GAIO, *Istituzioni*, I, 112.

37 TACITO, *Annali*, IV, 16, 1-3.

38 SERVIO, *Commento alle Georgiche*, I, 31.

39 SERVIO, *Commento all'Eneide*, IV, 374.

40 La procedura della *mancipatio* è descritta da GAIO, *Istituzioni*, I, 119.

41 Vedi sopra p. 6 s.

42 VARRONE in NONIO, *La dottrina abbreviata*, p. 278 ed. Lindsay (*Fortuna Virgo*); ARNOBIO, *Contro i pagani*, II, 67 (*Fortuna Virginalis*).

43 VARRONE in NONIO, *ivi*, p.863 ed Lindsay; PSEUDO-ACRONE, *ad Orazio*, *Satire*, I, 5, 66-67.

44 PERSIO, *Satire*, II, 70.

45 FESTO, p. 364 ed. Lindsay. L'ultima frase di Festo: "la stessa usanza si suole osservare nel dare le toghe virili", allude al fatto che anche i ragazzi, alla vigilia dell'assunzione della toga pura o virile, si coricavano indossando la *tunica recta*; vedi sopra p. 39.

46 L'appellativo *regilla*, diminutivo di *regia*, secondo PLINIO il VECCHIO, *Storia naturale*, VIII, 194, sarebbe dovuta al fatto che la prima a tessere tale tunica sarebbe stata Tanaquilla, la moglie del re Tarquinio Prisco.

47 PLINIO il VECCHIO, *Storia naturale*, XXXIII, 87; 91.

48 PLINIO il VECCHIO, *ivi*, XXI, 46; 138; XXIV, 166.

49 NONIO, *La dottrina abbreviata*, p. 881 ed. Lindsay; SERVIO, *Commento all'Eneide*, VII, 26; ISIDORO, *Origini o etimologie*, XIX, 28,8. J. ANDRÉ, *Étude sur les termes de couleur de la langue Latina*, Paris 1949.

50 PAOLO-FESTO, p. 82 ed. Lindsay.

51 È il colore non solo del *reticulum*, ma anche del velo nuziale (*flammeum*) e delle calzature (*socci*) della sposa, vedi oltre.

52 PAOLO-FESTO, p. 55 ed. Lindsay.

53 FESTO, p. 454 ed. Lindsay.

54 OVIDIO, *Fasti*, II, 560 (parla di *hasta recurva* 'asta ricurva', con cui si pettinavano le chiome verginali); PAOLO-FESTO, p. 55 ed. Lindsay (pettinare); PLUTARCO, *Questioni Romane*, 87 (dividere, spartire); ARNOBIO, *Contro i pagani*, II, 67 (accarezzare, ravviare).

55 PLUTARCO, *Vita di Romolo*, 15, 7; PAOLO- FESTO, p. 55 ed. Lindsay.

56 LUCANO, *Farsaglia*, II, 361- 362, che parla di

lutea flammea; MARZIALE, *Epigrammi*, XII, 42, 3; ISIDORO, *Origini o etimologie*, IX, 7, 10.

[57] PAOLO-FESTO, p. 56 ed. Lindsay.

[58] CATULLO, *Poesie*, LXI, 6-11.

[59] CATULLO, *ivi*, LXIV, 293; OVIDIO, *Metamorfosi*, IV, 760; XII, 215; APULEIO, *Metamorfosi*, IV, 26; GIOVENALE, *Satire*, VI, 79; 227 s.; ed altri.

[60] VARRONE in NONIO, p. 848 ed. Lindsay; vedi anche sopra p. 28; SERVIO, *Commento all'Eneide*, IV, 166.

[61] PAOLO-FESTO, p. 283 ed. Lindsay; SERVIO, *Commento all' Eneide*, IV, 166; ISIDORO, *Origini o etimologie*, IX, 7, 8.

[62] GIOVENALE, *Satire*, II, 119.

[63] FESTO, p. 364 ed. Lindsay.

[64] CATULLO, *Poesie*, LXI 76 ss.; 98 ss.; STAZIO, *Selve*, I, 2, 47 s.; 231.

[65] CATULLO, *ivi*, LXI e LXII passim.

[66] Diverse sono le grafie del nome *Talasius* nei diversi autori antichi che lo menzionano.

[67] Secondo LIVIO, *Storia Romana*, I, 9, 12, durante il ratto delle Sabine, la più bella di esse fu presa da alcuni uomini di un certo *Thalassius*, giovane noto per le sue ottime qualità e valoroso nelle imprese belliche, e mentre la conducevano a lui, gridavano il nome *Thalassius* affinché nessuno la toccasse; la stessa versione è data da PLUTARCO, *Vita di Romolo*, 15, 2; SERVIO, *Commento all'Eneide*, I, 651.

[68] FESTO, p.478 ed. Lindsay; PAOLO –FESTO, p. 479 ed. Lindsay; PLUTARCO, *Vita di Romolo*, 15, 4; *Questioni Romane*, 31.

[69] FESTO, p. 282 ed. Lindsay.

[70] SERVIO, *Commento alle Bucoliche*, VIII, 29.

[71] U.E. PAOLI, *Vita romana*[7], Firenze 1955, p. 154.

[72] FESTO, p. 282 ed. Lindsay.

[73] CIL VI, 11602; 34045;15346.

[74] VIRGILIO, *Bucoliche*, VIII, 30; CATULLO, *Poesie*, LXI, 121; 124; 128.; SERVIO, *Commento alle Bucoliche*, VIII, 29.

[75] SERVIO, *Commento all'Eneide*, IV, 458; ISIDORO, *Origini o etimologie*, IX, 7, 12.

[76] PLINIO il VECCHIO, *Storia naturale*, XXVIII, 142.

[77] PLUTARCO, *Questioni Romane*, 30.

[78] Ignoto AUTORE di '*I prenomi*', 3.

[79] PAOLO-FESTO, p. 85 ed. Lindsay.

[80] PLUTARCO, *Vita di Romolo*, 15, 6; *Questioni Romane*, 29.

[81] DIONIGI di ALICANASSO, *Antichità romane*, II, 30, 6.

[82] VARRONE, in NONIO, *La dottrina abbreviata*, p. 268 ed. Lindsay.

[83] PLUTARCO, *Questioni Romane*, 1.

[84] PAOLO-FESTO, p. 77 ed. Lindsay; PLUTARCO citato in nota precedente.

[85] SERVIO, *Commento all'Eneide*, IV, 167.

[86] PAOLO-FESTO, p. 3 ed. Lindsay.

[87] PAOLO-FESTO, p. 83 ed. Lindsay.

[88] PAOLO-FESTO, p. 84 ed. Lindsay; S. AGOSTINO, *La città di Dio*, VII, 13.

[89] SERVIO, *Commento all'Eneide*, VI, 603.

[90] ARNOBIO, *Contro i pagani*, II, 67.

[91] PROPERZIO, *Elegie*, IV, 11, 85; AULO GELLIO, *Notti Attiche*, XVI, 9, 4; ASCONIO a *Cicerone*, *In difesa di Milone*, 5, 13.

[92] ORAZIO, *Lettere*, I, 1, 87; ASCONIO, citato in nota precedente.

[93] Ignoto AUTORE di *Epithalamium Laurentii* (BAEHRENS, *Poetae Latini minores*, III, p. 299), 69-72.

[94] Così M. BORDA, *Lares. La vita familiare romana nei documenti archeologici e letterari*, Roma 1947, p. 41.

[95] L'appellativo *compitales* dato ai *Lares* trae il nome da *compitum* 'crocicchio' 'crocevia', dove s'incrociavano le strade principali che delimitavano un *vicus* 'rione' 'quartiere'; in pratica il *compitum* era il punto d'incontro di due o più quartieri, consacrato con l'erezione di un sacello, ove gli abitanti dei quartieri interessati si radunavano per celebrare i *Compitalia*, festa dei *compita* 'crocicchi'; VARRONE, *La lingua latina*, VI, 25.

[96] VARRONE in NONIO, *La dottrina abbreviata*, p. 852 ed. Lindsay.

[97] Controversa è invece l'interpretazione della dazione dell'asse al marito, su cui gli studiosi hanno avanzato diverse ipotesi, riferite e discusse in C. FAYER, *La familia romana. Parte Seconda*, citato, pp.542-549.

[98] ORAZIO, *Satire*, II, 2, 59 ss.; PSEUDO-ACRONE *ad Orazio*, *Satire*, II, 2, 60; FESTO, p. 350 ed. Lindsay, che dà questa spiegazione del termine *repotia*, *orum*: *quia quasi reficitur potatio* "perché quasi si fa per la seconda volta la copiosa bevuta".

[99] PSEUDO-ACRONE citato in nota precedente.

[100] Vedi sopra p. 26 ss.

[101] S. AGOSTINO, *La città di Dio*, VI, 9; ARNOBIO, *Contro i pagani*, III, 25.

[102] S. AGOSTINO citato in nota precente; ARNOBIO, *ivi*, IV,7.

[103] CLAUDIANO, *Carmina minora*, 25, 138.

[104] Così P. GRIMAL, *L'Amour à Rome*, Paris 1963, p. 106 ss.

[105] STORIA AUGUSTA, *Vita di Elio*, 5, 11.

[106] F. HAASE, *L. Annaei Senecae opera quae supersunt*. XIII. *De matrimonio*[2], 3, Lipsiae 1895, *Fragm*. 84, p. 434.

[107] F. HAASE, *ivi*, *Fragm*. 85, p. 434.

[108] Vedi sopra p. 104.

[109] PLUTARCO, *Vita di Cesare*, 14, 7; *Vita di Pompeo*, 47, 10.

[110] PLUTARCO, *Vita di Pompeo*, 53, 1; 5.

[111] PLUTARCO, *Vita di Antonio*, 31; 36; 53; 57,2; CASSIO DIONE, *Storia di Roma*, XLVIII, 31, 3; L, 3,2.

[112] SVETONIO, *Augusto*, 99, 2.

[113] QUINTILIANO, *Declamazioni minori*, 347 (p. 367 RITTER).

[114] La *Retorica ad Erennio*, 2, 38, presenta il caso di un padre che vuole costringere la figlia a lasciare il marito e lei si lamenta. Anche nello *Stico* di Plauto, 11-142, un padre vuole sciogliere i matrimoni delle sue due figlie, che avevano sposato due fratelli che,

caduti in rovina, avevano intrapreso un lungo viaggio per ripristinare le loro fortune e da tre anni non davano più notizie.

[115] ULPIANO, *Digesto*, 43,30, 1,5.

[116] A. ERNOUT – A. MEILLET, *Dictionnaire étymologique de la langue Latina*[4], Paris, 1959, p. 176, s.v. *dis*; p. 725 s., s.v. *verto*.

[117] Così anche GAIO, *Digesto*, 24, 2, 2, pr.; ISIDORO, *Origini o etimologie*, IX, 7, 25; SERVIO, *Commento all'Eneide*, IX, 377.

[118] PLAUTO, *Anfitrione* 928: *Valeas, tibi habeas res tuas, reddas meas* "Ti saluto, prendi con te le tue cose e rendimi le mie" (è Alcmena che si rivolge al marito); *Le tre monete* 266: *Tuas res tibi habeto*.

[119] DIONIGI di ALICARNASSO, *Antichità Romane*, II 25, 7; VALERIO MASSIMO, *Fatti e detti memorabili*, II, 2, 4; PLUTARCO, *Confronto fra Teseo e Romolo*, 6, 3; *Confronto fra Licurgo e Numa*, 3, 7; *Questioni Romane*, 14;59; AULO GELLIO, *Notti Attiche*, IV, 3, 1; XVII, 21, 44.

[120] DIONIGI DI ALICARNASSO, *Antichità Romane*, II, 25, 6.

[121] Per tutta l'epoca repubblicana la moglie sorpresa in flagrante adulterio poteva impunemente essere uccisa dal marito, che vendicava l'oltraggio subìto anche sul correo, uccidendolo, o mutilandolo, o percuotendolo o sottoponendolo a gravi oltraggi; ORAZIO, *Satire*, I, 2, 41 ss.; 127 ss.; VALERIO MASSIMO, *Fatti e detti memorabili*, VI, 1, 13; le atroci punizioni inflitte dal marito agli adulteri sorpresi in flagrante adulterio erano legittime, per cui non costituivano reato.

[122] R. ASTOLFI, *Il matrimonio nel diritto romano preclassico*[2], Padova 2002, p. 140 ss.

[123] PLUTARCO, *Vita di Cicerone*, 8, 2; 20, 3; 29, 4; 41, 8.

[124] SVETONIO, *Giulio Cesare*, 6, 2; 74, 2; PLUTARCO, *Vita di Cicerone*, 28; *Vita di Cesare*, 10; CASSIO DIONE, *Storia di Roma*, XXXVII, 45, 1-2.

[125] Sui divorzi dei personaggi citati, come su quelli di molti altri più o meno di questa epoca, vedi C. FAYER, *La familia romana. Parte Terza*, citato, p. 96 ss.

[126] PLINIO il VECCHIO, *Storia naturale*, VII, 122; 186; PLUTARCO, *Vita di Pompeo*, 16, 6.

[127] I consoli romani erano magistrati eponimi, dal greco ἐπώνυμος, colui "che dà il nome a", in quanto davano il nome all'anno in cui detenevano l'incarico; infatti i Romani indicavano l'anno con i nomi dei consoli, usando la formula "sotto il consolato di ...".

[128] Denunziano esplicitamente la decadenza dei costumi degli ultimi anni della repubblica, ORAZIO, *Odi*, III, 6, 17-20; LIVIO, *Storia di Roma*, *prefazione* 9; OVIDIO, *Amori*, I, 8, 41-42; SALLUSTIO, *La congiura di Catilina*, 10-14.

[129] L'iscrizione è stata ritrovata in vari frammenti, inseriti in *CIL* VI, 1527; 31670; 37053, e pubblicati da H. DESSAU, *Inscripiones Latinae Selectae*, n. 8393. M. DURRY, *Eloge Funèbre d'une Matrone Romane. Eloge dit de Turie*, Paris 1950; L. STORONI MAZZOLANI, *Una moglie*, Palermo 1983.

[130] MARZIALE, *Epigrammi*, X, 41.

[131] MARZIALE, *ivi*, IV, 75.

[132] *Codice Teodosiano*, 3, 6,1.

[133] Il termine latino che figura nella costituzione di Costantino è *medicamentarius / medicamentaria*, termine che indica il farmacista/erborista, che prepara i *medicamenta* 'medicine', che conosce le qualità terapeutiche delle erbe, ma anche i rituali e le formule magiche e malefiche per potenziare filtri magici e pozioni nocive.

[134] Se la dote era l'apporto della donna alla vita matrimoniale, la donazione nuziale era l'apporto dell'uomo. L'istituto della donazione nuziale, ignoto al diritto classico, ha origine in epoca postclassica; si tratta di una donazione maschile, posta in essere dal futuro marito o dal *pater familias* di questi, nell'immediatezza del matrimonio e subordinata alla sua conclusione, con lo scopo di sostenere la famiglia che si formava e, in caso di morte di uno dei coniugi, di permettere al coniuge superstite di mantenere sé e gli eventuali figli.

BIBLIOGRAFIA

AA. VARI, *Civiltà dei Romani. Il rito e la vita privata*, a cura di S. SETTIS, Milano 1992.

AA. VARI, *Vita quotidiana nell'Italia antica. I. Vita in famiglia. II. Vita in società*, a cura di S. MOSCATI, Bologna 1993.

AA. VARI, *Vita e costumi dei Romani antichi*, a cura di G. PISANI SARTORIO- A. LIBERATI SILVERIO, Roma, Edizioni Quasar.

A.A.VARI, *Storia dell'infanzia* I. *Dall'antichità al Seicento*, a cura di E. BECCHI e D. JULIA, Bari 1996.

AA. VARI, *Rosso Pompeiano. La decorazione pittorica nelle collezioni del Museo di Napoli e a Pompei*, a cura di M.L. NAVA-R. PARIS- R. FRIGGERI, Roma 2007.

AA. VARI, *Ubi tu Gaius. Modelli familiari, pratiche sociali e diritti delle persone nell'età del principato. Relazioni del Convegno Internazionale di Diritto Romano* (Copanello, 4-7 giugno 2008), a cura di Fr. MILAZZO, Milano 2014.

B. ALBANESE, *Le persone nel diritto privato romano*, Palermo 1979.

G. AMIOTTI, *Religione e politica nell'iniziazione romana. L'assunzione della toga virile*, in *Aspetti dell'opinione pubblica nel mondo antico*, a cura di M. SORDI, Milano, 5 (1978), pp. 131-140.

J. ANDRÉ, *Étude sur les termes de couleur de la langue Latine*, Paris 1949.

L. ANNÉ, *Les rites des fiançailles et la donation pour cause de mariage sous le Bas-Empire*, Louvain 1941.

Ph. ARIÈS, *L'enfant et la vie familiale sous l'Ancien Régime*, Paris 1960.

R. ASTOLFI, *Il matrimonio nel diritto romano preclassico*², Padova 2002.

A. BALBO, *Chi è il giovane: ovvero quando comincia e quando finisce la gioventù*, in *Seneca e i giovani*, a cura di I. LANA, Venosa 1997, pp. 11-28.

A. BALIL, "*Muñecas antiguas en España*", in *Archivo espanol de Arqueologia*, 35 (1962), pp. 70-85.

N. BELMOMT, *Les signes de la naissance. Étude des représentations symboliques associées aux naissances singulières* Paris 1971.

– *Levana, ou comment "élever" les enfants*, in *Annales. Économies, Sociétés, Civilisations*, 1 (1973), pp. 77- 89.

E. BENVENISTE, "*Liber*" et "*liberi*", in *Revue des Études Latines*, 14 (1936), pp. 51-58.

N. BOËLS-JANSSEN, *La vie religieuse des matrons dans la Rome archaïque*, Paris 1993.

G. BONFANTE, *Puer= filius, filia*, in *La Parola del Passato*, (1981), pp. 312-314.

S.F. BONNER, *Roman Declamation in the Late Republic and early Empire*, Liverpool 1949.

– *The Street-Teacher: an educational scene in Horace*, in *American Journal of Philology*, 83,4 (1972), pp. 509-528.

– *L'educazione nell'antica Roma. Da Catone il Censore a Plinio il Giovane*, (tr.it.) , Roma 1986.

M. BORDA, *Lares. La vita familiare romana nei documenti archeologici e letterari*, Roma 1947.

G. BORDENACHE BATTAGLIA, *Corredi funerari di età imperiale e barbarica nel Museo Nazionale Romano*, Roma 1983.

H. BORNECQUE, *Les Déclamations et les Déclamateurs d'après Seneque le Père*, Lille 1902 (rist. Hidesheim 1976).

L. BORSARI, *Terracina. Del tempio di Giove Anxure, scoperto sulla vetta di Monte S. Angelo, presso la città*, in *Notizie degli Scavi di Antichità*, 1894, pp. 96-111.

P. BOYANCÉ, *Funus acerbum*, in *Revue des Études anciennes*, 54 (1952), pp. 275-289.

K.R. BRADLEY, *Wet-nursing at Rome: a study in Social Relations*, in *The Family in Ancient Roma. New Perspectives*, a cura di. B.M. RAWSON, London 1986, pp. 201-229.

A. BRELICH, *The Historical Development of the Institution of Initiation in the Classical Ages*, in *Acta Antiqua*, 11 (1961), pp. 267-283.

M. BRETONE, *Giurisperiti*, in *Dizionario degli scrittori greci e latini*, a cura di Fr. DELLA CORTE, II, Milano (1988), pp. 1073–1091.

L. et P. BRIND'AMOUR, *La deuxième satire de Perse et le dies lustricus*, in *Latomus* 30 (1971), pp. 999-1024.

– *Le dies lustricus, les oiseaux de l'aurore et l'amphidromie*, in *Latomus* 34 (1975), pp. 17-58.

P. BURGUIÈRE- D. GOUREVITCH, *Soranos d'Éphèse. Maladies des femmes*, I, Paris 1988; II, 1990.

E. CAETANI LOVATELLI, *Sopra di una statua marmorea rappresentante un fanciullo che giuoca alle noci*, in *Bullettino della Commissione Archeologica Comunale di Roma*, 10 (1882), pp. 55-62.

G. CALZA, *La necropoli del Porto di Roma nell'Isola Sacra*, Roma 1940.

R. CALZA- M. FLORIANI SQUARCIAPINO, *Museo Ostiense*, Roma 1962.

L. CANFORA, *L'educazione*, in *Storia di Roma. IV. Caratteri e morfologie*, Roma 1989, pp. 735-770.

E. CANTARELLA, *La vita delle donne*, in *Soria di Roma*. IV, citato, pp.557-608.

– *La famiglia romana tra demografia sociale, antropologia e diritto*, in *Ubi tu Gaius. Modelli familiari, pratiche sociali e diritti delle persone nell'età del principato. Relazioni del Convegno Internazionale di Diritto Romano* (Copanello, 4-7 giugno, 2008), a cura di Fr. MILAZZO, Milano 2014, pp. 3-21.

J. CARCOPINO, *La vita quotidiana a Roma all'apogeo dell'Impero* (tr.it.), Roma-Bari 1976.

G.CAVALLO, *Libro e cultura scritta*, in *Storia di Roma. IV. Caratteri e morfologie*, Roma 1988, pp.693-734.

J. CHARBONNEAUX, *La sculpture grecque et romaine au Musée du Louvre*, Paris 1963.

J. CHATEAU, *Le jeu de l'Enfant après trois ans. Sa nature. Sa discipline*, Paris 1946.

M.L. CLARKE, *Rhetoric at Rome. A Historical Survey*, London 1953.

G. DEGANI, *I giocattoli di Giulia Grafide, fanciulla brescellese*, in *Bullettino della Commissione Archeologica Comunale di Roma*, 74 (1951-1952), pp. 15-19.

F. D'IPPOLITO, *Giuristi e sapienti in Roma arcaica*, Roma-Bari 1986.

R. DEL PONTE, *La religione dei Romani*, Milano 1992.

M. DELLA CORTE, *Le iscrizioni graffite della Basilica degli Argentari sul Foro di Giulio Cesare*, in *Bullettino della Commissione Archeologica Comunale di Roma*, 61 (1933), pp. 111-130.

– *Scuole e maestri in Pompei antica*, in *Studi Romani*, 7 (1959), pp. 621-634.

– *Case ed abitanti di Pompei*³, Napoli 1965.

– *Catone Censore. La vita e la fortuna*², Firenze 1969.

J. DÖRIG, in *Enciclopedia dell'Arte Antica classica e orientale*,III., s.v. *Giocattolo*, 1960, pp. 904- 910.

F. DUPONT, *La vita quotidiana nella Roma repubblicana* (tr.it.), Roma- Bari 1990.

M. DURRY, *Eloge Funèbre d'une Matrone Romane. Eloge dit de Turiae*, Paris 1950.

– *Le mariage des filles impubères dans la Rome antique*, in *Revue internazionale des droits de l'antiquitè*, 2 (1955), pp. 263-273.

– *Sur le mariage romain. Autocritique et mise au point*, *ibid.*, 3 (1956), pp. 227-243.

– *Le marriage de filles impubères à Rome*, in *Revue des Études Latines*, 47 bis (1969), pp. 17-25.

– *Autocritique et mise au point*, *ibid.*, pp. 27-48.

A. ERNOUT - A. MEILLET, *Dictionnaire étymologique de la Langue Latine*², Paris 1959.

E. ESPÉRANDIEU, *Recueil général des bas-reliefs, statues et bustes de la Gaule Romaine*, III, Lyonnaise, Paris 1910.

R. ÉTIENNE, *La conscience médicale antique et la vie des enfants*, in *Annales de démographie historique, Enfant et Sociétés*, 1973, pp. 15-46.

E. EYBEN, *Antiquity's view of puberty*, in *Latomus*, 31 (1972), pp. 677-697.

– *Was the roman "youth" an "adult" socially?*, in *Antiquité Classique*, 50 (1981), pp. 328-350.

D. FACCENNA, *Momumento funerario dalla via Portuense*, in *Bullettino della Commissione Archeologica Comunale di Roma*, 73 (1949-1950), pp. 215-233.

C. FAYER, *L' "ornatus" della sposa romana,* in *Studi Romani*, 34 (1986), pp. 1-24.

– *La 'deductio in domum mariti' della sposa romana*, in *'Quadrifluus amnis', Studi di Letteratura, Storia, Filosofia e Arte offerti dalla facoltà di Lettere e Filosofia a Mons. Costantino Vona*, Chieti, 1987, pp.191-223.

– *L' "anulus pronubus"*, in *Scritti offerti a Raffaele Laporta*, Chieti 1990, pp. 313-320.

– *La familia romana. Aspetti giuridici ed antiquari. Parte Prima*, Roma 1994.
– *La familia romana. Aspetti giuridici ed antiquari. Sponsalia. Matrimonio. Dote. Parte Seconda*, Roma 2005.
– *La familia romana. Aspetti giuridici ed antiquari. Concubinato. Divorzio. Adulterio. Parte Terza*, Roma 2005.
F. FERNIQUE, in *Dictionnaire des antiquités grecques et romaines d'après les texts et les monuments*, a cura di CH. DAREMBERG – E. SAGLIO, s.v. *Crepundia*, pp. 1561-1562.
R. FRASCA, *Essere bambini a Roma*, in *Momenti emblematici della Storia dell'Educazione*, a cura di G.GENOVESI – C. PANCERA, Ferrara 1993, pp. 35-50.
– *Educazione e formazione a Roma. Storia, testi, immagini*, Bari 1996.
K. FREDLANDER, *Fanciulli giuocanti. (Tav. d'agg. B. C.)*, in *Annali dell'Istituto di Corrispondenza Archeologica*, 29 (1857), pp. 142-146.
A. FUNAIOLI, *Grammaticae Romanae fragmanta*, Lipsiae 1907.
H. GABELMANN, *Römische kinder in toga praetexta*, in *Jahrbuch des Deuschen Archäologischen Instituts*, 100 (1985), pp. 497-541.
G. GARBARINO, *Declamatori*, in *Dizionario degli scrittori greci e latini*, a cura di Fr. DELLA CORTE, .I. Milano 1988, pp. 589-601.
M. GARCÍA GARRIDO, "*Minor annis XII nupta*", in *Labeo* 3 (1957), pp. 76-88.
J. GAUDEMET, *Observations sur la manus*, in *Revue internationale des droits de l'antiquité* , 2° s. 2 (1953), pp. 323-353.
G.V. GENTILI, *La Villa Erculia di Piazza armerina. I mosaici figurati*, Roma 1959.
C.G. GIGLIOLI, *L'oinochoe di Tragliatella*, in *Studi Etruschi*, 3 (1929), pp. 111-159.
D. GOUREVITCH, *Le mal d'être femme. La femme et la médecine dans la Rome antique*, Paris 1984.
– *Biberons romains: formes et nomes*, in *Le latin médical. La constitution d'un langage scientifique. Réalités et langage de la médecine dans le monde romain, Actes du III*[e] *Colloque international* (Saint-Étienne, 11-13 september 1989), a cura di G. SABBAH, 1991, pp. 117-133.
– *La gynécologie et l'obstétrique*, in *Aufstieg und Niedergang der römischen Welt* 73, 3 (1996), pp. 139-151.
J. GRIMAL, *L'Amour à Rome*, Paris 1963.
O. GUÉRAUD – P. JOUGUET (edd.), *Un livre d'écolier du III*[e] *siècle J.- C.*, Le Caire 1938.
A. GWYNN, *Roman Education from Cicero to Quintilian*, Oxford 1926.
H.G. KNOTHE, *Zur 7- Jahresgrenze der 'infantia' im antiken Römischen Recht*, in *Studia et Documenta Historiae et Iuris*, 48 (1982), pp. 239-256.
E. JULLIEN, *Les professeurs de la littérature dans l'ancienne Rome et leur enseignement depuis l'origine jusqu' à la mort d'Auguste*, Paris 1885.
G. LAFAYE, in *Dictionnaire des antiquités grecques et romaines*, citato, ss.vv. *Nuces*, pp. 115-116; *Oscillatio*, p. 256; *Pila*, pp. 475-478; *Pupa*, pp. 768-769; *Talus*, pp. 28-31.
F. LANFRANCHI, *Il diritto nei retori romani. Contributo alla storia dello sviluppo del diritto romano*, Milano 1938.
H.J. LEON, *Ball playing at Rom*, in *Transactions and Proceedings of the American Philological Association*, 77 (1946), p. 320 ss.
M. MANSON, *La "pietas" et le sentiment de l'enfance à Rome d'après les monnaies*, in *Revue belge de numismatique et de sigillographie*, 121 (1975), pp. 22-80.
– *Le droit de jouer pour les infants grecs et romains*, in *Recueils de la Société Jean Bodin, l'Enfant*, 39, (1975), pp. 117-149.
– *Puer Bimulus (Catulle, 17, 12-13) et l'image du petit enfant chez Catulle et ses prédécesseurs*, in *Mélanges de l'École française de Rome. Antiquité*, 90 (1978), 1, pp. 247-291.
– *Les Poupees dans l'Empire romain, Le Royaume du Bosphore cimmérien et le Royaume parte. Étude archèoloque*, Paris 1978.
– *Jouets de toujours de l'Antiquités à la Révolution*, Paris 2001.
K.J. MARQUARDT, *Manuel des antiquités romaines. La vie privée des Romaines*, XIV,1. *Les enfants et leur education*; XV,2. *Jeux et divertissement*, tr. franc., V. HENRY, Paris 1892; 1893.
H.I. MARROU, *Storia dell'educazione nell'antichità* (tr.it.), Roma 1994.
– *Μουσικὸς ἀνήρ. Études sur les scènes de la vie intellectuelle figurant sur les monuments funèraires romains*[2], Roma 1964.
A. MARTINA, *La nutrice nella struttura della Medea di Euripide e di Seneca*, in *Quaderni di cultura e di tradizione classica*, 6-7 (1988-89), pp. 87-133.
J. MAURIN, *Remarques sur la notion de "puer" à l'époque classique*, in *Bulletin de l'Association* G. *Budé*, 4° s., 2 (1975), pp. 221-230.

M. Menichetti, *L'oinochoe di Tragliatella: mito e rito tra Grecia ed Etruria*, in *Ostraka*, 1 (1992), pp. 7-30.
A. Michel, *Du droit de cité romaine. Éudes d'epigraphie juridique*, Paris 1885.
P. Mingazzini, *Tre giochi infantili antichi*, in *Rendiconti della Pontificia Accademia di Archeologia*, 32 (1959-1960), pp. 82-92.
A. Mura Sommella, in *Crepereia Tryphaena. Le scoperte archeologiche nell'area del Palazzo di Giustizia, Catalogo della Mostra*, Venezia 1983, pp. 29-32; 49-60-
J.P. Néraudau, *La jeunesse dans la littérature et les institutions de la Rome républicaine*, Paris 1979.
– *Être enfant à Rome*, Paris 1984.
– *Il bambino nella cultura romana*, in *Storia dell'infanzia*.I. *Dall'antichità al Seicento*, a cura di E. Becchi e D. Julia, Bari 1996, pp. 30-60.
B. Nogara, *Monumenti, Musei e Gallerie Pontificie nel triennio accademico 1939-40; 1940-41; 1941-42*, in *Rendiconti della Pontificia Accademia di Archeologia*, 18 (1941-1942), pp. 231-257.
M. Pandolfini – A.L. Prosdocimi, *Alfabetari e insegnamento della scrittura in Etruria e nell'Italia antica*, Firenze 1990.
U.E. Paoli, *Vita Romana. Usi, costumi, tradizioni*[7], Firenze 1955.
A. Pastorini, *La religione romana*, Milano 1973.
G.B. Pighi, *La religione romana*, Torino 1967.
B. Perrin, *La responsabilité pénale du mineur de vingt-cinq ans en droit romain*, in *Mélanges d'archeologie et d'histoire offerts a A. Piganiol*, 3 (1966), Paris, pp.1455-1465.
G. Piccaluga, *Elementi spettacolari nei rituali festivi romani*, Roma 1965.
I. Piro, *Spose bambine. Risalenza, diffusione e rilevanza giuridica del fenomeno in età romana. Dalle origini all'epoca classica*, Milano 2013.
E. Pottier, in *Dictionnaire des antiquités grecques et romaines d'aprè les texts et les monuments*, a cura di CH. Daremberg – E. Saglio, s.v. *Educatio*, pp. 477-490.
G. Pugliese Carratelli, *L'instrumentum scriptorium nei monumenti pompeiani ed ercolanensi*, in Pompeiana. *Raccolta di studi per il secondo centenario degli scavi di Pompei*, Napoli 1950, pp. 266-278.
B. Rawson, *Children and Childhood in Roman Italy*, Oxford 2003.
A.M. Reggiani, *Educazione e scuola* , in *Vita e costumi dei Romani antichi*, 10, Roma 1990.
A. Rieche, *Römische kinder - und Gesellschaft – spiele*, Stuttgard, 1984.
M.R. Rinaldi, *Ricerche sui giocattoli nell'antichità a proposito di un'iscrizione di Brescello*, in *Epigraphica. Rivista Italiana di Epigrafia*, 18 (1956), pp. 104-129.
V. Rose (ed.), *Sorani Gynaeciorum vetus translatio latina*, Lipsiae 1882.
N. Rouquet, *Les biberons, les tire – lait ou les tribulations d'une tubulure peu commune...*, in *Maternité et petite enfance dans l'Antiquité romaine. Cataloque de l'exposition Bourges, Muséum d'historie naturelle,* a cura di D. Gourevitch –A. Moirin – N. Rouquet, Bourges 2003, pp. 164-170.
D. Sabbatucci, *La religione di Roma antica dal calendario festivo all'ordine cosmico*, Milano 1988.
E. Saglio, in *Dictionnaire des antiquités grecques et romaines*, citato, s.v. *Crepitaculum*, crepitacillum, p. 1561.
R.P. Saller, *Men's age at marriage and its consequences in the roman family*, in *Classical Philology*, 82 (1987), pp. 21-34.
E. Salsa Prina Ricotti, *Giochi e giocattoli*, in *Vita quotidiana nell'Italia antica*.I. *Vita di famiglia*, a cura di S. Moscati, Bologna 1993, pp. 285-311.
– *Giochi e Giocattoli*, in *Vita e costumi dei Romani antichi*, 18, Roma 1995.
B.D. Shaw, *The Age of Roman Girls at Marriage: Some Reconsiderations*, in *The Journal of Roman Studies* 77 (1987), pp. 30-46.
F. Sini, *Documenti sacerdotali di Roma antica*, I. *Libri e commentarii*, Sassari 1983.
L. Storoni Mazzolani, *Una moglie*, Palermo 1983.
S. Tafaro, *"Pubes" e "viripotens" nella esperienza giuridica romana*, Bari 1988.
– *La pubertà a Roma. Profili giuridici*, Bari 1991.
E. Talamo, *Cofanetto in avorio ed osso*, in *Crepereia Tryphaena. Le scoperte archeologiche nell'area del Palazzo di Giustizia, Catalogo della Mostra*, Venezia 1983, pp. 66.
R. Tarantino, *Il personaggio della nutrix nelle tragedie di Seneca. Spunti di analisi*, in *Quaderni di cultura e di tradizione classica*, 2-3 (1984-1985), pp. 53-68.
M. Torelli, *Lavinio e Roma. Riti iniziatici e matrimonio tra archeologia e storia*, Roma 1984, part. pp. 23-31.

– *Riti di passaggio maschili di Roma arcaica*, in *Mélanges de l'École française de Rome. Antiquité*, 102 (1990), 1, pp. 93-106.

M.C. VACHER (ed.), *Svétone, Grammairiens et rhéteurs*, Paris 1993.

R. VAN DEN BERGH, *The Role of Education in the Social and legal Position of Woman in the Roman Society*, in *Revue internationale des droits de l'antiquité*, 47 (2000), pp. 351-364.

G. VAN HOOR, *De vita atque cultu puerorum monumentis antiquis explanato*, Amsterdam, 1909.

J. VATERLEIN, *Roma ludens. Kinder und Erwachsene beim Spiel in antiken Rom*, Amsterdam 1976.

P. VEYNE, *L'Empire Romain*, in *Histoire de la vite privée .I. De l'Empire romain à l'an mil*, a cura di Ph. ARIÈS - G. DUBY, Paris 1985.

E. VOLTERRA, *La conception du mariage d'après les juristes romains*, Padova 1940.

P.G. WARDEN, *Bullae, Roman custom and Italic tradition*, in *Opuscula Romana*, 46 (1983), pp.69-75.

T. WIEDEMANN, *Adults and children in the Roman Empire*, London 1989.

PERIODIZZAZIONE DELLA STORIA DI ROMA

Nel lungo arco di tempo della storia di Roma, che comprende ben 13 secoli, dalle origini della città, collocate dalla tradizione nel 754-753 a.C. (metà dell'VIII sec.a.C.), fino alla deposizione di Romolo Augustolo, l'ultimo imperatore d'Occidente, nel 476 d.C. (seconda metà del V sec.d.C.), la comunità romana subì profonde e numerose trasformazioni sociali, politiche ed economiche, passando da un insieme di piccoli villaggi di capanne, sparsi sul colle Palatino e su qualche altro colle circostante, ad un impero che dominò a lungo la maggior parte del mondo allora conosciuto ai popoli del Mediterraneo e che fu poi, a sua volta, invaso da popoli stranieri e costretto a dividersi in due tronconi: l'impero d' Occidente e l'impero d'Oriente.

L'impero d' Occidente finì con la deposizione dell'imperatore Romolo Augustolo, mentre l'impero d'Oriente continuò, prolungandosi nell'impero bizantino.

Nella storia di Roma, che abbraccia tanti secoli, si è soliti distinguere delle età (o periodi), che presentano diverse caratteristiche letterarie e storiche.

Età arcaica. Con la fondazione di Roma (metà dell' VIII sec.a.C.) inizia l'età arcaica, che comprende il periodo regio, l'età dei re, che termina con la cacciata dell'ultimo re etrusco, Tarquinio il Superbo, nel 510 a.C. (fine del VI sec.a.C.), e la nascita, nel 509 a.C., della repubblica, con l'elezione dei primi due consoli romani, Bruto e Collatino; l'età arcaica giunge al III sec.a.C. Nella metà del V sec.a.C. (451-450 a.C.) si verificò un avvenimento di fondamentale importanza: si ebbero le prime leggi scritte, le leggi delle XII Tavole (vedi oltre). Appartengono all'età arcaica Plauto, la cui attività di commediografo si pone a cavallo fra il III e il II sec.a.C., e Terenzio, che pubblicò le sue commedie nei primi decenni del II sec.a.C.

Età tardorepubblicana. Il II e il I sec.a.C. costituiscono l'età tardorepubblicana e augustea (nel 27 a.C. Ottaviano assunse l'appellativo di Augusto e dette inizio al principato), età in cui fiorirono grandi nomi della cultura romana, come Varrone, Cicerone, Catullo, Sallustio, Virgilio, Livio, Properzio, Tibullo, Orazio, Ovidio, Seneca il Vecchio.

Età imperiale. Dal I sec.d.C. inizia l'età imperiale o classica – soprattutto per quanto riguarda il diritto romano, definito diritto classico – che si prolunga fino alla metà del III sec.d.C., l'età dei Severi (ossia degli imperatori Settimio Severo (193-211), Caracalla, Elagabalo, Severo Alessandro (222-235)). Nel I sec.d.C. furono attivi autori come Seneca il Filosofo, Persio, Lucano, Petronio, Plinio il Vecchio, Valerio Massimo, Quintiliano, Marziale, Tacito. A cavallo fra il I e il II sec.d.C. si collocano Svetonio, Plinio il Giovane e Giovenale, mentre al II sec.d.C. appartengono Apuleio, Aulo Gellio, il grammatico Festo.

Alla fine del II sec.d.C. nasce la letteratura apologetica, cioè di difesa, mediante la quale i cristiani cercavano di confutare l'accusa di ateismo – motivata dal loro rifiuto di aderire al culto degli dei pagani – e le numerose calunnie infamanti che circolavano sul loro conto. Compaiono i primo scrittori latini cristiani, gli apologisti (difensori di una dottrina), la cui produzione letteraria si proponeva la diffusione della dottrina cristiana e la sua difesa dagli attacchi dei pagani; il titolo di primi autori cristiani spetta a Minucio Felice e a Tertulliano.

Età postclassica. L'età postclassica o tardo antico o tardo impero (fine III – IV sec.d.C.) è caratterizzata da un clima di decadenza e di insicurezza, che si riflette in tutta la sua drammatica evidenza nei poche eredi della tradizione classica; invano essi tentano di riprodurre le antiche forme letterarie cui Roma aveva dato vita ai tempi della sua potenza letteraria e politica. Rappresentanti della poesia pagana del IV sec.d.C. sono Ausonio e Claudiano.

Nel IV-V sec.d.C., si ebbe una rinascita dell'erudizione e della grammatica, il cui scopo era quello di custodire le grandi tradizioni letterarie del passato. Appartengono a questa epoca Macrobio, erudito, Nonio Marcello, Elio Donato e Servio, grammatici ed eruditi.

Anche dopo che, nel 313 d.C., l'imperatore cristiano Costantino (306-337 d.C.) emanò l'editto di Milano, noto anche come 'editto di tolleranza', che garantiva ai cristiani la completa libertà religiosa, continuò la letteratura apologetica, ma limitandosi ormai esclusivamente alla polemica contro gli aspetti immorali della religione pagana. Tutte le più grandi personalità del cristianesimo antico contribuirono all'elaborazione della dottrina cristiana, secondo certi canoni. Sono di questo periodo i Dottori e Padri della Chiesa, fra i quali spiccano i nomi di Ambrogio, Girolamo, Agostino; accanto ad essi, Arnobio e Lattanzio.

INDICE DELLE OPERE E DEGLI AUTORI ANTICHI CITATI NEL TESTO

1. AUTORI ED OPERE LETTERARIE

Acrone (Helenius Acron) commentatore di Orazio della fine del II sec.d.C., il cui commento è andato perduto, ma qualcosa della sua opera è passata nell'insieme di scolii oraziani, cui un raccoglitore, forse di età umanistica, ha dato il nome di Acrone e che si cita come **Pseudo-Acrone**.

Agostino, santo (Aurelius Augustinus, 354-430 d.C.), Dottore e Padre della Chiesa, nato a Tagaste in Numidia (Africa settentrionale), professore di retorica prima nella città natale e a Cartagine, poi a Roma e a Milano; qui, sotto l'influenza della madre cristiana e del vescovo Ambrogio, si convertì al cristianesimo. Tornato in Africa, fu ordinato Vescovo d'Ippona. Fu autore di un'immensa produzione letteraria, non tutta a noi pervenuta. La sua autobiografia, *Confessiones* 'Confessioni', è un resoconto appassionato della sua vita e soprattutto l'analisi del travaglio interiore che, dopo una giovinezza dissipata, è sfociata nella conversione. Opera apologetica è il *De civitate Dei* 'La città di Dio', in 22 libri, in cui si contrappone la *civitas caelestis* 'la città di Dio'e la *civitas terrena* 'la città terrena, la città del diavolo', in altre parole, il mondo sacro al mondo pagano; l'opera fu scritta per difendere i cristiani dalle pericolose accuse dei pagani, che interpretavano il saccheggio di Roma del 410 d.C. ad opera dei Goti di Alarico, come vendetta degli antichi dei di Roma per le statue abbandonate e i templi deserti e in rovina.

Ambrogio, santo (Aurelius Ambrosius, 339/340 - 397 d.C.), Vescovo di Milano e Padre della Chiesa, nacque a Treviri nella Gallia Narbonese, intorno al 340 d.C.; a Roma ebbe un'accurata formazione classica.; nel 370 era a Milano e nel 374 il popolo lo volle Vescovo della città; più volte insorse contro l'ingerenza degli imperatori negli affari ecclesiastici. È autore di lettere, inni, prediche, discorsi funebri o politici. Le sue prediche sono state riunite a formare nuove opere, come l'*Hexámeron* 'I sei giorni della creazione', in 6 libri, contenenti 9 discorsi sulla creazione del mondo.

Antologia Palatina, vasta raccolta, risalente al X sec.d.C., di epigrammi greci classici, ellenistici e bizantini, che datano dal I sec.a.C. al IX sec.d.C. Deve il nome al manoscritto in cui è conservata, il *Palatinus Graecus* 23 della Biblioteca di Heidelberg, cui è giunto alla fine del XVI secolo.

Appiano di Alessandria d'Egitto, storico greco vissuto sotto Traiano ed Adriano (II sec.d.C.), compose una *Storia di Roma*, dalle origini fino a Traiano, conservata solo in parte.

Apuleio (Lucius Apuleius, ca. 125-170 d.C.), nato in Africa, a Madaura, intorno al 125 d.C. Venuto a Roma, perfezionò la sua conoscenza del latino ed esercitò l'avvocatura. É l'autore dell'unico romanzo in latino che ci sia giunto intero, in 11 libri, dal titolo *Metamorphoséon libri XI* '*Metamorfosi*', noto fin dall'antichità con il titolo *Asinus aureus* 'L'asino d'oro'. L'orazione che Apuleio pronunciò in sua difesa, perché accusato dai familiari della moglie, la ricca vedova Pudentilla, di averla sedotta, facendo ricorso alla magia, ci è giunta sotto il titolo di *Apologia* (nei codici che la tramandano il titolo è *De Magia* 'La magia')

Aristotele (384-322 a.C.) di Stagira, città della Grecia settentrionale, filosofo greco, alunno di Platone; a lui va attribuita un'immensa opera filosofica ed erudita, che fu tra i principali riferimenti della cultura romana. Dal 342 al 335 a.C. fu precettore di Alessandro Magno. Delle sue opere si citano: *Storia degli animali*, in 9 libri, una raccolta di dati relativi alla vita degli animali; *La politica*, trattato filosofico sulla scienza politica.

Arnobio (Arnobius), retore di Sicca (Africa), attivo nella seconda metà del III sec.d.C.; dapprima fervente pagano, si convertì al cristianesimo piuttosto tardi; nella sua opera, *Adversus Nationes* 'Contro i pagani', in 7 libri, dimostra il fervore del neòfita sia nella violenza con cui attacca i culti pagani, sia nell'approssimazione con cui espone vari punti dottrinali della sua nuova fede.

Asconio Pediano (Quintus Asconius Pedianus, 9 a.C.- 76 d.C.), nato a Padova, autore di un commento, più storico che linguistico, basato su ottime fonti, alle orazioni di Cicerone, del quale ci resta solo il commento a cinque orazioni. Ad esso si aggiunsero più tardi commenti ad altre orazioni di Cicerone falsamente attribuiti ad Asconio, che vanno sotto il nome di **Pseudo-Asconio.**

Ateneo (Athenaios), scrittore ed erudito greco, nato a Naucrati in Egitto, vissuto sulla fine del II sec.d.C., autore di un' opera intitolata '*Sofisti a banchetto*' in 15 libri, la cui enorme importanza è costituita non solo dalle notizie erudite, ma dalle ampie e numerose citazioni di testi greci in essa contenute.

Ausonio (Decimus Magnus Ausonius, ca. 310-393/394 d.C.), nato a Burdigala (od. Bordeaux), dove ricevette la sua prima educazione e dove, terminati gli studi, insegnò grammatica e poi retorica. Verso l'anno 364 d.C., ormai affermato nel mondo degli studi, divenne precettore del futuro imperatore Graziano, figlio dell'imperatore Valentiniano I, e uomo di corte. Scrisse la *Commemoratio professorum Burdigalensium* 'Commemorazione dei professori di Bordeaux (lett.'di Burdigala)', in cui i personaggi vengono colti nelle loro occupazioni quotidiane, senza trascurare i pettegolezzi tipici degli ambienti scolastici. Ne deriva un ritratto chiaro, credibile di una società colta di provincia. Rinvia al mondo della scuola il *Protrepticus ad nipotem* 'Esortazione al nipote', un vero e proprio piano di studi da seguire per la formazione culturale.

Aviano (Avianus, IV-V sec.d.C.), autore di *Fabulae* 'Favole', una raccolta di 42 favole sul tipo delle favole di Esopo, molto popolari nelle scuole medievali.

Cassio Dione (Cassius Dio Cocceianus, ca. 150-235 d.C.), storico greco, nato a Nicea (Bitinia), visse a cavallo fra il II e il III sec.d.C.; trasferitosi a Roma, divenne importante uomo politico. Scrisse una *Storia di Roma*, in 80 libri, redatta in greco, che, dall'arrivo di Enea nel Lazio, giunge fino al 229 d.C.; l'opera in parte è conservata, in parte ricostruibile da rielaborazioni bizantine.

Catullo (Caius Valerius Catullus, ca. 84-54 a.C.), poeta latino, nato a Verona intorno all'84 a.C.; della sua biografia conosciamo assai poco e la maggior parte delle notizie che abbiamo provengono dalla sua stessa opera. Ancora giovane, si recò a Roma, che divenne la sua seconda patria e la sua abituale dimora, ove morì nel 54 a.C., a trent'anni. Di lui abbiamo una raccolta di 116 componimenti poetici lirici, pervenutaci con il titolo *Catulli Veronensis liber*.

Censorino (Censorinus), grammatico latino del III sec.d.C., autore dell'opera erudita *De die natali* 'Il giorno della nascita', datata al 238 d.C., opera ricca di importanti notizie cronologiche e storiche.

Cicerone (Marcus Tullius Cicero, 106-43 a.C.) nato ad Arpino, nella Ciociaria, nel 106 a.C., da agiata famiglia equestre, compì ottimi studi di retorica e di filosofia a Roma e iniziò a frequentare il Foro. Fu scrittore, oratore e uomo politico; morì nel 43 a.C., incluso nelle liste di proscrizioni volute dai triumviri Marco Antonio, Emilio Lepido ed Ottaviano, durante la guerra civile nel 43-42 a.C. Della sua vastissima produzione letteraria, comprendente opere filosofiche, politiche, retoriche, orazioni ed un epistolario, sono stati citati: Epistolario: *Ad Atticum* 'Lettere ad Attico'; *Ad familiares* 'Lettere ai familiari'; *Ad Quintum fratrem* 'Lettere al fratello Quinto'. Opere filosofiche: *Cato maior de senectute* 'Catone Maggiore. La Vecchiaia'; *De divinatione* 'La divinazione'; *De finibus bonorum et malorum* 'I limiti del bene e del male'; *De natura deorum* 'La natura degli dei'; *De officiis* 'I doveri'; *Tusculanae disputationes* 'Discussioni Tusculane'. Opere politiche: *De legibus* 'Le leggi'; *De re publica* 'La repubblica'. Opere retoriche: *Brutus* 'Bruto'; *De oratore* 'Dell'oratore'; *Orator* 'L'oratore'.Orazioni: *De domo sua* 'Sulla sua casa'; *Phipippicae* 'Filippiche'; *Pro Roscio Amerino* 'In difesa di Roscio Amerino'.

Claudiano (Claudius Claudianus, ca. 370-404 d.C.), ultimo dei grandi poeti latini della tradizione classica. Nacque ad Alessandria d'Egitto intorno al 370 d.C., ove ricevette un'educazione greca sia di lingua che di pensiero. Giunto a Roma nel 395 d.C., si recò poi a Milano alla corte dell'imperatore d'Occidente, Onorio (395-423 d.C.), e divenne ben presto famoso come poeta di corte. Morì nel 404 d.C. Scrisse epigrammi e componimenti d'occasione di vario genere, ma fu soprattutto poeta epico e i suoi poemi hanno contenuto mitologico e soprattutto politico. L'opera di Claudiano è preziosa per comprendere l'atmosfera di corte tra il IV e il V sec.d.C., di cui era portavoce.

Cornelio Nepote (Cornelius Nepos, ca. 100-dopo il 27 a.C.), biografo latino, amico di Cicerone e di Pomponio Attico, autore di una serie di biografie, il *De viris illustribus* 'Vite degli uomini illustri', romani e stranieri, in almeno 16 libri, di cui rimangono, oltre al libro comprendente 22 biografie di condottieri stranieri, le biografie di Catone il Censore e di Attico.

Corpus glossariorum Latinorum (abbreviato

CGL), espressione con cui si indica un insieme (*corpus*) di glossari latini; il glossario è costituito da una raccolta autonoma di glosse, ossia di note, di annotazioni, poste a margine o tra una riga e l'altra di un testo, che spiegano termini o locuzioni difficili o commentano il contenuto di un passo.

Dione Cassio vedi **Cassio Dione**

Dione di Prusa (in Bitinia) (ca. 40- 111 d.C.) ebbe nel III sec.d.C. il soprannome di **Crisostomo** 'Boccadoro'. Possediamo sotto il suo nome un *corpus* di circa 80 orazioni, che danno un vivido quadro della sua vita e dei suoi tempi.

Dionigi o **Dionisio** di **Alicarnasso**, storico e retore greco, visse a Roma per lungo tempo all'epoca di Augusto. Delle sue numerose opere, e in buona parte giunte sino a noi, importanti sono le *Antichità Romane*, in 20 libri, dalle origini di Roma al 264 a.C. (prima guerra punica), conservate circa per la metà: ci sono rimasti i primi dieci libri e l'XI lacunoso; degli altri libri si hanno *excerpta*, ossia brani staccati dal testo, e di tutta l'opera un'epitome o compendio.

Donato (Aelius Donatus), forse il più celebre fra i grammatici del IV sec.d.C., che ebbe fra i suoi allievi a Roma, intorno alla metà del secolo, anche S. Gierolamo. Fu autore di due manuali di grammatica latina, uno più elementare, *Ars minor*, e l'altro più ampio, *Ars maior*, destinati a divenire il libro di testo, su cui per secoli, fino a tutto il Medioevo, i giovani avrebbero imparato il latino. Fu autore anche di un commento a Virgilio, purtroppo quasi interamente perduto, e di un commento a Terenzio, che si è conservato quasi integro.

Festo (Sextus Pompeius Festus), grammatico del II sec.d.C., autore dell'epitome o compendio dell'opera del grammatico **Verrio Flacco**, liberto dell'imperatore Augusto e precettore dei suoi nipoti, intitolata *De verborum significatu* 'Il significato delle parole', in forma di dizionario alfabetico di termini difficili o caduti in desuetudine, di cui dava il significato. Parte dell'opera di Verrio Flacco ci è giunta tramite il compendio di **Festo**, anche se l'unico manoscritto in cui è conservato è molto danneggiato. Festo fu a sua volta compendiato, nell'VIII sec.d.C., da **Paolo Diacono**, il cui compendio si è interamente conservato. La citazione FESTO indica che il passo citato è tratto dal commento di Festo; la citazione PAOLO-FESTO indica che il passo citato è tratto dal compendio di Paolo Diacono. W.M. Lindsay è l'editore dei due compendi.

Annio Floro (Publius Annius Florus), di origine africana, vissuto al tempo dell'imperatore Adriano (II sec.d.C.), è l' autore della declamazione *Vergilius orator an poeta* 'Virgilio oratore o poeta', tipica di una moda diffusa nelle scuole di retorica.

Fulgenzio (Fabius Planciades Fulgentius), vissuto agli albori del Medioevo, erudito, autore dell'opera intitolata *Mythologiarum libri* 'Mitologie'.

Aulo Gellio (Aulus Gellius, ca. 130-forse 180 d.C.), erudito latino, autore delle *Noctes Atticae* 'Notti Attiche', opera forse scritta nel 170 d.C., che si presenta come una raccolta di appunti presi su ciò che di più curioso e notevole gli pareva di leggere nelle opere di autori greci e latini, nelle notti di veglia (*noctes*), durante un inverno trascorso nei pressi di Atene, città dell'Attica. L'opera è una miniera preziosissima di dati, notizie, aneddoti, informazioni su numerosi autori greci e latini, e contiene migliaia di passi interessanti da opere non più conservate.

Giovenale (Decimus Iunius Iuvenalis), nato ad Aquino (Lazio meridionale) tra il 50 e il 60 d.C., morto dopo il 127 d.C., ultimo riferimento cronologico ricavabile dai suoi versi, poiché della sua vita si sa pochissimo. Dopo essersi dedicato fin verso i quarant'anni all'attività di avvocato, iniziò a comporre satire forse dopo la morte dell'imperatore Domiziano, avvenuta nel 96 d.C. Ha una produzione poetica costituita da 16 satire in esametri, suddivise nella tradizione manoscritta in 5 libri. Le sue satire sono notevoli per il loro umorismo amaro, per l'energica invettiva contro la corruzione della capitale; quasi tutti gli aspetti della vita pubblica e privata della Roma dei suoi tempi costituiscono argomento per i suoi epigrammi spietati.

Girolamo o **Gerolamo**, santo (Eusebius Hieronymus, ca. 347-420 d.C.), nato a Stridone, città della Dalmazia, fu uno dei grandi Padri della Chiesa; della sua attività letteraria, che ha del prodigioso e che gli procurò una popolarità senza precedenti, ricordiamo il suo epistolario, una raccolta di 150 lettere, di grande interesse e importanza storica, dal momento che Girolamo fu in corrispondenza con quasi tutti gli uomini illustri del suo tempo (IV-V sec.d.C.).

Isidoro di **Siviglia**, letterato del VI-VII sec.d.C., nato a Siviglia, che anticamente era detta *Hispalis*, donde il suo nome latino Isidorus Hispalensis, è autore di un'enciclopedia delle arti e della scienza, in 20 libri divisi per argomenti, intitolata *Origines sive etymologiae* 'Origini o etimologie'. Altra sua opera citata, che tratta di grammatica, ha il titolo *Differentiarum libri duo* 'La differenza delle parole' in 2 libri, una specie di lessico dei sinonimi.

Lattanzio (Lucius Caecilius, o Caelius, Firmianus Lactantius, ca. 245-325 d.C.), originario dell'Africa settentrionale, fu allievo di Arnobio e divenne professore di retorica. Non si sa con certezza quando si convertì al cristianesimo. In età avanzata, nel 317 d.C., fu chiamato in Gallia dall'imperatore Costantino come precettore del figlio Crispo. Scrisse le *Institutiones divinae* 'Istituzioni divine' in 7 libri, che ambivano ad essere un libro fondamentale di sistemazione della dottrina cristiana.

Livio (Titus Livius, 59 a.C.-17 d.C.), storico romano dell'età augustea, nato a *Patavium* (Padova), probabilmente da famiglia benestante, autore di una grandiosa opera dal titolo *Ab urbe condita libri* 'Storia di Roma dalla sua fondazione', in 142 libri, dei quali gli ultimi 22 trattano avvenimenti contemporanei a partire dalla morte di Cicerone nel 43 a.C. Dei 142 libri restano i libri I-X, XXI-XLV; un'epitome di tutta l'opera fu composta già nel I sec.d.C., e da questa furono realizzate le *perìochae* 'sommari', brevi riassunti dei singoli libri, quasi interamente conservate.

Lucano (Marcus Annaeus Lucanus, 39-65 d.C.), nato a Cordova, in Spagna, nipote di Seneca il Filosofo. Educato a Roma, entrò a far parte degli amici di Nerone, che amava circondarsi di letterati e di poeti e si dedicava egli stesso alla poesia. Avendo aderito alla congiura di Pisone contro l'imperatore, dovette darsi la morte nel 65 d.C. Tutta la sua produzione è andata perduta, tranne un poema epico in 3 libri, intitolato *Pharsalia* 'Farsaglia', noto nei manoscritti come *Bellum civile*, che ha per argomento la guerra civile fra Cesare e Pompeo.

Luciano, scrittore greco di origine siriana, nato intorno al 120 d.C.; di lui ci sono giunte 80 opere, di varia natura ed estensione, di cui una diecina spurie. Fra i suoi scritti di argomento letterario e in parte filosofico, si ricorda '*Il sogno*' o '*La vita di Luciano*', un capitolo della sua biografia giovanile, che racconta come egli abbandonò la scultura (alla quale i genitori l'avevano avviato) per lo studio.

Lucrezio (Titus Lucretius Carus, nato negli anni 90 a.C. e morto intorno al 55-54 a.C.), poeta e filosofo latino, autore di un poema filosofico e didascalico in 6 libri, *De rerum natura* 'La natura', la sua unica opera conosciuta, scritta per divulgare a Roma la dottrina di Epicuro.

Macrobio (Ambrosius Macrobius Theodosius), un africano vissuto tra la fine del IV e i primi del V sec.d.C., che visse a Roma, ove ricoprì importanti cariche. Autore dei *Saturnalia* 'Saturnali', opera enciclopedica, erudita, che rappresenta idealmente dotte conversazioni fra personaggi di primo piano della Roma della seconda metà del IV secolo, tenute in un banchetto durante la festa dei Saturnali; l'opera è preziosa per le citazioni di opere ormai perdute e per la conoscenza delle antichità romane ed italiche. Macrobio ha lasciato anche un commento al *Somnium Scipionis* 'Il sogno di Scipione' compreso nel VI libro del *De re pubblica* di Cicerone.

Marziale (Marcus Valerius Martialis, ca. 40-103 d.C.), nato a Bilbili nella Spagna Narbonese, intorno al 40 d.C., dove studiò grammatica e retorica. Giunto a Roma nel 64 d.C., ottenne la protezione di Seneca il Filosofo, come lui spagnolo, che lo introdusse nella buona società. Dopo la repressione della congiura di Pisone contro Nerone e la morte di Seneca, Marziale condusse probabilmente vita modesta, svolgendo attività poetica come cliente. Scrisse 14 libri di *Epigrammi*, poesie brevi d'ispirazione satirica che trattano svariati argomenti e che forniscono scorci vivaci di vita quotidiana della Roma del suo tempo.

Minucio Felice (Marcus Minucius Felix), di origine africana, esercitò la sua attività di avvocato a Roma, dove scrisse, sul finire del II sec.d.C. o nei primi decenni del III sec.d.C., un dialogo, l'*Octavius* 'Ottavio', nel quale l'autore arbitra una disputa tra il pagano Cecilio, che proclama la sua fedeltà alla tradizionale religione e attacca i cristiani, e il cristiano Ottavio, che confuta le accuse di Cecilio e le ritorce a danno della religione del mondo pagano. Il dialogo ha come sfondo il lido di Ostia.

Nepote Cornelio vedi **Cornelio Nepote**

Nonio Marcello, grammatico ed erudito del IV sec.d.C., autore di un trattato dal titolo *De compendiosa doctrina* 'La dottrina abbreviata', in 20 libri, in forma di enciclopedia, in cui dei singoli vocaboli l'autore spiega il significato o l'uso o particolari accezioni, illustrando di volta in volta la spiegazione con citazioni di autori antichi, che non ci sono giunti per tradizione diretta e che quindi noi conosciamo grazie alle sue citazioni. W.M. Lindsay è l'editore di Nonio.

Orazio (Quintus Horatius Flaccus, 65- 8 a.C.), poeta latino, figlio di un liberto di Venosa, nell'Apulia, che fornì al figlio la migliore educazione possibile, prima a Roma, alla scuola del famigerato grammatico Orbilio, e dopo ad Atene. Orazio fu amico di Virgilio, e poi di Mecenate, ricco e potente cavaliere romano, generoso patrono di letterati e poeti, consigliere fidato dell'imperatore Augusto, che lo ammise nel circolo dei suoi amici. La produzione poetica di Orazio è completamente conservata; di essa si menzionano: *Carmina* 'Odi', 103 componimenti lirici, dal contenuto amoroso o etico-civile, suddivisi in 4 libri; *Satirae* 'Satire', 18 componimenti raccolti in 2 libri; *Epistulae*

'Lettere', in 2 libri; *Epódon liber* 'Epòdi', 17 componimenti di vario argomento riuniti per la pubblicazione secondo i criteri metrici.

Ovidio (Publius Ovidius Naso, 43 a.C.- 17 o 18 d.C.), nacque a Sulmona, città dei Peligni. A Roma frequentò le migliori scuole di retorica, in vista della sua carriera di avvocato, ma la sua sensibilità poetica emerse da sé. Strinse rapporti con i maggiori poeti di Roma, poeta egli stesso. Era all'apice del successo, quando Augusto lo esiliò a Tomi, sul Mar Nero, ove rimase fino alla sua morte. Della sua produzione poetica si citano: *Amores* 'Amori', raccolta di elegie di soggetto amoroso, in 3 libri; *Ars amatoria* 'Arte di amare', in 3 libri, i primi due dedicati agli uomini, in cui si danno consigli sui modi di conquistare le donne e di conservare l'amore; il terzo dedicato alle donne, su come sedurre gli uomini; *Remedia amoris* 'Rimedi all'amore', componimento di circa 800 versi, con suggerimenti per vincere un amore sfortunato o infelice; *Fasti* 'Fasti', che celebrano le ricorrenze del calendario romano; l'opera, interrotta a metà a causa dell'esilio, comprende solo 6 libri, ognuno dedicato ad un mese, da gennaio a giugno; *Metamorphòseum libri* 'Metamorfosi', poema epico in 15 libri; *Tristia* 'Tristezze', in 5 libri, in cui il poeta illustra l'infelice condizione di esule.

Persio (Aulus Persius Flaccus, 34-62 d.C.), nato a Volterra, in Etruria, fu mandato a Roma per educarsi nelle migliori scuole di grammatica e di retorica. Non partecipò alla vita pubblica, morì giovane e lasciò, della sua attività letteraria, solo sei *Satire*, pubblicate dopo la sua morte.

Petronio; i manoscritti attribuiscono ad un Petronius Arbiter 'Petronio Arbitro' il più bel romanzo dell'antichità, dal titolo *Satyricon*, che presenta problemi forse irresolubili circa l'autore stesso e l'epoca in cui fu scritto. Oggi la grande maggioranza degli studiosi accetta l'identificazione del misterioso Petronius Arbiter dei manoscritti con il Petronio, *arbiter elegantiae* 'arbitro di raffinatezze, del buon gusto', di cui parla Tacito nei suoi *Annali*, console nel 62 d.C., un libertino alla corte di Nerone, che si diede la morte nel 65 d.C., perché accusato di far parte della congiura di Pisone contro l'imperatore. Il *Satyricon* sarebbe quindi un romanzo di epoca neroniana e della società di quell'epoca dà un tragico e realistico affresco.

Plauto (Titus Maccius Plautus, ca. 254-184 a.C.), nato a Sàrsina, nell'antica Umbria (oggi Romagna), è autore di commedie di enorme successo; delle 130 commedie che gli furono attribuite, ne sono sopravvissute venti, mentre della ventunesima, intitolata *Vidularia*, rimangono solo un centinaio di versi. Le commedie citate nel libro sono: *Amphitruo* 'Anfitrione'; *Càsina*; *Cistellaria* 'La commedia della cassetta'; *Miles gloriosus* 'Il soldato fanfarone (o millantatore)'; *Rudens* 'La gòmena'; *Stichus* 'Stico'; *Trinummus* 'Le tre monete'.

Plinio il **Vecchio** (Caius Plinius Secundus, 23-79 d.C.), famoso naturalista e storico latino, nato a Como; fu detto il Vecchio per distinguerlo dal nipote, Caio Plinio Cecilio Secondo, detto il Giovane. Era comandante della flotta romana di stanza a capo Miseno, quando nel 79 d.C. ci fu la famosa eruzione del Vesuvio, nella quale trovò la morte. L'opera maggiore di Plinio è la *Naturalis historia* 'Storia naturale', in 37 libri giunti interi sino a noi, che rappresenta lo sforzo di inventariare le conoscenze nel settore delle ricerche naturalistiche.

Plinio il Giovane (Caius Plinius Caecilius Secundus, 61 o 62-113 d.C.), nato a Como, compì gli studi a Roma, sotto la protezione dello zio materno, Plinio il Vecchio, che poi, rimasto orfano, lo adottò formalmente. Seguì il corso di oratoria alla scuola di Quintiliano ed esercitò la professione di avvocato. La sua fama si basa sui 10 libri di *Epistulae* 'Lettere', di cui i primi 9 contengono lettere private, pensate per la pubblicazione, che sono una serie di brevi saggi di cronaca sulla vita mondana, intellettuale e civile del suo tempo; il decimo libro contiene le lettere scambiate fra Plinio, in qualità di governatore provinciale, e Traiano, scritte per scopi pratici. Tutto l'epistolario pliniano costituisce una fonte di notizie di primissimo ordine per l'età di Traiano.

Plutarco (ca. 46-127d.C.), biografo, storico e filosofo greco, nato a Cheronea, in Beozia, autore delle *Vite parallele*, 22 coppie di biografie, che presentano di volta in volta le biografie appaiate di due personaggi, uno del mondo greco, l'altro del mondo romano, che hanno elementi di somiglianza; segue spesso un confronto riassuntivo fra i due personaggi. Plutarco fu anche autore di opere di carattere antiquario, come le *Quaestiones Romanae* 'Questioni Romane', che sono una miniera di informazioni sulle antichità religiose. Appartiene ai *Moralia*, opera che, nella forma del dialogo o della diatriba, tratta i più svariati argomenti, la *Consolatio ad uxorem* 'Consolazione alla moglie', scritta in occasione della morte della loro figlioletta.

Polluce Giulio, studioso e retore greco di Naucrati, in Egitto, vissuto intorno al 180 d.C., autore di un lessico intitolato *Onomastikón* 'Onomastico', lista di parole antiche e termini tecnici con spiegazioni, che ci fornisce una grande quantità di informazioni su un ambito vastissimo di argomenti riguardanti l'antichità.

Porfirione (Pomponius Porphirio) di Tiro, città della Fenicia, vissuto nel III sec.d.C., autore di un commento scolastico alle opere di Orazio, giunto genuino fino a noi.

Posidippo, nato a Pella, in Macedonia, verso il 300 a.C., autore di epigrammi, brevi composizioni in forma metrica di vario argomento.

Prisciano, grammatico latino vissuto fra il V e il VI sec.d.C., nato a Cesarea di Mauritania, è autore dell' *Institutio de arte grammatica* 'Istituzione dell'arte grammatica', la trattazione più completa di questa disciplina che gli antichi ci abbiano lasciato e che divenne libro di testo principe di tutto il Medioevo. L'opera di Prisciano è in M. HERZ, *Prisciani grammatici Caesariensis Institutionum Grammaticarum libri XVIII*, Lipsiae 1855.

Properzio (Sextus Propértius), nacque in Umbria, molto probabilmente ad Assisi, tra il 49 e il 47 a.C., e morì, dal momento che non abbiamo nei suoi versi riferimenti cronologici posteriori al 16 a.C., in quella data o poco dopo. Di lui possediamo 4 libri di elegie, di cui i primi due sono il diario dell'andamento tormentoso dell'amore del poeta verso una donna, che egli cantò sotto il nome fittizio di Cinzia.

Pseudo- Acrone, vedi **Acrone**.

Pseudo- Asconio, vedi **Asconio**.

Quintiliano (Marcus Fabius Quintilianus, 35- dopo il 95 d.C.), vissuto nel I sec.d.C., spagnolo, svolse a Roma la sua attività di professore di retorica e di avvocato. Quando Vespasiano istituì le prime cattedre di retorica a spese dello stato, ne assegnò una a Quintiliano, che ebbe fra i suoi discepoli Plinio il Giovane e probabilmente Tacito e Giovenale. Delle sue opere si è conservata quella principale, l'*Institutio oratoria* 'Istituzione oratoria', in 12 libri, che contiene un programma di formazione culturale e morale del perfetto oratore, dalla prima infanzia alla maturità.

Declamazioni Pseudo-Quintilianee. Sotto il nome di Quintiliano ci sono pervenute, per tradizione separata, due raccolte di declamazioni ; una comprende 145 composizioni, cosiddette *minores*; l'altra 19 composizioni, cosiddette *maiores*. Le declamazioni *minores* sono abbozzi di controversie di scuola, quelle *maiores* sono sviluppate in tutta la loro ampiezza.

Retorica ad Erennio '*Rethorica ad Herennium*', trattato latino sull'oratoria in 4 libri del I sec.a.C., dedicato a Caio Erennio da un autore sconosciuto. Nei manoscritti il trattato è attribuito a Cicerone.

Sallustio (Caius Sallustius Crispus, 86-34 a.C.), storico latino dell'età cesariana, nato ad Amiternum (Amiterno), in Sabina, autore di due monografie storiche: *Bellum Iugurthinum* 'Guerra di Giugurta', re di Numidia, che si svolse tra il 111 e il 105 a.C.; *Bellum Catilinae* o *De Catilinae coniuratione* 'La congiura di Catilina', storia della congiura con cui Lucio Sergio Catilina, nobile romano depravato e privo di scrupoli, nel 63 a.C. tentò di sovvertire l'ordinamento repubblicano di Roma.

Scolio '*scholium*', annotazione, nota esplicativa, che spiega e commenta una parola o un passo di un testo antico. Gli scolii '*scholia*' possono essere tramandati insieme con il testo che commentano oppure in raccolte autonome.

Seneca (Lucius Annaeus Seneca, 58-56 a.C.-41 d.C.), detto il **Vecchio** o il **Retore**, nato a Corduba (Cordova), in Spagna, visse a lungo a Roma dove morì quasi centenario fra il 37 e il 41 d.C. Si dedicò allo studio della retorica e nella vecchiaia mise insieme per i suoi figli una raccolta di *Controversiae* 'Controversie' e di *Suasoriae* 'Suasorie', declamazioni che vertono su temi e argomenti fittizi, utilizzate nelle scuole di retorica.

Seneca (Lucius Annaeus Seneca, forse 4 a.C.-65 d.C.), detto il **Filosofo** o il **Giovane**, figlio di Seneca il Retore, nato a Corduba, in Spagna, fu educato a Roma. Divenne il tutore del futuro imperatore Nerone, accompagnandone l'ascesa al trono (54 d.C.) e da allora di fatto resse la guida dello stato; è il celebre periodo del buon governo di Nerone. Quando vide venir meno la sua influenza di consigliere politico, si ritirò a vita privata, dedicandosi agli studi, lasciando una vasta produzione, nonostante le opere perdute. Coinvolto nella congiura di Pisone, nel 65 d.C. si suicidò. Dopo la sua morte alcune delle sue opere furono raccolte in 12 libri tramandati con il titolo di *Dialogi* 'Dialoghi', contenenti 10 trattati, per lo più brevi, ognuno con l'indicazione del destinatario e dell'argomento, di cui sono citati: *Ad Marciam de consolatione* 'Consolazione a Marcia'; *Ad Novatum de ira* 'L'ira', in 3 libri; *Ad Paulinum de brevitate vitae* 'La brevità della vita'; *Ad Serenum de constantia sapientis* 'La costanza del saggio'. Fra i trattati pervenutici al di fuori dei Dialoghi sono citati: *De beneficiis* 'I benefici', in 7 libri, trattato di etica politica; *De clementia* 'La clemenza', trattato scritto nei primi anni del regno di Nerone (54-56 d.C.) e dedicato al giovane imperatore, ove Seneca espone la sua concezione del potere; inoltre le *Epistulae morales ad Lucilium*, una raccolta di 124 lettere di vari argomenti, prevalentemente morali, indirizzate all'amico Lucilio, suddivise in 20 libri; fra le tragedie, *Troiades* 'Le Troiane'.

Servio (Marius Servus Honoratus), tardo grammatico e commentatore latino dell'inizio del V sec.d.C., famoso soprattutto per il suo commento alle opere di Virgilio, di notevolissimo valore antiquario.

Simmaco (Quintus Aurelius Symmachus, ca. 340-402 d.C.), uomo politico, oratore e scrittore latino; pagano per intimo convincimento, prese le difese delle antiche tradizioni religiose con l'intento di far risorgere il culto degli dei antichi, in contrasto con l'inarrestabile avanzata del cristianesimo. Il suo copioso epistolario – più di 900 lettere – fu pubblicata in 10 libri dal figlio. I corrispondenti sono gli amici dell'ambiente senatorio di Roma, letterati come Ausonio, uomini politici come Stilicone.

Sorano di Efeso, medico greco che esercitò a Roma sotto Traiano e Adriano (II sec.d.C.). Della sua produzione resta un'opera dal titolo latino *De morbis mulieribus* 'Le malattie delle donne' oppure *Gynaecia* 'Ginecologia'. Un certo MUSTIO o MUSCIO del V sec.d.C. fece la traduzione latina dell'opera di Sorano, edita da V. ROSE, *Sorani Gynaeciorum vetus traslatio latina*, Lipsiae 1882.

Stazio (Publius Papinius Statius, ca. 45 – 96 d.C.), poeta epico e lirico latino del I sec.d.C. Scrisse due poemi epici, *Thebais* 'Tebaide', in 12 libri; *Achillèis* 'Achilleide', lasciato incompiuto, e le *Silvae* 'Silve' o 'Selve', una raccolta di poesie suddivise in 5 libri, vere e proprie poesie d'occasione, che traggono spunto dalla vita quotidiana e che costituiscono un preziosissimo documento della civiltà del tempo.

Stobeo (Ioannes Stobeus), cioè Giovanni di Stobi, così detto, perché nato a Stobi, in Macedonia; fu compilatore, all'inizio del V sec.d.C., di un'antologia di brani tratti da poeti greci pagani e da prosatori.

Storia Augusta '*Historia Augusta*' oppure '*Scriptores Historiae Augustae*'; con queste denominazioni viene designata una raccolta di trenta biografie di imperatori, che abbracciano il periodo compreso fra il 177 d.C., anno dell'ascesa al trono di Adriano, e il 284-285 d.C., fine del regno di Carino e Numeriano, gli immediati predecessori di Diocleziano (285-305). Le biografie figurano scritte in età dioclezianea-costantiniana (fine III-prima metà IV sec.d.C.) e dalla tradizione sono attribuite a sei diversi autori. L'opera costituisce la principale, e in molti casi, l'unica fonte di notizie per buona parte del II e per tutto il III sec.d.C.

Svetonio (Caius Svetonius Tranquillus) di cui non conosciamo né il luogo né l'anno di nascita – si suppone che sia nato intorno al 75 d.C. – e neppure l'anno della morte. La sua brillante carriera burocratica – fu prima preposto da Traiano alle biblioteche pubbliche e poi, sotto Adriano, all'archivio imperiale e alla corrispondenza dello stesso principe – si interruppe nel 122 d.C., quando cadde in disgrazia. L'opera che ci è giunta completa è *De vita Caesarum* 'Vite dei Cesari', in 8 libri, che comprende 12 biografie da Giulio Cesare a Domiziano, in cui è seguito sempre lo stesso schema: la famiglia e la vita giovanile del personaggio, la carriera pubblica, l'aspetto fisico, la vita privata. Dell'altra sua opera, *De viris illustribus* 'Gli uomini famosi', una raccolta di letterati suddivisa per 'generi' (poeti, storici, filosofi, grammatici e retori), ci resta solo la sezione sui grammatici e sui retori, *De grammaticis et rhetoribus*.

Tacito (Publius o Caius Cornelius Tacitus, ca. 54-55 d.C. – dopo il 117 d.C.); della sua vita abbiamo poche notizie, di lui è dubbio anche il prenome; nacque certamente intorno alla metà del I sec.d.C., non si sa se a Terni, a Roma o in Gallia. Studiò comunque a Roma, ove strinse amicizia con Plinio il Giovane, che doveva durare tutta la vita. Nel 78 d.C. sposò la figlia di Gneo Giulio Agricola, personaggio influente alla corte dei Flavi. Percorse una carriera senatoria regolare, iniziata sotto Vespasiano (69-79 d.C.), e conclusa con il proconsolato in Asia nel 112-113 d.C., sotto Traiano (98-117). Morì probabilmente intorno al 117 d.C. Le opere citate: *Annales* 'Annali', in cui Tacito intraprese il racconto della storia più antica del principato, dalla morte di Augusto a quella di Nerone, di cui ci sono rimasti solo alcuni libri; *Dialogus de oratoribus* 'Dialogo degli oratori', che riproduce una discussione fra quattro personaggi, insigni cultori dell'arte forense; *De vita Iulii Agricolae liber* 'Agricola', in cui Tacito si propone di onorare il suocero, Giulio Agricola, morto nel 93 d.C.; *De origine et situ Germanorum liber* 'Sull'origine e sul paese dei Germani', citata semplicemente 'La Germania', monografia più etnografica e geografica, che storica.

Terenzio (Publius Terentius Afer), nato a Cartagine intorno al 185 a.C. e morto intorno al 159 a.C. in Grecia. Di lui ci sono pervenute 6 commedie, tramandate integre, tutte incentrate su intrighi amorosi, che non suscitarono grande interesse popolare, ma furono molto apprezzate da critici come Cicerone ed Orazio. Citate: *Andria* 'Andria' o 'La fanciulla di Andro'; *Eunuchus* 'Eunuco'.

Tertulliano (Quintus Septimius Florens Tertullianus), nato a Cartagine intorno alla metà del II sec.d.C. da genitori pagani e morto dopo il 220 d.C., anno in cui risalgono le ultime notizie che abbiamo di lui. Ebbe un'ottima formazione letteraria, filosofica, retorica ed anche giuridica; in età piuttosto avanzata si convertì al cristianesimo. Fu autore di molte opere a orientamento teologico e polemico; le opere polemiche sono contro i pagani e contro gli stessi cristiani che non condividevano le sue tesi più intransigenti e rigide, sia sul piano dottrinale che morale. Per difendere i cristiani contro le accuse loro rivolte dai pagani, scrisse opere come *Ad nationes* 'Ai pagani' e *Apologeticum* 'Apologetico', in cui riprende la tradizionale polemica contro il culto degli dei; nell'*Idololatría* 'Idolatria' è contro tutte le attività quotidiane in qualche modo connesse con i culti pagani; il *De anima* 'L'anima' è forse l'opera più notevole della sua maturità.

Tibullo (Albius Tibullus, ca. 55- 19 a.C.); sotto il nome di Tibullo i manoscritti tramandano 3 libri di elegie, di cui i primi due sono di Tibullo, mentre il terzo raccoglie componimenti di autori diversi; la raccolta nel suo complesso è definita *Corpus Tibullianum*. I due libri di Tibullo raccolgono elegie di argomento amoroso; nel primo il poeta si dichiara innamorato di una donna che egli chiama Delia, mentre il secondo è dedicato ad una donna di nome Nemesi.

Valerio Massimo (Valerius Maximus), poeta latino, della cui vita non sappiamo quasi nulla. La sua opera *Factorum et dictorum memorabilium* 'Fatti e detti memorabili' fu scritta durante il regno di Tiberio (14-17 d.C.), cui è dedicata; l'opera, in 9 libri, giunta sino a noi con una piccola lacuna, è una raccolta di esempi - *exémpla* 'fatti esemplari' -, anche stranieri, ed aneddoti, un prontuario di modelli di vizi e di virtù di Roma e di nazioni straniere, destinati all'uso delle scuole di retorica.

Varrone (Marcus Terentius Varro, 116-27 a.C.), nacque a Reate (Rieti), in Sabina. Nel corso della sua lunga vita – fu testimone oculare di tutti gli avvenimento politici e culturali del I sec.a.C. -scrisse un numero incredibile di opere, di cui solo alcune ci sono pervenute; di queste si citano: *De lingua latina* 'La lingua latina', una trattazione sistematica di grammatica latina, in 25 libri, di cui restano i libri V-X relativi all'etimologia – anche se le etimologie varroniane risultano spesso ingenue e inaccettabili -, e alla declinazione; *De re rustica* 'L'agricoltura' in 3 libri, un trattato sulla coltivazione dei campi, sul bestiame e sull'allevamento di animali da cortile.

Vegezio (Flavius Vegetius Renatus), scrittore di cose militari al tempo dell'imperatore Teodosio (379-395 d.C.), autore di una *Epítome rei militaris* 'Epitome dell'arte militare' in 4 libri, in cui si pone il problema del come far fronte alla minaccia dei barbari ai confini e si insiste sulla necessità di un adeguato addestramento dei soldati e di un ritorno all'antica organizzazione della legione romana classica.

Velleio Patercolo (Gaius Velleius Paterculus, ca. 19 a.C.- dopo il 30 d.C.), storico romano di età giulio-claudia, un cavaliere originario della Campania, autore di una *Historia Romana* 'Storia Romana' che, in forma riassuntiva, narrava le vicende dalla guerra di Troia al 30 d.C. Ci sono pervenuti 2 libri, mutili all'inizio

Virgilio (Publius Vergilius Maro, 70- 19 a.C.), poeta latino nativo presso Mantua (Mantova), nella Gallia Cisalpina, e morto a Brindisi nel 19 a.C. Fu educato a Cremona e a Mediolanum (Milano), e poi a Roma, ove studiò filosofia e retorica. La pubblicazione delle *Bucolicae* 'Bucoliche',10 brevi poesie pastorali, chiamate anche egloghe, forse nel 37 a.C., gli procurò molta fama e l'amicizia di Ottaviano e di Mecenate. Compose poi le *Georgicae* 'Georgiche', componimenti riguardanti l'agricoltura e la vita dell'agricoltore, pubblicate nel 29 a.C., e subito iniziò l'*Aenéis* 'Eneide', poema epico in 12 libri, con l'intento di celebrare le origini e lo sviluppo dell'impero romano, le conquiste di Roma e di Augusto, sullo sfondo della leggenda di Enea.

Zonara, storico bizantino, vissuto fra la fine dell'XI e la metà del XII sec.d.C., autore di una *Epitome historiarum* 'Epitome di storie' dalla creazione del mondo al XII sec.d.C.

2. Giuristi ed opere giuridiche

Gaio (Gaius), vissuto sotto gli Antonini (II sec. d.C.), è autore di un fortunato, chiarissimo manuale di diritto romano, giunto sino a noi integro, noto come *Gai institutionum commentarii* o *libri quattuor*, ossia quattro libri o commenti di Istituzioni, citato 'Istituzioni'. Si tratta di un'opera destinata all'insegnamento del diritto romano.

Gli altri giuristi citati nel testo – **Papiniano**, **Emilio**; **Paolo**, **Giulio**; **Ulpiano**, **Domizio**; **Marciano**, **Elio**; **Modestino, Erennio** –, vissuti sotto il regno degli Antonini (II sec. d.C.) e dei Severi (III sec.d.C.), appartengono al periodo classico della storia del diritto romano, in cui fiorirono i più grandi e celebri esperti e cultori del diritto.

Codex Theodosianus 'Codice Teodosiano', una raccolta di costituzioni imperiali, da Costantino (306-337 d.C.) a Teodosio (408-450 d.C.), così detto, perché la sua compilazione fu ordinata dallo stesso Teodosio. É un'opera del IV sec.d.C.

Fragmenta Vaticana, una raccolta di passi di giuristi classici, quali Papiniano, Paolo e Ulpiano, e di costituzioni imperiale, che sembra doversi datare all'epoca dell'imperatore Costantino

(IV sec.d.C.). Il titolo dell'opera deriva dal fatto che fu scoperta in un codice della Biblioteca Vaticana di Roma.

Leges regiae 'leggi dei re'; l'espressione indica le deliberazioni prese, nel periodo regio, dai *patres* i 'senatori'nelle loro adunanze e successivamente proclamate dal re dinanzi all'assemblea del popolo.

Leggi delle XII Tavole (*leges duodecim tabularum* o *duodecim tabulae*); furono le prime leggi scritte emanate nella metà del V sec.a.C. (451-450 a.C.), incise su dodici tavole di legno ed esposte nel Foro Romano. Le XII Tavole furono compilate da 10 magistrati detti *decemviri legibus scribundis* (forma arcaica per *scribendis*) 'decemviri incaricati di redigere per iscritto le leggi'. Le tavole di legno su cui furono scritte le leggi andarono distrutte nell'incendio di Roma ad opera dei Galli, nel 387 a.C., per cui non abbiamo il testo originale, ma esso può essere ricostruito quasi integralmente dai frammenti e dalle citazioni degli scrittori posteriori, specialmente di Cicerone, dei grammatici e dei giuristi.

Tituli ex corpore Ulpiani, designazione di un'opera di ignoto autore del IV sec.d.C., una trattazione molto elementare del diritto romano, che ci ha tramandato un'ampia parte di un'opera di Ulpiano.

Al VI sec.d.C. è datato il **Corpus iuris civilis**, nome attribuito a partire dal XVI secolo ad una grandiosa raccolta di brani tratti da opere di giuristi classici e di costituzioni imperiali, compiuta su iniziativa di Giustiniano, imperatore romano a Costantinopoli dal 527 al 565 d.C. Quest'opera, senza la quale il ricco patrimonio giuridico romano sarebbe andato perduto in massima parte, comprende il **Codex Iustinianus** , le **Institutiones** e i **Digesta**.

Codex Iustinianus 'Codice Giustiniano', raccolta di costituzioni imperiali, di cui la più antica è una costituzione di Adriano (117-138) e le più recenti appartengono allo stesso Giustiniano.

Institutiones 'Istituzioni' di Giustiniano sono un manuale elementare di diritto romano destinato a fornire i primi elementi a coloro che ne iniziavano lo studio; è composta da brani tratti dalle opere di uguale titolo dei giuristi classici, soprattutto dalle Istituzioni di Gaio.

Digesta,orum 'Digesto', termine con cui si indica una ricchissima raccolta di brani (ca.10.000), tratti da opere di giuristi classici, divisa in 50 libri.

3. Opere epigrafiche e papirologiche.

Corpus Inscriptionum Latinarum, abbreviato *CIL*, è la raccolta fondamentale delle iscrizioni latine, distribuite secondo un criterio geografico, e sempre aggiornabile con le nuove scoperte.

The Oxyirhynchus Papyri 'Papiri di Ossirinco'; la raccolta di papiri prende nome da Ossirinco, (gr. Oxyrhynchos), una località dell'Alto Egitto, a sud di el Faiyum, dove sono stati ritrovati molti papiri antichi, alcuni di grande importanza letteraria.

INDICE DEGLI ARGOMENTI

P